U0563860

中国书籍学术之光文库

近代东北乡村新型知识分子群体研究（1905~1931）

杨晓军 | 著

图书在版编目（CIP）数据

近代东北乡村新型知识分子群体研究：1905~1931 / 杨晓军著 . -- 北京：中国书籍出版社，2020.4

ISBN 978-7-5068-7834-0

Ⅰ. ①近… Ⅱ. ①杨… Ⅲ. ①农村—知识分子—研究—东北地区—1905-1931 Ⅳ. ① D693.71

中国版本图书馆 CIP 数据核字（2020）第 052901 号

近代东北乡村新型知识分子群体研究：1905~1931

杨晓军　著

责任编辑　姚　红　李田燕

责任印制　孙马飞　马　芝

封面设计　中联华文

出版发行　中国书籍出版社

地　　址　北京市丰台区三路居路 97 号（邮编：100073）

电　　话　（010）52257143（总编室）　（010）52257140　（发行部）

电子邮箱　eo@chinabp.com.cn

经　　销　全国新华书店

印　　刷　三河市华东印刷有限公司

开　　本　710 毫米 ×1000 毫米

字　　数　255 千字

印　　张　16

版　　次　2020 年 4 月第 1 版　2020 年 4 月第 1 次印刷

书　　号　ISBN 978-7-5068-7834-0

定　　价　93.00 元

自序

有清一代，东北地区始终是备受清廷“宠溺”的“龙兴之地”。为了保护清王朝崛起的“满洲根本”，清朝初年清政府不惜花费巨资“修浚边壕，沿壕植柳”，以“柳条边”为界实行严厉的封禁政策，严禁关外汉人入关侵扰。这种长时段的封闭政策，造成东北地区乡村教育发展水平的严重滞后，呈现出“儿童就学一途半多视为畏途”的尴尬现状。至康熙年间，关内汉人在“闯关东”浪潮的裹挟下纷纷北上谋生，东北地区推行百余年的封禁政策日益动摇，伴随着大批汉人而来的中原文化浸染关东大地，东北地区进入了教育近代化的萌发阶段。甲午战败，举国震惊，社会各界“教育救国”的呼声此起彼伏，风雨飘摇的清政府被迫实施新政，冀图通过自上而下的政府改革以谋自强。在清政府教育革新政策的推动下，各类新式学堂在东北广大乡村地区相继涌现，开启了传统教育向近代教育转型的艰辛进程。随着乡村新型知识分子群体逐渐形成并发展壮大，推动着东北广大乡村地区的教育发展进入了近代化阶段。

我对于东北乡村教育问题的关注开始于2004年读研究生阶段。在硕士论文选题阶段，我选择“清末新政时期东北新式教育”这样的题目，并完成了8万字的硕士学位论文，这时期的研究成果已经触及了近代东北乡村教育领域。在读博选题阶段，我最终将选题确定在“近代东北乡村教育”范围，在硕士论文相关研究基础上，将研究视域延伸至东北广大乡村地区，并运用社会学、历史学、政治学和文化学等交叉学科视角对“乡村教育”问题进行了深度和广度方面的深化研究，历经两年的努力终于完成了30多万字的博士学位论文。2009年6月，进入河南理工大学任职，成为一名高校思想政治理论课专职教师。伴随着社会角色的转换，相关研究工作时断时续，但我没有放弃“近代东北乡村教育”问题深化研究。2011年，我将博士论文的主体研究成果以“博士论文”原题出版，算是对我前期研究成果的阶段性汇报。在研究中还保留部分研究内容等待进一步的深化探究。近年来，随着相关研究成果的推陈出新和我个人学术思考的深入，特别是乡村振兴战略的大力推进，这些都是促成本书出版的重要因素。

2011年以来，学术界围绕着“近代东北教育”研究进入“百家争鸣”“百花齐放”的新阶段，学者们不仅发掘出一批新的国内外研究史料，还产出了一批极具学术含量的研究成果，将东北乡村教育的研究水平提升到新阶段。近十年来，学术同仁对于“近代东北乡村教育”的研究日益多元化，涉及不同地域、不同人物、不同学校和不同范式，然而深入系统研究的成果并不多见，多为博硕士论文的研究成果。在相关研究成果中，一方面是乡村教育与乡村振兴的互动关注不够，尤其是新式教育与区域社会互动、兴学过程中社会各界人士的应对态度、新型知识分子群的社会流向等问题研究的深度与广度都是尚显薄弱；另一方面是近代东北乡村教育与其他区域乡村教育的横向比较研究缺失，存在着研究过程中各自为战式的“孤岛化”的现象，研究对象的代表性与典型性发掘的充分性不够，在研究材料的多元化、研究方法和研究理论的创新等方面都还需要深化和提升。

本书是对于原作《区域视野中的乡村、学校与社会——清末民初东北乡村教育研究（1905—1931）》（光明日报出版社2011年版）的进一步深化研究。全书以“新型知识分子群体”为着眼点，厘清了新式教育背景下近代东北乡村地区新型知识分子群体的产生、形成、构成和分化的发展逻辑，勾勒出近代东北乡村新型知识分子群体的生活图景与工作场域，揭示出新型知识分子群体与近代东北乡村社会变革之间的内在关联。这些研究内容与其说是对前做进一步的丰富和发展，还不如说是前期研究成果基于一种新视角下的新探索。

本书的出版得到了“中国书籍学术之光文库”项目的资助和我所在单位河南理工大学马克思主义学院各位领导和同事的大力支持，特此感谢！感谢光明日报出版社编辑老师的举荐和帮助，感谢中国书籍出版社各位领导和同仁的大力支持，感谢编辑的细心校对，各位领导和同仁们的鼎立相助和辛勤付出使得本书能够顺利出版。

杨晓军　河南理工大学

2019年12月

目　录

CONTENTS

绪 论

一、研究背景及选题旨趣

（一）审视“传统”：学界关于东北教育史研究的学术脉络与范式反思

社会各界对东北乡村新型知识分子群体的关注始于晚清兴学时期。在持续百年的研究过程中，学界对近代东北教育研究经历了资料编撰、政治主导和多元化研究这三个特色鲜明的研究阶段，勾勒出近代东北教育研究的发展轨迹。

第一阶段：资料编撰阶段。清末新政改革时期，东北新政部分主政者和参与者编写的著述（主要是编修东北三省省志、地方方志、乡土志等资料）和回忆录（如林传甲的《教育日记》、林伯渠的《林伯渠日记》等资料）论及近代东北新型知识分子群体问题。此外，当时的一些报纸杂志如《盛京时报》《辽宁教育月刊》《辽宁教育公报》《申报》《教育杂志》《教育世界》和《大公报》等也对东北地区教育变革进行了一定的报道和评论。[①] 诚然，这些著述和报刊资料中的论述与报道还不能算作是一种真正意义上的学术研究，但依然对今天的相关研究工作提供了重要的史料价值。相反，这时期日本学者出于政治

① 这时期一些报纸杂志刊载了一些关于东北教育方面的文章，主要有《最近黑龙江教育状况》，《教育杂志》7卷2期，1915年2月；《奉天省学务视察报告》，《教育公报》2卷1、2、6期，1915年6月10日；《吉林省学务视察报告》，《教育公报》2卷6期，1915年10月；《黑龙江省学务视察报告》，《教育公报》2卷7期，1915年11月；《吉林省教育厅规划全省教育行政报告》，《教育公报》6卷2期，1919年2月；《吉林实施平民教育之进行》，《教育杂志》15卷11期，1923年；推士博士，汤茂如译《奉天科学教育调查报告》，《新教育》6卷4期，1923年4月；《吉林实施平民教育之进行》，《教育杂志》15卷11期，1923年11月；《吉林全省教育经费之调查》，《教育杂志》17卷8期，1925年8月；《黑龙江地方教育概况》，《教育公报》5卷16期，1928年等文章。

上侵略中国的需要对东北教育史的研究比较重视，相继发表了山田丰著的《满洲教育史考》、满铁地方学务课编印《满洲教育史略》和岛田道弥著《满洲教育史》3部旨在宣扬东北独立、企图瓜分东北的著作。总体来说，对清末社会各界对近代东北乡村新型知识分子群体的关注与研究相当薄弱，虽然部分中国教育史著作和资料汇编相继出版发行，但是在这些教育史和地方史研究中关于近代东北乡村新型知识分子群体的研究严重缺失。[①]不仅在中国教育通史类的研究中较少涉及东北教育变革的内容，而且就东北地方史的研究中亦缺乏对近代东北乡村新型知识分子群体问题的重视。

民国时期，中央政府和社会各界继续关注东北地区兴学运动，出现了涉及近代东北乡村新型知识分子群体问题的研究成果。奉系军阀政府时期完成的260卷本的《奉天通志》，堪称近代东北问题研究的"鸿篇巨著"，其中150万字的"教育志"更是成为详细记录东北地区教育沿革和新型知识分子群体形成与演化的重要资料，东北各地重修或新修地方方志中也记录了各地教育状况和新型知识分子群体重要活动的重要资料。20世纪30年代以后，由于国内外局势和地域限制，轰轰烈烈的乡村建设运动和抗战时期史学研究热潮在一定程度上推动了东北史学的发展，但对近代东北乡村新型知识分子群体研究工作影响微乎其微。[②]

第二阶段：政治主导阶段。1949年新中国建立，东北乡村教育史的研究

① 在这些中国教育通史类著述中，仅毛礼锐、沈灌群主编《中国教育通史》（山东教育出版社1986年第1版）中有东汉辽东太守陈禅"于学讲礼"，汉末三国时期管宁等辽东讲学等几处零星介绍东北教育发展状况的内容。

② 高时良《辽金元清时代之中国学制》，《厦大周刊》14卷27期，1935年5月；赵公展《东北奴化教育现况》，《时代批评》2卷31期，1939年9月；陈硕彦《伪奉天市的小学奴化教育概况》，《东北》1卷2期，1940年4月；钟心《伪满奴化教育的剖析》，《东北》2卷3期，1940年11月；阿齐图《伊克昭盟之教育》，《益世报》1940年12月；海镜《清代东三省学制》，《东北》2卷6期，1941年2月；徐景贤《东北大学的过去与现在》，《青年之声》2卷2、3期，1941年5月；江应澄《东北之伪教育》，《教育杂志》，31卷7期，1941年7月；章学海《满洲国教育考察记》，《教育建设》2卷5期，3卷1期，1941年8月—10月；谢再善《伊盟的教育与文化》，《西北论衡》9卷10期，1941年10月；俞义节《满洲国之教育》，《教育建设》4卷6期、5卷6期，1942年9月—1943年3月；庄涛《伪满的奴化教育》，《解放日报》44期，1843年9月28日；陈国均《伊盟蒙旗教育》，《边疆通讯》2卷8期，1944年8月；贾凤翔《伊克昭盟教育》，《边疆通讯》2卷12期，1944年12月；陈党玄《战后我国的东北教育》，《学术与建设》1期，1945年8月；金辉等《介绍东北军政大学》，《知识》2卷3期，1946年12月；何鲁《漫谈东北的高等教育》，《凯旋》1947年7期；炳文《东北大学的生活（解放区学校介绍之二）》，《群众周刊》14卷9期，1947年3月；程宗宣《东北教育一瞥》，《教育通讯》3卷8期，1947年6月等。

工作进入了新的发展时期，相关教育史资料整理出版，教育史学术研究取得了相应的成果。伴随着阶级斗争扩大化和“文化大革命”的爆发，学术研究的学术性严重弱化，政治性导向尤为突出，学术界长时段“只是把最主要的精力集中在历史的政治方面，而政治史的研究又往往局限于政治斗争的历史，而且通常被狭隘地理解为就是指被统治阶级与统治阶级之间的阶级斗争的历史”[①]。因此，这时期学术界对教育史的研究，特别是关于东北教育史的关注较少，近代东北新型知识分子群体问题的研究提及甚少，所取得的研究成果也基本在阶级斗争的圈子里徘徊不前，政治性强势主导，学术性关照缺位，近代教育史研究工作在艰难中前行。

第三阶段：多元化研究阶段。改革开放以来，在党和国家的高度重视下，东北教育史研究迎来了事业发展的春天。这时期，一方面是反映东北不同时期实情的文史档案资料、新修方志和期刊报纸等资料相继整理出版；另一方面是东北教育史研究组织机构相继成立，研究队伍日益壮大。这时期成立的研究机构主要有吉林、辽宁省教育研究所（院），辽宁、大连（杨乃昆、陈丕忠）、吉林、黑龙江等省、市、区教育史志编纂委员会办公室，东北师范大学（赵家骥、曲铁华）、辽宁师范大学（王桂、杨晓）、沈阳师范学院（刘兆伟）、锦州师范大学（魏正书）、东北地方教育史研究课题组（齐红深主持）、日本侵华教育史研究课题组（齐红深、宋恩荣主持）、中国地方教育史研究课题组（周玉良主持）、日本侵华殖民地教育口述历史研究课题组（齐红深主持）等研究机构。整理出版《民国时期社会调查丛编》（共三编）、《民国乡村教育文献丛刊》（三编全30册）、《民国乡村教育文献丛刊续编》（全34册）、《满铁农村调查》《辽宁教育史志资料》《黑龙江教育史料选编》《东北沦陷十四年教育史料》、各县县志的修订和大量东北地区文史资料的整理出版，为近代东北乡村教育的研究奠定了坚实基础。

毋庸置疑，这些研究机构的成立和相关资料的整理出版，极大地推动了东北教育史研究工作的展开，产出了一批涉及东北教育史、乡村教育研究和新型知识分子群体研究的研究成果相继问世。据笔者初步统计，改革开放以来学术界公开发表涉及近代东北教育史研究的中文著作达60余部，关于近代

① 李文海等：《近代中国灾荒纪年》，湖南教育出版社1990年版，前言。

东北教育研究的学术论文累计200多篇。这些著述研究较详细地阐述了东北地区各个时期教育事业发展的状况，从清末东北传统教育模式、新学制演变、各地新式教育发展状况、教育机构沿革、新型知识分子群体及代表人物、新型知识分子群体与东北乡村社会变迁乃至近代中国社会演变之互动关系等几个方面进行了详实的研究和细致的探讨[①]，东北乡村教育研究工作进入多元化的新阶段。

从这些学术研究中，我们不难发现目前学术界关于东北教育史的研究基本上都是从国家政策、地方政府兴学等宏观角度去研究东北地区的兴学活动，而对于广大东北乡村地区新型知识分子群体的系统而深入的研究仍显薄弱。不可否认，这种“大传统式”的教育史研究模式有其自身的价值，对于东北教育史研究工作的发展确实也曾起到过重要的推动作用，但是这种研究模式难以摆脱那种相对空泛的“单线进化论”的缺陷，让人无法触摸到处于社会底层的乡村教育变革的真实性，致使底层社会教育变革的“小传统”一直徘徊在通史类教育研究的“大传统”外。20世纪80年代以来，随着国外社会史研究理论和方法的传入，传统东北教育史研究范式的“瓶颈”逐渐凸显出来，学术界急需一种新的研究范式来拓宽新型知识分子群体研究的领域，推动近代东北教育史研究工作深入发展。

（二）区域“关照”：学界关于东北教育史研究范式的新探索

随着国外区域史研究理论和方法的传入，国内兴起了一股区域性地方史研究的浪潮，出现了解释架构上“华北模式”“关中模式”“江南模式”和“岭南模式”等思想流派。何谓“区域性地方史”路径？这种研究路径有何取向和主旨？朱浒博士认为，这种“地方史路径真正整合成型，是随着另外两个进程进一步展开而实现的。其一是，由于‘内部取向’广泛而深入地得到了贯彻，往昔那些重大事件的意义无不因其与外部因素牵扯甚深而在很大程度上遭到了削弱，从而为学者们从事地方史研究时更多注重地方社会本身铺平了道路。其二是，由于其他学科特别是人类学的理论和方法在史学领域得到

① 这些统计数字只是笔者所做的一个初步统计，数字主要来自两个方面，一方面是通过中国期刊网、超星、万方和百度等网站网络资源统计而来的数字；另一方面参看《九十年东北地方史研究资料研究大全》《东北史论文资料索引》《中国近代史著述目录（1949—1979）》《中国近代史论文资料索引（1949—1979）》《中国近代史论著目录（1979—2000）》和《教育论文索引》等工具书统计而计算出的数字。

更为普遍的传播和了解，以及汉学人类学的进一步发展，为地方史研究者廓清自己的认知主体和分析单位都提供了更为精良的理论装备”[①]。这种区域性地方史研究路径并非仅仅注重挖掘传统史学研究中被忽视的社会内部的细节，而是力图构建一种足以与传统宏大叙事模式相对立的新的史学研究范式。有一点要说明，以往传统地方史研究路径与这种地方性研究范式有着本质上的区别，二者在概念层面、研究对象层面和方法论层面都存在着明显的差异。简而言之，前者只不过是一种地方通史式的叙述，后者是挖掘地方社会中各种权力关系的结构和格局，进一步深入地理解传统中国社会的演变与特质。当然，随着国外社会学理论和研究方法的介入，目前这两种研究范式的差异正在逐渐缩小，并且出现了一种相互融合的趋势。[②]

当然，这种区域性社会史研究范式关注的领域十分广泛，反映在教育史研究的层面上的一个重要表现就是乡村教育研究新视角的兴起。在这种研究视角下，研究者关注的焦点开始从社会上层下移到社会底层，探讨教育变革运动在社会底层所引起的冲突、动荡与交融的过程。当然，这种教育史研究路径与传统宏大叙事模式笼罩下的地方教育史研究范式有着本质的区别。传统地方教育史研究路径是一种在传统宏大叙事模式笼罩下进行的地方教育通史式的叙述，后者则是立足于微观层面的下层社会，挖掘教育体制变革在地方教育场域中的宣传与贯彻、各种利益集团之间的合作与冲突、兴学群体的构成分析、教育变革与下层社会的互动等内容。毋庸置疑，这种教育史的研究路径有助于我们加深对教育领域中微观结构和底层回应的认识，使传统教育演进的复杂线索得到了一种比较微观而又具体的呈现。在全国范围内，关于乡村教育的研究已经取得了一定的成就，相关研究主要包括以下内容。蒋纯焦《一个阶层的消失——晚清以降塾师研究》一书选取“私塾先生”这样一个职业阶层的变迁为视角，探讨中国近现代教育变革在社会底层所引起的变动。[③]罗志田《清季科举制改革的社会影响》和《科举制的废除与四民社

---

① 朱浒：《地方性流动及其超越——晚清义赈与近代中国的新陈代谢》，中国人民大学出版社2006年版，序言第3—4页。

② 李书源、杨晓军：《区域史研究理论与近代东北区域史研究》，《史学集刊》，2008年第1期，第91—92页。

③ 蒋纯焦：《一个阶层的消失——晚清以降塾师研究》，世纪出版集团、上海书店出版社2007年版。

会的解体——一个内地乡绅眼中的近代社会变迁》两篇论文从社会结构变迁的角度出发探讨了清朝科举制改革带来的社会影响，并指出传统耕读仕进的上升性社会变动取向发生转变，城乡逐渐分离，传统社会中的士阶层逐渐消失。[①] 郝锦花《新旧之间——学制转轨与近代乡村社会》探讨了学制转轨对近代乡村社会的教育领域及其他社会领域造成的影响，并对近代乡村及中国现代化模式进行了归纳。[②] 张济州《文化视野中的村落、学校与国家——一个县教育变迁的历史人类学考察（1914—2006）》一文以华北平原的一个典型的县——汶上县的教育变革为切入点，运用社会生态学、区域文化、人口流动与教育变迁、口述史资料和人种志方法探讨20世纪以来国民教育体系构建与村落文化、地方性知识冲突的场景，从而揭示了乡村教育的复杂性和城乡教育的差异性。[③] 郑起东《华北乡村教育》一文探讨了近代以来华北乡村教育从传统向近代转型的过程，并归纳了乡村教育发展的经验教训。[④] 此外，相关研究成果还有左松涛《晚清民国私塾与塾师的“权势”问题研究》(《中山大学学报》，1996年第2期)、韩凝春《清末民初学制变革中江浙族学》(《天津师范大学学报》，1996年第6期)、罗志田《新旧之间：近代中国的多个世界及“失语”群体》(《四川大学学报（哲学社会科学版）》，1999年第6期，总105期)、王铭铭《教育空间的现代性与民间观念——闽台三村初等教育的历史轨迹》(《社会学研究》，1999年第6期)、郝锦华《20世纪二三十年代乡村塾师的收入》(《福建论坛（人文社会科学版）》，2005年第8期)、朱汉国、王印焕《20世纪20 ~ 30年代华北农村教育滞后问题及其对社会的影响》(载张国刚主编《中国历史评论》第2卷，天津古籍出版社2000年版)、王先明、郝锦花《论20世纪初叶中国乡间私塾的文化地位》(《浙江大学学报（人文社会科学版）》，第35卷第1期，2005年1月)、徐希军《民国时期安徽私塾整顿研究》(《安徽史学》，2016年第4期)、杨光辉《20世纪30年代私塾改良及其成效》(《史学月刊》，2016年第7期)、刘熠《虚实之间：晚清私塾与学堂之争——以四川

---

① 论文分别载于《中国社会科学》1998年第4期和《清华学报》(新竹)新25卷4期，1995年12月。

② 郝锦花：《新旧之间——学制转轨与近代乡村社会》，山西大学博士论文，2004年6月。

③ 张济州：《文化视野中的村落、学校与国家——一个县教育变迁的历史人类学考察（1914—2006)》，华东师范大学博士论文，2007年4月。

④ 王先明、郭卫民：《乡村社会文化与权力结构的变迁——华北乡村史学术研讨会》，人民出版社2002年版，第3—29页。

省为例》(《江苏社会科学》，2018年第1期)、李欢《经济史视角下的民国山西教育公共化及其溢出效应》(《中国社会经济史研究》，2018年第4期)、曲铁华《民国时期乡村教育的基本特征论析》(《四川师范大学学报(社会科学版)》，2019年第3期)等，这些学术成果都是区域教育研究的代表作，推动了区域视域下乡村教育研究的新发展。

当然，在运用区域性研究方法对乡村教育进行研究也存在着一些问题。在研究中，研究者往往试图根据这些微观经验来归纳出一种带有普遍性的社会认知，这就不可避免地给研究结论的有效性造成了很大的难题。其中的一个难题是如何处理个别与一般、特殊与普遍的关系。由于这些微观经验都是从特定时期下的特定场景中归纳出来的，因此必然面临着如何处理个别与一般、特殊与普遍关系的问题。尽管许多实践者认为自己选择的案例并不属于一个特例，然而除非混淆不同地方空间的性质，否则一旦将其归纳的经验加以推广就会显得异常举步维艰。[①] 地方史研究路径的另一个难题就是地方研究中的“均质性”与“去均质化”之间的矛盾。当我们研究一个区域时，我们首先不能把它当作一个“均质性”实体来对待。那么，如何对于一个没有“均质性”的实体进行研究呢？只有研究了所有层级的单位才能解决这些问题。显然，我们目前还没有足够的资料和人力来完成这个任务。正是这种“去均质化”的研究模式，出现了由于过于强调差异而形成了一个个孤立的地方空间，陷入了一种“城市是城市”“乡村是乡村”的“破碎的历史”之中而不能自拔。[②] 这种问题反映在近代新型知识分子群体研究上，就是如何处理好宏观教育政策与乡村教育实际之间的关系，如何处理好乡村社会环境与新型知识分子群体之间的互动关系，如何准确把握新型知识分子群体特征与典型个案之间的关系，如何厘清新型知识分子群体的社会流向问题，如何解释新型知识分子群体与乡村社会近代化内在关联等问题。妥善解决这些问题是本书撰写工作中不可避免的问题。

诚然，任何一种研究范式或模式都有它不可避免的局限性，区域视野下

① 朱浒:《地方性流动及其超越——晚清义赈与近代中国的新陈代谢》，中国人民大学出版社2006年版，序言第8页。

② 李猛:《从“士绅”到“地方精英”》,《中国书评》，1995年5期。转自朱浒《地方性流动及其超越——晚清义赈与近代中国的新陈代谢》，中国人民大学出版社2006年版，第9页。

的东北乡村教育史的研究方法自然也不能例外。我们评价一个事物的价值应该从它的功效性方面来品评，也可以通过与其他研究模式进行比较分析。这种乡村教育史研究路径的介入，不仅可以拓宽东北教育史研究的广度，从一个更为微观的角度去揭示清末民初东北地区教育变革的过程，还可以借助教育学、社会学、民族学、人口学、经济学等多学科的研究手段和方法。通过这种交叉学科的研究，一方面拓宽了东北教育史研究的领域，另一方面又增加了东北教育史研究的理论深度。在运用区域史研究理论进行研究时，只要我们正确处理好整体与局部之间、“均质”与“去均质”之间的关系，就能避免出现那种大而全或以偏概全的情况，从而推进东北教育史研究工作的进步。

（三）视角“转换”：“近代东北乡村新型知识分子群体”的选题旨趣

1905—1931年是我国由传统国家向近代民族国家过渡的时期，现代学校制度作为国家建设的重要组成部分，伴随着国家近代化的过程也开始逐步向乡村地区延伸，出现了一个国家政权强制干预与地方社会固有习俗之间、外来现代性教育资源与原有地方性传统教育资源之间激烈冲突的画面。这种冲突在经济文化相对比较落后的东北地区尤为明显。因此，以社会底层的新型知识分子群为切入点来探讨东北地区传统教育的变迁，更能具体而微地再现近代东北乡村教育变革的真实图景。

1. 本书研究的学术价值

关于东北教育史的研究，史学界已经有了相当的学术积淀。然而，这些研究基本上都是从宏观角度出发去论述和评价东北地区的兴学活动，致力于新式学校的兴起背景、发展、特点和影响的分析，而对于处于东北社会最底层的乡村教育变迁的研究则处于一种有意或无意的淡化状态。[①] 这样，乡土社

① 关于东北教育史的研究著作，据笔者不完全统计有以下论文。李瑛著：《鄂伦春族教育史稿》，中国教育出版社1987年版；王纯山著：《辽宁高等教育四十年》（上下册），辽宁大学出版社1989年版；朴奎灿著：《中国朝鲜族教育史》（延吉），东北朝鲜民族教育出版社1991年版；齐红深著：《东北地方教育史》，辽宁教育出版社1992年版；王鸿宾等著：《东北教育通史》，辽宁教育出版社1992年版；齐红深等著：《东北民族教育史》，辽宁大学出版社；陶增骈著：《东北民族教育史》，辽宁大学出版社1994年版；齐红深等著：《辽宁教育史》，辽海出版社1998年版；王贵忠等著：《东北职业教育史》，辽宁大学出版社1999年版；李喜平著：《辽宁教育史》，辽海出版社1996年版；袁绍莹著：《吉林省高等教育史》，吉林社科院2002年出版；隋丽娟著：《黑龙江教育史》，黑龙江人民出版社2003年版；齐洪深著：《满族的教育文化》，辽宁大学出版社2003年版；单丽雪著：《黑龙江省教育史》，黑龙江人民出版社2004年版；（蒙）乌云达来著：《黑龙江蒙文教育史》，黑龙江朝鲜民族出版社2004年版；《穆陵朝鲜民族教育史》编纂委员会：《穆陵朝鲜民族教育史》，黑龙江朝鲜民族出版社2004年版等30多部。此外，相关研究的论文也有数百篇之多。

会的真实教育图景往往就被淹没在政府宏大的主流话语中，乡民参与教育的热情也多被世人所遗漏。其实，在地域广袤的东北地区，乡村地区的教育变革无疑应该是这时期东北教育变迁的主体，只有处于社会最底层的广大乡村实现了近代教育的转型，东北地区才能实现教育的近代化。为了真实地反映这场持续了长达30年之久的兴学运动，本文摒弃从正面去展现东北地区新式教育和现代学校的建立过程，而是以这时期广大的县级政权为切入点，试图通过对东北社会底层的教育现场的研究，更具体而微观地再现传统教育在东北乡村底层社会的深刻变迁。

本书从知识分子与区域社会互动视角出发，对近代东北教育的变革进行相关探讨，而这种区域社会史研究视角有助于弥补目前东北教育史研究的薄弱环节。在以往东北教育通史类著述中，研究者往往是从国家政策和地方政府如何贯彻执行等宏观视角进行研究，在举例论证时也仅选取一些具有代表性的地区而忽略了遍布关东大地的广大乡村地区，这样就很难真实地再现1905—1931年教育变革在东北乡村地区的深刻变迁。正如地方史专家隗瀛涛所述："由于中国幅员辽阔，各地区的经济、政治、文化发展不平衡，区域特征各异，史学界日益感到划分若干易于把握的区域空间，进行深入研究，是推动全国通史、断代史、专门史向深度和广度进展的一个有效途径。"[①]为了弥补东北教育通史类著述研究中的不足与缺陷，本书以从东北底层社会视角揭示东北地区乡村兴学的艰难历程，再现近代东北乡村兴学过程中知识分子与乡村社会的互动，对地方官府、士绅和下层民众之间的联合与冲突，具备新型知识的教师和学生的群体分析，新式知识分子群的社会流向等问题进行详实而系统的探究，力争从一个个具体而微的事例还原1905—1931年间东北乡村地区传统教育转向近代教育的真实图景。

2. 本书研究的现实价值

作为农业大国，农业兴则国家强，因而农村教育质量问题显得格外重要，这也是自古以来中国历届政府格外重视乡村教育的原因所在。新中国建立以来，党和国家高度重视乡村教育问题，一系列惠农政策相继出台，"三农"问题进入新的发展阶段。改革开放以来，我国政府将农村义务教育的推广和普

① 隗瀛涛主编、何一民等撰稿：《四川近代史稿》，四川人民出版社1990年版，前言。

及作为推动农村现代化的重要抓手。党的十八大以来，新型城镇化、脱贫攻坚、乡村振兴成为党和国家的重点工作，乡村教育质量成了社会各界关注的热点话题，广袤无垠的乡村教育近代化的问题逐渐成为国内学界研究的热点。在这种形势下，探讨近代东北乡村新型知识分子群体问题，无疑具有重要的政治意义和现实意义。本书以东北乡村社会为研究区域，探讨在这场轰轰烈烈的兴学运动过程中中央与地方政府之间的互动关系，即地方政府是如何因地制宜、因时制宜地发动官员、士绅和下层民众的力量来兴学的，又是如何均衡各种势力集团在兴学运动中的矛盾与冲突的，这一时期东北乡村兴学涌现出的新型知识分子群与乡村社会关系如何，哪些经验教训值得借鉴和吸取？这些思考和研究，对东北农村地区乃至全国相似地区的教育现代化问题提供了有益的借鉴和参考。

本书选取“村落”为研究切入点，一方面，从乡村社会学的角度来看，村落既是一个相对完整且独立的乡村社会单元，也是一个相对完整与独立的行政辖区，虽然“实在不足以代表中国人民共同生活的单位区域，同时也就是中国最大多数的农民着落地”[①]。另一方面，从教育布局来看，村落是近代东北乡村教育最基本单元。以村落为单位考察乡村新型知识分子群体，既可以从家庭、村落和县域等微观视域来研究东北乡村新型知识分子群体，也可以将这一变迁置于区域、民族和国家的宏观视角之下重新审视，这样就能做到“小地方”与“大社会”的呼应，“犹如在显微镜下看到了整个中国的缩影”[②]，更好地展现近代东北乡村新型知识分子群体的演化、流动及其与社会互动的艰辛历程。

二、相关研究综述

（一）文献研究综述

从区域史的角度考察近代东北乡村兴学与新型知识分子群体，实际上起始于20世纪的80年代。目前，国内外学界关于清末民初东北乡村兴学的研究还不够深入，但前人的研究已经做了一些开创性的工作，为我们做进一步的

① 邰爽秋等编选：《乡村教育之理论与实际》，教育编译馆，1935年印行版，第4页。

② 布·马林诺夫斯基：“序”，费孝通著：《江村经济》，商务印书馆，2001年版，第16页。

研究打下了基础。在综合同类研究成果的基础上，主要从国内外两个方面梳理学术成果。

1. 国外相关研究状况

早在20世纪20、30年代，出于本国政治的需要，国外学者对东北问题就极为关注，并一度出现了探讨东北问题的研究热潮，出版了一批涉及东北地区地理、历史、经济、社会以及国际关系等方面的专著、统计、调查和相关新闻报道，从而揭开了国外关于东北问题研究的序幕。80年代来，随着区域史研究理论和方法的兴起，一些国外学者开始从区域史的角度出发来研究东北乡村兴学运动，出现了一批关于东北乡村社会、乡村经济和乡村教育研究的研究成果。

（1）日本学者相关研究的状况

日本学界对东北问题的关注较早。在20世纪20、30年代，日本一些学者出于政治需要开展了对东北地区的考察和研究，先后出版了一批研究论著和调查资料。当时的日本侵略机构——满铁曾派出一批专家和学者对东北广大的乡村社会进行了详实的调查研究，并在当时及战后出版印行了大量的调查报告书及相关著述。这些调查和研究较少涉及东北乡村的兴学问题，但对广大乡村地区经济、政治、文化和风俗等方面的调查和研究，为后人考察这时期东北乡村兴学的社会生态环境提供了宝贵的资料。80年代以后，日本学界关于东北教育研究的著述纷纷问世，其间不乏一些涉及清末民初东北乡村兴学运动研究的论述。对于这些研究成果，主要涉及中国政府乡村兴学和日本在乡村地区推行殖民教育这两个方面。

①中国政府在东北乡村推行新式教育运动的研究。关于清朝政府和奉张军阀统治时期乡村兴学运动的研究，日本学界已经取得了一定的成绩。这些研究成果主要有：荫山雅博《清末奉天省の教育近代化过程—初等教育の普及过程を中心として》(《清末奉天省的教育现代化进程——以初等教育的普及过程为中心》）一文对奉天地区的初等教育兴办和普及情况进行了论述；和平石淑子《二十世纪初頭の哈尔滨における女子教育にます初期的考察—民国初期の女子教育にまするノト研究纪要》(《20世纪初哈尔滨女子教育初探——有关民国时期女子教育笔记》）则对哈尔滨地区的女子教育普及状况进行了细致的研究；于逢春《清末民初时期，中日两国の朝鲜に对する教育政

策の一側面—间岛垦民教育会の教育活动を中心に》(《清末民初，中日两国对朝鲜族教育政策的一个侧面——延边垦民教育会的教育活动》)则以延边垦民教育会的教育活动为中心，探讨了中日两国对朝鲜族教育发展的不同对策及这些政策的推行对延边地区教育事业的影响。

②日本在东北乡村地区推行殖民教育的研究。为了更好地控制东北地区的乡村社会，日本侵略者在东北地区推行了野蛮的殖民教育政策。关于东北乡村殖民教育的研究，日本学者的研究主要有：竹中宪一《日本の关东州、满铁付属地における中国人教育》(《日本关东州与满铁附属地区的华人教育》)和朴龙玉《中国の朝鲜族に対する日本側の展开—"满洲国"成立以前の公立普通学校の教育课程に注目して》(《日本对中国朝鲜族教育政策的研究——以"满洲国"成立以前公立普通学校的教育课程为重点》)从不同的角度探讨了日本殖民教育在东北的发展及其对东北地区产生的影响；铃木、普兹夫《满洲における百系ロシア人教育机关考察—初等教育を中心に》(《满洲白俄教育机构的研究——以初等教育为例》)一文以初等教育为例，探讨了白俄教育机构在满洲推行殖民教育的举措及其对东北地区教育事业的影响。

③涉及东北乡村教育研究的学术著作。关于日本在东北乡村地区推行的殖民教育，日本也陆续出版了一些相关的著作。这些研究成果不仅包括一些实习报告、调查报告和殖民教育政令法规，还有一些关于东北乡村殖民教育的著述。具体来说，这些研究主要包括三个方面的内容。一、关于教育整体概况方面的研究。相关著作主要有关东都督府民政部编《南满洲教育概况》(旅顺，1916年)，东亚学艺协会、日本新论学会编《日本の教育と满蒙》(东京出版，1932年)，满洲事情研究部编《满洲教育史略》(大连 满铁地方部学务课 1933年)，关东厅学务课编《关东州における教育设施》(大连,1934年)，岛田道弥著《关东州内教育の沿革》(大连文教社1935年)，关东州厅学务课《关东州の教育》(大连，1936年)，满铁学务课(荒川龙三)编《满铁教育回顾三十年》(大连，1937年)，曹德宣著《奉天省教育事情》(大连，1923年)，自治指导部调查课编《奉天省中心教育调查(事变前后)》(奉天，1932年)，吉林省教育会编《吉林省教育概要》(吉林 出版1937年)，阿部良次编《龙江省教育沿革》(龙江教育会，1942年)等著作。二、关于东北乡村教育概况的研究。这方面的著作主要有白藤草村《长春幼稚园の非凡ル》(长春 隆文堂书

店,1926年），木谷义保编《辽阳小学校三十年教育史》(辽阳寻常高等小学校，1938年），辽阳小学校编《辽阳小学校教育史》(辽阳，1938年），大连中学校编《大连中学校教育方针及设施内规》(大连，1918年），大连市立实科高等女学校编《大连市立实科高等女学校一览》(大连，1921年），大连市立高等女学校编《大连市立高等女学校概况》(大连，1923年），奉天高等女学校编《奉天高等女学校一览》(奉天，1926年），旅顺中学校编《旅顺中学校一览》(旅顺,1921年），旅顺师范学堂编《旅顺师范学堂要览》(旅顺,1928年），旅顺工科学堂编《旅顺工科学堂一览》(旅顺,1919年），满洲医科大学编《满洲医科大学二十五年史》(奉天，1936年）等著作。三、关于殖民教育课本讲义方面的研究。这方面的研究著作主要有横滨正金银行调查课编《大连读本》(横滨，1929年），奉天高等女学校编纂《女子国语教课书》(奉天南满印刷社1928年），熊岳城寻常高等小学校编《仆の研究キリギリス》(熊岳城，1930年），南满洲教育会教科书编辑部编《满洲补充教科书地理算术の部》(大连，1926年），东亚经济调查局编《满洲读本》(东京,1927年），南满教育会编《满洲体育教授参考书》(上卷）(大阪屋号书店，1925年），南满教育会编《满洲体育教授参考书》(下卷）(南满教育会教科书编辑部，1926年）等。这些著述研究探讨了日本在东北乡村地区推行殖民教育的概况，对于深入研究东北乡村兴学问题无疑具有一定的借鉴作用。

(2）欧美学者相关研究的状况

20世纪20、30年代，美、俄学者开始重视东北问题。这时期的调查和研究虽然具有一定的侵略色彩，却成为现在研究东北乡村社会问题的珍贵资料。其后，美俄学者一直对东北问题十分关注。然而，在这些研究成果中，对1905—1931年东北乡村兴学的关注十分有限。据笔者所见，目前仅有少数学者的研究论及近代东北乡村教育的问题。

①美国学者的相关论文。美国学者关于清末民初东北乡村兴学的研究，首推当属美国学者Elizabeth Ruth Vander Ven先生。他在博士论文《Educational Reform and Village Society in Early Twentieth—Century Northeast China, Haicheng County,1905—1931》(University of the California, Los Angeles，2003）中考察了1905—1931年间奉天省海城县教育变迁的过程。作者先是介绍了兴学前海城县的历史背景，然后探讨了海城县的传统私塾教育、兴学的经费来

源、新旧教育的对立格局、女子教育、劝学所活动等内容。在文中，作者通过分析认为政府与乡村之间除了对抗关系外，还有一种合作的关系，从而打破了过去研究中往往把地方政府与乡村社会对立起来的“二元”对立的研究模式。他的论文《Elizabeth：Village-State Cooperation：“Modern Community Schools and Their Funding, Haicheng County,Fengtian,1905—1931”》（Modern China,Vol.31,No.2 .）一文分析了海城县公立学堂及其经费来源的情况，同时探讨了地方政府与乡村在兴学过程中的冲突与合作的关系。作者认为：在遍及中国的广大的农村地区，很多村社都像海城县的村庄那样，曾经热情地参与了当地的教育改革活动，因此在中国的现代化过程中扮演了重要的角色。而且，它们还表明，教育是政府与社会有着一种共享的利益和目标，并乐于建立一种合作关系的一个领域。[①]

②俄国学者关于清末民初时期东北乡村兴学的论文。俄国学者的研究基本上是围绕其在中东路地区殖民教育的研究，如 Та скина Е.：Ха рбин ские коммерче учу ли па КВЖД. Проблемы Да льнего Востока，2004. No. 1. 157—160с.（《哈尔滨的中东铁路商业学校》）从商业学校的视角探讨了哈尔滨地区俄办殖民教育的发展情况；Еропктна О.：“ Русские и китайские школы на КВЖД. 20-е годы”. Проблемы Дальнево Востока ,2001.No. 3.（《20年代中东路办的俄中学校》）探讨了中东铁路地区俄中学校的兴学状况；Василенко Н. А.：“Перые русские учебные заведния в Маньчжурии”. Извесття русското географического общества ，2000.No. 2.（《满洲的第一批俄语学校》）则探讨了满洲第一批俄语学校的建立和运行情况。可见，俄国学者的研究基本上是关注俄国在东北地区的殖民教育，并进一步探讨俄国的殖民教育与东北地区发展之间的关系。

③美俄学者的相关著作。除了相关的学术论文外，美俄出版的一些相关著作或多或少地涉及了东北乡村兴学问题，对东北乡村兴学问题的研究具有一定的借鉴意义。首先是美国的一些学者对于近代东北乡村教育问题的关注，出版了一些著述主要有：Roger V.Des Forges：His-liang and the Chinese

① 〔美〕樊德雯（Elizabeth VanderVen），熊春文译：《乡村—政府之间的合作——现代公立学堂及其经费来源（奉天省海城县：1905——1931）》，载黄宗智：《中国乡村研究》（第五辑），福建教育出版社2007年版，第115页。

National Revolution,Yale University Press,1973（《锡良与中国民主革命》）；Mc comark, Gavan：Chang Tso-lin in Northeast China,1911—1928：China, Japan and Manchurian Idea.Stanford：Stanford University press,1977（《张作霖在东北，1911—1928年：中国，日本和满族人的想法》）；Borthwick,Sally：Education and Social Change in China：the Beginings of the Mordern Eva. Stanford：Hoover Institution press,1988.（《中国的教育与社会变迁：现代时期的开端》）；Peteson,Glan;Hayhoe,ruth & Lu,Yongling：Education Culture and Identity in 20th Century China.Hong Kong Unversity press.（《20世纪中国的教育文化及其特点》），费正清的《剑桥晚清史》和《剑桥中华民国史》等著作。一些俄国学者对于近代东北的乡村教育有所涉及，相关著述主要有：B.苏林：Маньчжурия иее перспективы. Харбин,1930.（《满洲及其前景》，哈尔滨，1930），и.А.多布拉罗夫斯基：Хэй лунцзянскаяпровинция Маньчжурии. Х арбин ，Издательство ：Издание Управ ленияВоенного. Комиссара Хэй лунцзянской провинции，1906.（《满洲的黑龙江省》，哈尔滨，1906），A.赫沃托夫：Oπисание Мукденьской провинциив южной Маньчжурии. . арбин,1904.（《南满洲的奉天省》，哈尔滨，1904），苏联科学院远东分院：История Северо-Восточног оКитая XVII-X. BB.Кн.1-2.Вла дивосток：Да льневосточное кни жное из дате льство.1987—1989гг.（《17—20世纪的中国东北史》，符拉迪沃斯托克，1—2卷，1987—1989）等著作都涉及近代东北乡村兴学与新型知识分子群体问题，对本书的研究有一定的借鉴作用。

（二）国内相关研究状况

东北地区乡村教育的研究始于20世纪80年代。随着改革开放政策的推行，国外一些教育史研究的理论和方法的传入，中国传统教育史的研究出现了研究方法和视角下移的变化。近年来兴起的民间教化研究、社会教育研究以及边缘群体教育研究，都是教育史研究拓展新的研究领域的一种突出表现。在这种形势下，近代东北乡村教育史的研究开始从传统的宏观视角研究逐渐转向微观视角研究，并相继出现了一些涉及东北乡村教育的学术著作和学术论文。

从著作和博硕论文来看，笔者的《区域视野中的乡村、学校与社会——清末民初东北乡村教育研究（1905—1931）》（光明日报出版社2011年版）是一部从整体视角系统研究东北乡村教育的学术专著，涉及兴村背景、演进过程、教育种类、区域特色，进而探讨了近代兴学运动与兴村社会变革之间的内在关联。博硕论文方面有许兆萍《近代东北地区学校体育发展研究：1906—1931——以《盛京时报》为中心》（东北师范大学,2009年），刘姝《东北铁路学校对东北区域文化变迁的影响研究（1891—1945）》（黑龙江大学，2009年），代兵《清末民初东北的小学教育（1905—1918）》（东北师范大学，2011年），彭晓江《日本在东北的初等教育（1905—1945）研究》（辽宁大学，2011年），吴凤岭《近代东北地区女子学校教育研究（清末—九·一八事变）》（辽宁大学，2012年），姚慧《近代东北地区基督教教育事业的研究》（辽宁大学，2012年），吴凤岭《近代东北地区女子学校教育研究（清末—九·一八事变）》（辽宁大学，2012年），张恩强《清末民初奉天法政学堂研究（1906—1916）》（辽宁大学，2012年），徐振岐《民国时期黑龙江高等教育述论》（吉林大学，2013年），王黎明《清末东北地区赴日本留学活动研究》，（辽宁大学硕,2013年），刘聪《清末民初奉天省海外留学研究》（辽宁大学,2014年），柳婷婷《清代东北地区的少数民族教育研究》（湖南师范大学，2015年），张乐融《〈盛京时报〉有关晚晴东北教育新政报道研究》，（辽宁大学，2016年），泰安《清末民初黑龙江教学变革研究》（哈尔滨师范大学，2017年），董志薇《近代黑龙江女子教育发展研究》（哈尔滨师范大学，2017年），杨言《清末民初奉天地区社会教育研究》（东北师范大学，2017年），彭爽《清末奉天教育转型研究》（东北师范大学，2017年），谢东良《清末民初东北地区私塾改良研究（1901—1931）》（吉林师范大学，2018年），周琪《教育活动史视域下清末民初黑龙江新式学堂教育》（哈尔滨师范大学，2019年）等系统性学术研究成果，这些颇具学术性的博硕论文进一步深化了近代东北乡村新型知识分子群体研究的深入。

从学术论文来看，专门研究近代东北乡村新型知识分子群体的成果数量不多。目前，学界同仁主要围绕近代东北乡村教育与社会问题展开相关研究工作，范围涉及了传统的私塾教育、书院、新式学堂、学生运动、殖民教育等几个方面，从而在一定程度上推动了近代东北乡村教育研究工作的发展进程。

第一，关于近代东北地区新型知识分子群体与社会研究。《“五卅惨案”与大连的学生运动》一文，论述了在中国共产主义青年团大连特别支部的领导下，大连学生通过发动罢学运动支援五卅惨案的斗争。朱在宪《吉林省民族关系史上光辉一页——记五四运动中的延边朝鲜青年》一文，考察了五四运动时期延边朝鲜青年的积极参与及对于吉林革命运动的推动作用。①

第二，关于近代东北三省新式教育整体性研究。邱广军《民国时期东北教会教育权回收始末》以基督教教会为中心，考察了东北当局收回教会教育权的艰难历程及其政治意义。王广义《从"中体西用"到民族本土化回归：东北教育的近代化历程》以近代东北教育理念的演进为主线，揭示了近代东北教育现代化呈现出"引进、走出、对抗和交流"的艰难历程。苏永明、程绚丽《近代东北商人的办学活动及其深远影响》阐释了近代东北商人以个人、资助和商会办学模式创办普通教育和实业注重的实践探索，突出学风校风建设，强调爱国主义教育，并用经商必需的优秀传统道德教育学生，汇聚成推动东北教育现代化的重要动力。王晓晨、郝勤《张学良体育观及其对东北体育近代化的影响》阐释张学良提倡德、智、体、美、群五育并重，重视发展学校体育，提倡"健身强国，抵御外侮""倡导体育造成复兴民族之生力"，促进了东北近代学校体育、社会体育、竞技体育的现代化。②关于近代东北乡村教育相关研究成果还有邱广军《清末东北地区的基督教神学教育》，吕雪飞《清末东北三省师范教育发展探微》，柴志尚、郑大俊《盛京将军赵尔巽对清末新政教育发展的贡献》，曹春梅《清末民初东北地区的教育转型研究》，潘广霞《清末新政时期东北地区的女子教育》，马佳乐《论民国时期东北小学教育的发展特点》等论文。

第三，关于近代奉天地区乡村教育的研究。成果主要有张晓明《清末民初奉天教育中的"旧学"与"新学"——以《仪圣言行录》为研究中心》、张钟月《试论清末民初鸭绿江流域的近代教育》、刘芙君《新式学校教育对社会文化变迁产生的影响——以清末民初奉天为中心》、刘战《清末新政时期的奉天省教育改制》和刘秀平《清末民初奉天地区女子教育问题的研究》等论文。

---

① 刘功成:《"五卅惨案"与大连的学生运动》,《辽宁师范大学学报（哲学社会科学版）》，1983年1期；朱在宪:《吉林省民族关系史上光辉一页——记五四运动中的延边朝鲜青年》,《青年学研究》1989年4期。

② 邱广军:《民国时期东北教会教育权回收始末》,《东北师范大学学报（哲学社会科学版）》，2012年第5期；王广义:《从"中体西用"到民族本土化回归：东北教育的近代化历程》,《社会科学战线》，2010年第4期；苏永明、程绚丽:《近代东北商人的办学活动及其深远影响》,《江西社会科学》，2017年第10期；王晓晨、郝勤《张学良体育观及其对东北体育近代化的影响》,《体育文化导刊》，2018年第9期。

第四，关于近代吉林地区乡村教育的研究。成果主要有孙凌晨、罗丹丹《清末新政时期吉林省教育事业的发展》，贺飞《私塾与学堂：清末民初吉林教育的二元结构》，贺飞《清末新政与吉林新式教育》，关蕾《清末民初庙产兴学与吉林近代教育》，张芷瑜《论民国时期吉林省乡村教育兴起的背景和动因》，林立梅《浅谈民国时期吉林省新式教育的发展》，张芷瑜《民国时期吉林省的乡村教育发展特点及不足》和丁晓明《民国初期吉林省职业技术教育的主要门类》等论文。

第五，关于近代黑龙江地区乡村教育的研究。成果主要有杨晓梅《清末民初黑龙江高等教育发展述论》，刘彦臣《清末吉林新式旗人学堂及满文教育》，徐晨光《论清末黑龙江中学教育初创——以黑龙江省中学堂为例》，李贵彬《清末民初黑龙江省鄂伦春民族新式教育》，杨凤霞《浅论清末民初黑龙江地区的高等教育》，王冰凌、高振岐《清末民初黑龙江省学校音乐教育》，乔珊、高振岐《清末民初黑龙江省学校音乐教育发展初探》，褚众、高振岐《清末民初黑龙江省学校音乐教育的发展与影响》，于湘桂《清末民初黑龙江社会教育发展初探》，李珣《浅析清末黑龙江初等教育发展的制约因素》，余丽娜《清末民初黑龙江女学教育探析》，朱秋菊《清末新政与黑龙江地区的初等教育》，王海波《清末移民对黑龙江地区教育礼俗宗教的影响》和荆晓芬、于耀洲《民国初期黑龙江省女子教育论述（1912—1931）》等论文。①

第六，关于近代庄河、白城等乡村地区兴学状况的研究。陈丕忠《民国前期复县、庄河县教育》一文，主要论述了1912—1931年“九·一八”事变前奉系军阀统治时期大连的复县、庄河县教育以及境内教会学校和日本控制的满铁附属地殖民学校的发展概况。华秀实等《解放前白城教育概况》一文，则从晚清、民国和伪满三个时期探讨了白城县的教育发展历程，并对这三个时期白城县的教育发展概况进行了总结和概括。张淑香《日本统治大连时期的“皇国民”教育探析》和李萍《日据大连时期的奴化教育实质》两篇文章，

① 马佳乐：《论民国时期东北小学教育的发展特点》，《现代交际》，2018年第7期；张芷瑜：《论民国时期吉林省乡村教育兴起的背景和动因》，《白城师范院学报》，2013年第6期；林立梅：《浅谈民国时期吉林省新式教育的发展》，《中国校外教育》，2018年第28期；张芷瑜：《民国时期吉林省的乡村教育发展特点及不足》，《学问》，2016年第6期；丁晓明：《民国初期吉林省职业技术教育的主要门类》，《课程教育研究》，2019年第38期；荆晓芬、于耀洲：《民国初期黑龙江省女子教育论述（1912—1931）》，《学理论》，2016年第1期。

则指出从日本占据大连地区后，通过殖民教育机构的设立、课程设置、教学活动及教科书编写等形式推行殖民教育的罪恶行径，从而揭露了日本殖民教育的本质及其对近现代大连地区所产生的负面影响。①

第七，关于近代东北乡村地区新式学校个案的研究。武殿福《永吉县第一所私立中学》一文，考察了吉林省永吉县的第一所私立中学的兴学情况；2006年是沈阳大学的前身——奉天实业学堂和新民公学堂建校100周年，为此,《沈阳大学学报》第18卷第5期刊载了6篇相关学术研究论文。张淑香《新民公学堂的发展对清末民初新学与辽宁社会发展的影响》一文，通过对沈阳大学新民师范学院的前身新民公学堂的历史沿革及当时社会背景的考察，阐述了新学的引入对于开启新民乃至辽宁地区民众的民智，唤醒民众意识和推动社会变革等方面带来的深远影响。而高永君、王晓侠等人的论文则探讨了奉天实业学堂与历史沿革、校址变迁及其与近代学制和教育思想变迁之关系。孙海燕《东北讲武堂与东北军事教育现代化》探究张氏父子创办东北讲武堂的教育模式及优秀学员代表，成为推动东北军事教育现代化的重要力量。谭玉秀、侯梦莹《论张氏父子与近代东北高等教育的发展——以东北大学为考察中心》一文探讨张氏父子执政东北期间与建设东北大学的努力，揭示了东北大学师资力量、基础设施与课程创新的独特优势，探讨了东北大学与东北地区高等教育现代化的内在关联。张冬冬、周彦《试论清末民初的齐齐哈尔教育》阐释了近代以来齐齐哈尔地区教育变革的演化进程，揭示了齐齐哈尔地区教育革新中以中等师范教育和实业教育为主的地域特色，奠定了黑龙江新式教育的重要基础。张晓明《清末海城地区教育变革》选取海城县为研究对象，探讨了清末兴学以来海城地区学校教育的推广过程，特别是通过改庙兴学和私人捐助方式解决了“学款难筹”问题，推动了海城地区教育的近代化进程。胡焕焕、吴丽华《试论清末新政时期齐齐哈尔地区新式教育的兴起与发展》揭示了清末新政时期齐齐哈尔地区新式教育的兴起、发展并逐渐成为主要教育的演变过程，阐述了新式教育的类型和发展概况，探讨了新式教育

① 陈丕忠:《民国前期复县、庄河县教育》,《大连教育学院学报》1998年第4期；华秀实等:《解放前白城教育概况》,《吉林百年》，下册 1990年等；张淑香:《日本统治大连时期的“皇国民”教育探析》,《辽宁大学学报》，第33卷第4期，2005年7月；李萍:《日据大连时期的奴化教育实质》,《辽宁大学学报（社会科学版）》第25卷第4期，2002年7月。

与齐齐哈尔近代化的关系。[①]

第八，关于近代东北少数民族地区兴学运动的研究。由于少数民族主要集中在经济文化比较落后的地区，因此基本上都属于乡村研究的范围。因此，关于东北地区少数民族兴学运动的研究成果基本上也属于东北乡村兴学的研究范畴。关于东北地区少数民族兴学的研究已经发表了一批相关研究著述。然而，在这些研究成果中，基本上都是从民族地区的兴学背景、举措及给本地及东北地区带来的影响等角度进行论述的，在研究中缺乏深入具体的细化和分析。[②]

第九，关于近代东北乡村地区传统教育方式的研究。张晓明《论清代奉天私塾教育》从发展概况、教育内容和社会功能三个层面阐释了清代奉天地区私塾教育的基本概况，并探讨了私塾教育与社会发展之间的关系；贾振纲

① 武殿福:《永吉县第一所私立中学》,《江城史志》1990年1期；张淑香:《新民公学堂的发展对清末民初新学与辽宁社会发展的影响》；高永君:《〈癸卯学制〉与奉天实业学堂》；李威，冯德华:《从奉天实业学堂的建立与发展看近现代中国教育思想的变迁》；王小侠，杨小梅:《社会转型与教育理念更新续前注——奉天实业学堂嬗变的历史考察》；毛英萍，白献竞:《东北实业教育的摇篮——纪念奉天实业学堂创建一百周年校史拾遗》；耿立言，张旭:《奉天实业学堂百年校址变迁之考证》；高晶:《关于奉天实业学堂初建时期几个问题的考证》等论文，这些文章都刊载在《沈阳大学学报》，第18卷5期，2006年10月；孙海燕《东北讲武堂与东北军事教育现代化》,《兰台世界》，2014年第S1期；谭玉秀、侯梦莹《论张氏父子与近代东北高等教育的发展——以东北大学为考察中心》,《吉林师范大学学报（人文社科版）》，2018年第1期；张冬冬、周彦《试论清末民初的齐齐哈尔教育》,《理论观察》，2016年第4期；张晓明《清末海城地区教育变革》,《鞍山师范学院学报》，2013年第3期；胡焕焕、吴丽华:《试论清末新政时期齐齐哈尔地区新式教育的兴起与发展》,《理论观察》，2013年第2期。

② 关于东北少数民族教育的研究著述主要有：李瑛著:《鄂伦春族教育史稿》，中国教育出版社1987年版；朴奎灿著:《中国朝鲜族教育史》,（延吉）东北朝鲜民族教育出版社1991年版；齐洪深:《东北民族教育史》，辽宁大学出版社1993年版；齐洪深著:《满族的教育文化》，辽宁大学出版社2003年版;（蒙）乌云达来著:《黑龙江蒙文教育史》，黑龙江朝鲜民族出版社2004年版;《穆陵朝鲜民族教育史》编纂委员会:《穆陵朝鲜民族教育史》，黑龙江朝鲜民族出版社2004年版等著作。论文方面有阿齐图:《伊克昭盟之教育》,《益也报》1940年12月；谢再善:《伊盟的教育与文化》,《西北论衡》9卷10期，1941年10月；贾凤翔:《伊克昭盟教育》,《边疆通讯》2卷12期，1944年12月；陈国钧:《伊盟蒙旗教育》,《边疆通讯》2卷8期，1944年8月；李瑛:《鄂伦春族教育三题》,《北方文物》1987年4期；玛纳:《近代东北地区新式回族教育初探》,《黑龙江民族学刊》1991年1期；隋丽娟:《清末民初的边疆危机与鄂伦春族教育》,《北方文物》1997年1期；麻秀荣、那晓波:《清末民初鄂温克族新式教育初探》,《民族研究》2000年6期；谷文双等:《黑龙江新式回族教育述略》,《回族研究》2002年1期；王军:《黑龙江新式回族教育考论》《黑龙江民族学刊》2003年3期；刘金明，曾小玲:《论达斡尔族学校教育的特征及作用》,《黑龙江民族学刊》1998年1期;《论民国时期东北地区达斡尔族的双语教育》,《武汉科技学院学报》2006年7期；2006年10月；谢兰荣:《达斡尔族教育史述略》,《内蒙古师大学报》（哲社版）1998年4期；腾绍箴:《达斡尔族文化教育发展的历史回顾》,《社会科学战线》1994年1期等文章。

《东丰县私塾的残存和消失》考察了这时期东丰县私塾在兴学过程中残存和最终消亡的过程；颜之江《长春文化开发及养正书院》和梁志忠《长春养正书院》两文，分别从书院的兴建过程、办学情况、历史评价等方面对长春的养正书院进行了考察；马阿宁《清末东北最有影响的书院——银冈书院》则对铁岭银冈书院的兴建过程、办学概况和办学人员进行了考察，进而从培育人才、振兴地方教育和弘扬民族文化等方面推动了铁岭地区文化事业的发展和进步步；刘志惠《从辽南横山书院看我国南北书院的兴起与演进》一文则考察了瓦房店复州城内的横山书院的发展历程，赞扬了该书院的兴建对辽南地区书院的发展所带来的推动作用。①

此外，还有的学者通过对东北各县市所创办的图书馆进行研究，考察了东北乡村会兴学的状况。②也有的学者通过对东北兴学人物的研究来反映东北乡村教育发展的状况。③其他一些东北史研究的论著中也有一些关于东北乡村

① 张晓明《论清代奉天私塾教育》,《鞍山师范学院学报》2013年第5期；贾振纲:《东丰县私塾的残存和消失》,《东北地方史研究》1985年3期；颜之江:《长春文化开发及养正书院》,《长春史志》1990年1期；马阿宁:《清末东北最有影响的书院——银冈书院》,《博物馆研究》2006年4期；刘志惠:《从辽南横山书院看我国南北书院的兴起与演进》,《辽海文物季刊》1995年2期。

② 关于图书馆方面的研究成果，主要有田吉春:《延吉市图书馆简史（初稿）》,《吉林省图书馆学会会刊》1980年4期；田吉春:《延吉图书馆简史》,《吉林省图书馆学会会刊》1980年4期；王洪生:《齐齐哈尔市图书馆简史》,《黑龙江图书馆》1981年1、2期；柳成栋:《巴彦县图书馆简史》,《黑龙江图书馆》1982年4期；张永伟:《“九一八”事变前后的辽宁省公共图书馆事业》,《图书馆学刊》1983年2期；王洪生等:《我省最早的图书馆——齐齐哈尔图书馆》,《奋斗》1983年11期等文章。

③ 关于教育界人物的相关研究，其成果主要有裴林:《林传甲》,《黑龙江史志通讯》1983年5月；裴林:《林传甲》,《黑河学刊》1983年2期；李铁汉等:《林传甲与近代黑龙江教育》,《北方文物》1989年4期；王文炳，王洪生、范佩卿:《教育家林传甲传略》,《齐齐哈尔大学学报（哲学社会科学版）》1989年1期；李江晓，王月华:《略论林传甲的教育思想及实践》,《齐齐哈尔大学学报（哲学社会科学版）》1996年3期；王桂云:《以修志为己任的林传甲》,《黑龙江史志》1994年2期；张静泰:《黑龙江音乐教育的先驱——林传甲》,《艺术研究》2003年4期；吴绍礼:《著名学者林传甲考》,《绥化学院》，1989年4期；刘欣芳、王秀兰:《黑龙江近代教育奠基人林传甲一家对黑龙江教育的贡献》,《教育探索》1997年5期；李江晓:《为开创黑龙江近代教育作出卓越贡献的教育世家》,《黑龙江史志》1995年6期；魏正书:《清末辽宁教育三（续前注）位杰出人物》、《辽宁教育史》1993年4期；白献竞、毛英萍:《清末民初辽宁实业教育人物考》,《沈阳大学学报》18卷5期，2006年10月；刘树泉:《简论吴禄贞》,《沈阳师范学院学报》1980年4期；汪稼复:《马骏同志在吉林》,《吉林日报》，1981年5月10日；王秀文等:《“五·四”运动后马骏在东北的活动》,《黑龙江文物丛刊》1984年4期；廖维宇等:《马骏烈士与吉林毓文史学的“周末讲演”》,《吉林史志》1985年3期等；顾明义:《辛亥革命在辽宁的领导人——张榕》,《理论与实践》1981年5期；马国晏:《林老辛亥革命前在吉林》,《吉林日报》1980年8月25日；徐凤晨:《杰出的民主革命家——熊成基》,《东北师范大学学报（哲学社会科学版）》1980年2期；盛雪芬等:《张学良将军教育主张初探》,《沈阳师范大学学报（社会科学版）》1988年2期等文章。

兴学的论述。如佟冬的《中国东北史》（六卷本）、吉林省政协文史资料委员会编《吉林百年》、石方的《黑龙江区域社会史研究（1644—1911）》、石方的《黑龙江区域社会史研究（1644—1911）》（续）、赵英兰的《清代东北人口社会研究》、刘振生的《近代东北人留学日本史》、王广义的《近代东北乡村社会研究1840—1931》、高月的《清末东北新政研究》、王凤杰的《王永江与奉天省早期现代化研究》、李强的《伪满时期东北地区人口研究》、邱广军的《基督教与近代中国东北社会（1866—1931）》、李响的《近代西方人在中国东北考察活动研究》（东北师范大学，2008年）等学术研究成果对于近代东北乡村地区的兴学运动均有所论及，对本书的深入研究有重要的借鉴意义和启发价值。

纵观这时期的研究成果，国内外学者关于东北乡村兴学的研究存在三个视角：一是本体论的视角，这种视角是运用阶级分析理论分析东北乡村兴学的历史规律，试图实现阶级分析与东北乡村兴学自身规律的统一；二是现代化视角，这种视角将东北乡村兴学作为东北现代化进程中一个阶段，探讨东北乡村兴学与东北地区现代化的关系；三是区域史的视角，这种视角是运用社会学的理论和方法，从国家与地方互动的角度出发探讨乡村兴学与东北区域变迁之间的互动关系。这些视角都从不同的侧面推动了近代东北乡村兴学的研究。然而，这些研究视角也存在着一些不足：阶级视角往往预先框定了乡村兴学运动的阶级属性，从而忽略了兴学过程中的过渡形态和中间环节；现代化视角则从宏观的现代化趋势上着手，忽略了政府与乡村互动关系的研究；区域史视角则由于尚处初始阶段，由于研究的理论水平所限，也存在着研究深度和广度不足等问题。具体而言，目前关于近代东北乡村兴学研究主要存在以下两个问题。

其一是研究深度和广度不足。在国外学者关于近代中国乡村兴学的研究中，往往会借鉴社会学、民族学、人类学等学科的理论和方法来诠释近代乡村兴学运动。美国学者 Vander Ven 先生以海城县兴学为中心，并借助社会学等其他学科的理论和方法进行深入细致的考察，无疑为东北乡村社会兴学研究提供了一个样本。而国内学者关于东北乡村兴学的研究大多停留在兴学的背景、措施、影响、评价等研究层面，往往是从史学或教育学的角度论及东北乡村兴学问题，缺乏社会学视角的观察与思考，如对于新、旧教育之间的冲突与抗衡的审视，乡村兴学中的官方、士绅和民众之间的冲突与合作，新式学校授课内容、方法与学生的实际接受情况，教科书问题，办学人员、教师和学生群体为代表的新型知识分子群体的来源、构成与社会流向，新型知识分子群体与县城、乡镇乃至村落的社会变迁等问题都缺乏深入系统的研究与分析。

其二是资料运用上不充分。目前，在近代东北乡村兴学的研究中，基本上都是使用一些已经出版的档案资料、文史资料和报纸杂志等资料，而其他一些更具价值的资料，如地方档案资料、日俄文资料、谱牒资料、口述资料还很少使用。在近代东北乡村兴学的研究中，除了地方县志和文史资料外，在东三省的档案馆和各市县档案馆里藏着大量反映东北社会状况的珍贵资料，东北高校的图书馆里也藏有满蒙、日、俄外文档案，这些都是东北区域史研究的重要资料。此外，东北地区还存在着一些谱牒、碑刻、古迹、遗址等珍贵的资料。这些珍贵的资料往往散落在东北的乡间社会，只有通过学者们不懈的访寻和艰苦的挖掘才能使其“重见天日”。通过梳理这些非文字资料，可以获得一些在官方记录的文字资料和报刊资料中难以获得的信息。总之，目前史学界关于近代东北乡村新型知识分子群体的研究成果仍然比较薄弱，多为一些零散的表面化的研究成果，现阶段为止还没有一部系统的学术专著问世，这为本书的相关研究工作留下了拓展空间。

综上，学术界关于近代东北乡村新型知识分子群体的研究虽然已经取得了一些研究成果，但总体来说这些研究都是缺乏系统性连贯性的零散研究，不仅相关的研究成果有限，而且大多数的研究都停留在对乡村兴学事件本身描述的层面，从区域互动的角度探讨近代东北乡村新型知识分子群体与近代东北乡村社会互动关系的研究尚显薄弱，也没有一部全面、系统地介绍近代东北乡村新型知识分子群体的学术专著。正是这些前人研究成果的不足，为本书的研究提供了广阔的探索空间。本书通过对近代东北乡村新型知识分子群体比较全面、系统的研究，揭示这一新型知识分子群体的结构性特征，探讨新型知识分子群体与近代东北乡村社会变革之间的内在联系，以期对今后的东北乡村地区教育事业的发展、乡村社会近代化和实现乡村振兴提供一些必要的借鉴和重要启示。

三、研究的理论准备和框架结构

为了能够更好地贴近东北历史，贴近东北教育变迁的现实生活，本文试图放弃“事后诸葛亮”这样一种“倒放电影”式的研究思路，把眼光放回到社会底层的教育现场，采取多学科综合研究方法，以“乡村地区教育变迁”这样一个独特的视角来探讨清末民初东北教育转型在乡村社会所引起的动荡和变化。[①]

（一）研究的理论准备

首先，借鉴区域史的研究理论和方法。就本书的题目而言，更像区域社会史研究，而非单纯的教育史研究。因此，在研究过程中，作者格外重视区域史研究理论和方法的运用。区域史作为一个新近兴起的地方史与社会史交叉的边缘学科，在研究中往往借鉴社会学的研究理论和方法对一定的地理单元或区域内的各种相互关联的现象（包括自然环境和人事活动）进行整体性的历史探讨。这种区域史研究方法与传统地方史研究方法不同，它“将透视的焦点从国家上层移向社会下层，下力气研究芸芸众生……透过它们日常普通的物质生活、精神生活和心理世界，展示千百人的‘众生相’，由下而上地展开对中国社会深层结构的揭露”[②]。本书吸取了区域史的研究理论和方法，从区域教育与社会互动的角度出发，以乡村教育变迁为视角探讨近代东北乡村新型知识分子群体崛起的过程，并剖析近代东北乡村新型知识分子群体的来源、职业、性别、收入等特征，揭示新型知识分子群体的社会流向与东北乡村社会变迁之间的关系。

其次，借用社会变迁理论。何谓社会变迁？社会学对社会变迁有如下的定义：“在社会学的意义上来看，社会变迁泛指一切社会现象的变化。又特指社会结构的重大变化；即指社会变化的过程，又指社会变化的结果。在社会学中，社会变迁‘是一个表示一切社会现象，特别是社会结构发生变化的动态过程及其结果的范畴’。”[③] 换句话说，社会变迁就是对社会运行和发展进行动态的考察。社会变迁理论包含着诸如结构—功能、冲突理论、现代化理论

---

① 参看蒋纯焦：《一个阶层的消失：晚清以降塾师研究》，世纪出版集团、上海书店出版社2007年8月版，导论，第3页。

② 王家范：《从难切入，在“变”字上做文章》，《历史研究》，1993年第2期，第3页。

③ 郑杭生：《社会学概论新修》（修订本），中国人民大学出版社1998年第2版，第391页。

等各种理论，其中冲突理论和现代化理论都是本文在研究中运用的分析工具。运用冲突理论分析在东北乡村兴学过程中国家、地方政府、士绅和民众的冲突、传统私塾教育与新式学堂教育的冲突及新型知识分子群体新思潮与传统守旧习俗之间的冲突；运用现代化理论分析新型知识分子群体社会流向及其施加于乡村社会的影响力。

最后，在运用历史学研究理论与方法的基础上，笔者还借鉴了经济学、社会学、民族学等学科的研究方法。在揭示新型知识分子群体崛起的区位环境过程中运用了政治学、环境学和教育学方法；在剖析近代东北乡村新型知识分子群体过程中运用了例证法、计量分析法、比较法等进行定量分析；在阐释新型知识分子群体与近代东北乡村社会互动运用了社会学、民族学和文化学研究方法；这些多学科综合研究方法的运用，有助于加深学术研究的理论厚度和学术深度。

20世纪以来伴随着民族国家的兴起，国家政权逐步介入广大乡村社会，在广大乡村地区呈现出一幅国民教育体系建构与村落文化、地方性知识冲突的生动场景。本书通过运用多学科研究理论和方法进行细心梳理和研究，从新型知识分子群体崛起的历史境遇和演化进程，以各种角色活跃在乡村社会大舞台，多角度具体而直观地反映了这一时期东北乡村新型知识分子群体崛起的历史过程。

（二）研究框架与结构

第一部分——绪论。这部分主要介绍了论文选题的缘起、当前相关研究现状与不足、本文研究的理论和方法、资料的搜集与整理准备、论文研究路径和整体框架结构。同时，对于本文中的两组核心概念、研究时间和空间进行界定，为后面进行全面学术研究做好了铺垫工作。

第二部分——村落社区：乡村新型知识分子群体崛起的区位环境。区域环境与乡村教育的发展存在着密切关系。从某种意义上来说，环境的好坏直接影响到教育发展的效果。东北地区独特的位置、气候、资源和风俗文化缔造了一个独特的关东社会，这种带有浓郁的地域特色的区位环境对东北乡村新型知识分子群体的产生影响深远。本章从探讨东北乡村社会的生态环境入手，从地理位置、政治、经济、社会和传统教化体系等层面阐述了近代东北乡村新型知识分子群体兴起的区位环境和独特背景。

第三部分——演进逻辑：乡村新型知识分子群体崛起的发展轨迹。晚清时期（1905—1912）是近代东北乡村新型知识分子群体崛起的初始阶段。在清王朝大举“新学”的号召下，东北地方政府积极推广兴学运动，近代东北乡村新型知识分子群体进入萌发阶段。奉系军阀统治时期（1921—1928）是近代东北乡村新型知识分子群体崛起的发展阶段。民国伊始，政府继续大力倡导学校教育，东北乡村兴学运动继续发展，近代东北乡村新型知识分子群体迎来发展阶段。南京国民政府统治前期（1928—1931）是近代东北乡村新型知识分子群体崛起的高潮阶段。随着乡村教育体制的全国一体化，东北乡村兴学运动的发展进入了一个新的阶段，近代东北乡村新型知识分子群体进入迅速发展时期。

第四部分——提倡与抵制：乡村新型知识分子群体崛起的各界应对。乡村新型知识分子群体崛起是一场规模浩大、范围广泛的社会化运动，这就要求社会各界的积极参与和支持。本章就论述了近代东北乡村新型知识分子崛起过程中社会各界的态度和应对。对于新式教育的推广工作，地方政府、乡绅、社会团体和下层民众间存在着联合与冲突的特殊关系，既有共有利益下的短暂合作，更有为了各自利益的矛盾冲突。这种“非均质化”的合作关系一方面加速了新型知识分子群体崛起的进程，另一方面在一定程度上限制了新型知识分子群体崛起的效果。

第五部分——新旧杂糅：近代东北乡村新型教师群体研究。伴随着兴学运动的推广和深入，东北乡村地区出现了新的知识分子群体——教师群体。本章对这时期教师群体的来源、年龄、性别、地域和生活等结构进行分析，并结合鲜活个案反映这时期新型教师群体的思想状态和基本特征。

第六部分——趋新避俗：近代东北乡村新型学生群体研究。随着兴学运动的推广和深入，东北乡村地区出现了另一个新的知识分子群体——学生群体。本章对这时期学生群体的来源、年龄、性别、地域等结构进行分析，并以鲜活的个案揭示新型学生群体的思想动态、地域特色和基本特征。

第七部分——一体多元：乡村新型知识分子群体社会流向研究。作为社会革新主力的新型知识分子群体迅速涌入广大乡村社会的各个领域，必然对乡村社会产生深远的影响。本章探讨了乡村新型知识分子群体呈现出政治、经济、文教和社会的四种流向，并揭示近代乡村新型知识分子群体与近代东北乡村社会近代化之间的内在关联。

第八部分——结语。本章立足于区域史研究视角，又跳出区域研究的观察视域，从中国教育近代化的纵向发展的宏大视角再度审视近代东北新型知识分子群体及其社会影响，深刻揭示新型知识分子群体是推动乡村社会近代化的内生动力这一基本规律，从中国视域的横向比较视角阐释近代东北乡村新型知识分子群体的地域特征。学术反思相关研究成果，从学理层面剖析本书研究的界限与展望。

四、研究对象的界定

（一）核心概念的界定

核心概念是学术研究的重要抓手，是构建命题和阐释理论的先决条件。在本书研究中主要涉及两组核心概念：一是村落社区和乡村社会，二是乡村教育与新型知识分子群，厘清这两组核心概念是本书的研究核心要素和学术起点。

“村落”是“农村聚落”的简称，顾名思义是指人类居住的场所，特指“成为长期生活、聚居、繁衍在一个边缘清楚的固定地域的农业人群所组成的空间单元，是农村政治、经济、文化生活的宽广舞台”[①]。近代东北的村落体系按照职能主要分为农村、林村、渔村和牧村等类别。在村落的发展过程中，农村呈现出逐步扩大的趋势，而林村、渔村、牧村等逐渐走向萎缩或停滞。本书所使用的“村落社区”特指遍布近代广大东北乡村地区的以农业人群为主居住的空间单元，这种“村落”呈现出如下三个特点：一是在建制方面应该是边缘界限相对固定的区域；二是构成方面应该是主体人群相对稳定的区域；三是生活习俗方面应该是相对一致的区域。“村落社区”蕴含着乡村社会“均质化”的显著特质，是一种“聚同”又“存异”的“均质化”研究范围。

“乡村社会”是指非城市化地区，主要是指以农业为主要经济活动的居民聚居区的总称。通常指社会生产力发展到一定阶段后产生的、相对独立的、具有特定的经济、社会和自然景观等特点的地区综合体。目前，国内外对乡村概念的理解和划分标准虽然不尽相同，但其主要特点为人口密度低，聚居

① 季诚迁:《古村落非物质文化遗产保护研究——以肇兴侗寨为个案》，中央民族大学2011年博士论文，第17页。

规模较小，以农业生产为主要经济基础，社会结构相对比较简单，城乡差距较明显等。本书“乡村”指的就是县城及以下的广大地区。这些地区由于长期以来生产力水平低下，经济水平欠发达，产业结构以农业为主体，其他行业或部门也都直接或间接地为农业服务或与农业生产有关。

“乡村教育”，也称农村教育，主要指县和县以下单一的普通基础文化教育和农业技术教育。本书的新式教育是指与传统私塾教育相区别的，以现代教学方法讲授现代知识体系的教育体系。“乡村教育”就是指以城市以外的广大农村的学龄儿童为教育的主体（对象），以整个乡村社会为教育场所（舞台），以学堂教育和社会教育相结合为内容的施教方式（途径），以培养文史哲数理化兼通的复合型人才为教育目标（指向）的现代教育模式。

“新型知识分子群体”：新型知识分子群体与以往的传统知识分子群体不同，是指接受现代中等程度及以上学校教育的新式知识分子。新型知识分子就“新”在具有科学的文化知识、独立的人格和强烈的责任担当，成为近代中国社会变革与革命运动的重要动力。本书的“新型知识分子群体”就是指废科举兴学堂以来，广大东北乡村地区接受新式教育、具有中等教育水平以上、具有强烈的求新求变意识、不同于以地主士绅和传统士大夫为代表的传统知识分子的新型知识群体。

（二）“近代”的时间界定

本书“近代”是以东北兴学至1931年“九一八”事变作为时间段，考察东北乡村地区新式教育演进和新型知识分子群体的产生、演化和流向。东三省由于地处东北边塞，无论是体制还是文化风俗都与内地不同，因此兴学事宜略晚于内地。1905年（光绪三十一年），东北政府大兴新学，然后缓慢地向广大的乡村地区逐渐推广。因此，笔者把东北乡村兴学的起始时间界定于此。然而，正当东北政府大举兴学之际，日本侵略者悍然发动了“九一八”事变。这次事变发生后，不到半年东三省就落入日寇之手，从而打乱了东北政府兴学计划的顺利推行。其后，东北乡村地区的兴学运动虽然没有停滞，但一度被纳入日本侵略者的战争轨道之中，并随着日本侵华政策的变化而变化，直至抗战胜利后乡村教育才得以重归正途。可见，“九一八”事变是东北社会发展历程的一个转折点，其间东北乡村兴学的性质也发生了根本变化。所以，笔者把论文的下限定于1931年“九一八”事变之前。诚然，近代东北乡村兴学研究很难划分一个清晰的时间断限。实际上近代东北乡村兴学是一个连续性的过程，"九一八"事变后东北乡村的兴学运动也并非完全停顿，例如东北乡村的传统私塾就是在伪满时期退出历史舞台的，东北广大乡村地区的教育一直延续，直至今日乡村教育也一直是政府关注的要务之一。笔者考虑到行文的需要，只能把时间的下限定在1931年"九一八"事变之前。

（三）"东北"的空间界定

"东北"是地域概念，是"指方位而言"。本书研究的空间范围是1905年至1931年"九一八事变"之前的东北乡村地区。东北地区作为跨省的统一体，不仅在地理上同处一个方位，形成相同或相似的共同经济与文化形态，而且在行政建置上也是密不可分地联系在一起的统一整体。实际上，东北作为一个区域，是经历千百年的疆域变迁后形成的。从最初的化外之地，到正式划过中央王朝的行政区划之内，直至清朝时期才最终形成一个特定的地理区域概念。清末以后，东北的疆域还是处于不断的变动之中，直至新中国成立后才趋于稳定。就其前期来说，它的范围包括山海关外、外兴安岭以南、西自贝加尔湖、东到鄂霍次克海滨，直至库页岛在内的广大土地。1860年（咸丰10年）以后，黑龙江与乌苏里江已成为中俄两国的界河，外兴安岭以南，黑龙江以北和乌苏里江以东的广大土地也已今非昔比。1907年（光绪三十三年），清政府在东北地区设立奉天、吉林、黑龙江3省10道，推行省、道、县三级管理体制。自此，东北地区便称为东三省。中华民国建立后，1929年东北政务委员会成立后废除道制，把县划归省直接管辖，于辽宁、吉林、黑龙江三省外，热河省也划归东北政务委员会统辖，东北遂变成4省172县。由此可见，近代东三省的范围与现代的行政区划也不尽一致。就本文研究的范围而言，由于近代东北疆域的变化不定，因此，我们既不能简单地等同于现今的东三省地区，也不能划分出一个固定不变的区域进行研究。实际上，历史上关于东北地区的资料也多以"东北地区"作为一个整体来记载。本书的研究基本上是以现在的辽宁、吉林和黑龙江三省为中心，不同的阶段根据疆域管辖机构设置的变化而进行相应调整。

第一章　村落社区：乡村新型知识分子群体崛起的区位环境

村落社区是乡村群众从事经济、政治、文化和社会活动的共同生活的社区。“东省之村落，以农村为主。”[①]清朝时期，东北乡村地区逐渐形成了官庄、旗屯、民屯的旗民混居的农村村落体系。清朝末年，伴随着大量移民的涌入，东北乡村地区以旗制为主导的村落体系逐渐退出历史舞台，日益转变为以州县体制为主导的近代乡村村落体系。至民国时期，广大乡村地区实行了不同以往的区村体制。由于地理环境、形成年代与社会环境的综合影响，东北地区的村落呈现出城郭式村落、纵列式秘居村落、疏散式密居村落和正在形成中村落等四种村落形态，并呈现出“疏而不散”“南大北小”的整体性特征。这种独特的村落环境构成了新型知识分子群体崛起的“时代境遇”。

第一节　近代东北村落的生态状况

东北地区地处祖国的东北边陲，是一块幅员辽阔、物产丰盈的“神奇土地”。自古代以来，“东北”地理概念的内涵和外延就一直处于不断变动的状态之中。到了清初时期，东北地区的范围是“东西相距三千余里，南北三千二百余里，东尽大海，南界朝鲜渤海，西界内外蒙古，北逾外兴安岭，

① 张宪文:《东北地理大纲》，中华人地舆图学社1933年版，第127页。

与俄属西伯利亚地犬牙交错”[①]。从战略性来看，东北“其地理上之位置，不独中国一方面之关系也，实为世界列强竞争之冲焉”[②]。鸦片战争以来，东北大地成为帝国主义列强间肆意争夺的对象，尤其是日本和俄国两个帝国主义国家采取武装入侵和威逼利诱的方式不断瓜分和蚕食东北大地，致使东北地区相继失去了大片的土地，最终形成一个“形状近一个三角形”[③]的特殊版图，塑造了东北乡村新型知识分子群体崛起的独特区位空间。

一、独特的地理环境

从地形上看，东北地区自然地理概况的突出特点是山水环绕，浑然一体，呈现出一幅“马蹄型”的景观。整个东北的地形是三面环山，一面临海：北部为北南走向的兴安岭山地，东北为北南走向的锡赫特、长白山和千山山脉；群山环抱之中是广阔肥沃的精奇里—牛满平原、松嫩平原、松辽平原，一直延伸到辽河的入海处；南面则是波澜壮阔的渤海海域。在群山之中满江、松花江、嫩江、乌苏里江、辽河、鸭绿江、图们江等大小河流环绕其中，犹如一条条洁白的玉带飘浮其中，若隐若现，极为美丽。民国时期，一位日本学者在其著述中曾对东北的地形有过如下的描述：

> 自满洲里经昂昂溪、哈尔滨至绥芬河作观察地形之旅行时，得知满洲里海拉尔附近，皆为海拔500—600公尺之高原地带，由此东向逐渐增高，至兴安岭山脉之兴安站附近时，标高竟达900公尺，但由此再东北，则铁路倾斜急降，高度骤减，至碾子山附近时，标高为300公尺，再东行，可望见嫩江及松花江流域大平原。昂昂溪、安达、哈尔滨等都市，均位于此一望千里不见山岳之北满大平原中。但再东行至一面坡附近，高度再度逐渐增加，与越大兴岭时相同，及至横道河子间越过张广才岭山脉，渐次至海林附近，乃形成海拔200公尺之盆地。更东行三度增高，至穆棱附近，标高达600公尺，由此再东行，倾斜渐缓而形成300公尺内外之盆地。于太平岭四度增

---

① （清）龚柴：《满洲考略》，小方壶斋舆地丛抄本，上海着易堂印行，第139页。

② 徐曦：《东三省纪略》，第1卷，商务印书馆，1915年版，第1页。

③ 许逸超：《东北地理》，正中书局印行，1935年版，第4页。

高，其东经过盆地，即抵绥芬河之西方，最后标高400公尺，遂形成该站东方的低地。[①]

二、恶劣的气候状况

从纬度上看，“东北之纬度，与欧洲之中南部，北美合众国之北部，加拿大之南部，日本之东北地方及北海道一代相等”[②]。细言之，“东北地居北纬五十三度四二分与北纬三十八度四五分之间，为我国之最东北部，冬季当蒙古高气压之冲风由大陆吹向海洋，干燥酷寒；夏季风由海洋吹向大陆，温和湿润，风向每半年更迭一次，因我国位于季风带，全国各地莫不如是。东北因居最东北隅，大陆性尤显著”。东北地区基本上处于寒温带，属于大陆性季风气候。

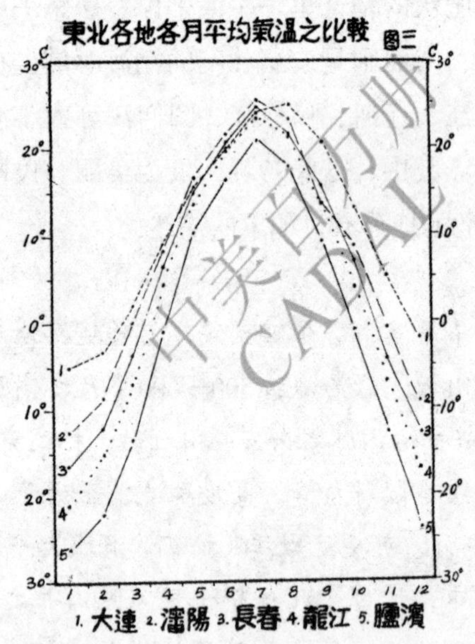

图 1.1 东北各地各月平均气温之比较

资料来源：国立东北大学:《东北要览》，三台：国立东北大学，民国三十三年（1944年）版，附表附图，插图三。

这种区域最突出的特点就是季节分明，夏季与冬季温差很大。冬季显得

① 〔日〕远藤隆次，李文彬、李常益译:《东北的地质与矿产》，新华书店东北总分店，1950年版，第2页。

② 东北物资调节委员会印行:《东北经济小丛书·人文地理》，京华印书局1948年版，第96页。

寒冷而漫长，夏季则是炎热而多雨，春秋两季十分短促。其中，东北北部地区由于受到西伯利亚气候的影响，与其他地区相比，就显得格外寒冷。表1.1是东北地区部分城市下雪及雪天持续的日期，从中我们也可以看出当时东北地区冬季的漫长和气候的寒冷。

表 1.1 东北四城市下雪日期统计表

地名	始雪	终雪	有雪日数
大连	11月6日	3月28日	143
抚顺	11月6日	3月24日	139
沈阳	10月27日	4月10日	166
长春	10月15日	4月18日	186

资料来源：张其昀:《东北气候》,《地理杂志》第七卷第6期。1931年11月地理学系出版。

对于东北地区的气候，在近代学者的一些著述中有所记载：“四时之气多风，四月尤霏雪霰。夏日偶噎，或南风作，必雨，不雨则江涨，盖兴安岭一带阴山中，雪不常，或冰澌融入溪涧所致。惟雷至四月始闻。伏天多雨雹，大者如碗，七月已霜，八月则无不雪。”[①]北部地区的天气则更为寒冷，如宁古塔一带：“其地苦寒。自春初至三月，终日夜大风，如雷鸣电激，尘埃蔽天，咫尺皆迷。七月中，有白鹅飞下，便不能复飞起，不数日即有浓霜。八月中即下大雪。九月中，河尽冻。十月，地裂盈尺，雪才到地，即成坚冰，虽向日照灼不消。初至者三袭裘。久居则重裘可御寒矣。至三月终，冻始解，草木尚未萌芽。”[②]“立冬后，朔气砭肌骨，立足外呼吸，倾，须眉俱冰。出必勒以掌温耳、鼻，少懈则鼻准死，耳轮作裂竹声，痛如割。”[③]刘冠昭女士曾在长春女子私立学校任职，她对东北地区的气候有着一种切身的感受：

> 气候寒冷异常，盛夏之际，华氏表不过七十五度，故仍须衣棉布。有时或且穿夹，至麻葛之属，不可多见。此露体恶俗之所以绝无也。交冬则常在二三十度以下，室中无火炉，其不浆厥者几希。故维苦力夫役，亦必衣皮。而以羊毛狗毛为最多，每见老人下颊有

① [清]西清《黑龙江外纪》，黑龙江人民出版社1984年版，第3页。

② 吴振臣:《宁古塔纪略》,《龙江三纪》，黑龙江人民出版社1985年版，第236页—237页。

③ [清]方式济:《龙沙纪略》,《龙江三纪》，黑龙江人民出版社1985年版，第209页。

白雪一团，皑皑满须髯，盖口鼻中呼出之水蒸汽所凝结而成者也。出门不数武，鼻中时觉有物坚塞，则涕已凝为冰矣。雪之盛者，有逾三尺，门户不能开，断绝交通。且凝而不化，即化亦仍结为冰，恍入玻璃世界，故本地儿童凡滑冰之戏，无不谙连焉。飓风时至，甚且毁卢舍，伤农田，为害甚大。而风沙尤酷烈，十丈高飞，浩浩无垠。驱车出门，马蹄没踝，归来尘迹满衣，此平时间也。其甚者瀰天蔽日，至有目不能睁者。①

东北地区的这种相对封闭的地理位置和恶劣气候条件在一定程度上禁锢了东北与外界沟通和交流的机会。自古以来，生活在东北地区的人们就过着一种类似于与世隔绝的“世外桃源”的生活。虽然在各个时期都有一些逃难、流放和移民的人群加入，这种相对恬静的生活一直持续到清代初期。当然，这种与世隔绝的生活在一定程度上避免了战乱和纷争，但也隔绝了东北地区与外界的交流和沟通，从而阻碍了中原地区先进的生产技术和文化知识的输入，从而造成了东北乡村地区经济文化水平长期落后的局面。

第二节　近代东北村落的经济状况

东北地区地域广袤，资源丰富。由于东北地区存在着丰富多样的地形结构，分布着农业、林业、牧业、渔业、矿藏等多元化的资源格局。由于地理环境和经济发展水平的限制，这些丰富的资源并没有得到适时的开发和利用，东北广大乡村村落的经济发展水平因闭塞而落后。

一、迟缓的农业状况

东北地域辽阔，气候条件优越，对于农业的发展有着十分优越的条件。首先是耕地面积广阔，土壤种类丰富。东北地区耕地面积广阔，约占全国土地面积的1/15，居全国的首位。在东北平原中，既有辽河、穆陵河、图们江

① 刘冠昭:《长春风俗谈》,《妇女杂志》，第一卷，第五号，调查，第2页。

等河流冲击而成的冲积土壤，又有以黑钙土为主的松嫩平原，还有东北地区分布最为广泛的灰壤。有资料记载："东北三省，尤其在黑龙江地区的土壤是黑色的，土壤中富含丰富的腐殖质。腐殖质是死亡的植物的根茎等腐烂后形成的黑色物质，土壤中含这种物质越多颜色就越深，土质越肥，这主要与气候条件与植物的生长有关。黑土中氮、磷、钾的含量十分丰富，酸碱度适中，既不很粘重，也不很松散，有良好的团粒结构，保水保肥的能力很强，这种土壤适合耕作，适合多种作物的生长。"①这种土壤种类的丰富性，造就了东北农作物种类的多样性。因此，高粱、小麦、水稻、玉米、大豆、棉花、谷子、黍子等农作物几乎覆盖东北的大部分地区。

良好的气候条件也利于农业的发展。东北地位偏北，气候微寒，属于大陆性气候，具有冬夏季节、昼夜温差较大，冬季极为干燥，夏季降雨量最多，全年降雨量少，无霜期时间短，日照时间长等特点。"东北面积广阔，南北所占纬度约十五度，故一月温度由南向北递减，全部无在摄氏0度以上者，大连为负五、三度，营口为负九、九度，沈阳为负一三、0度，洮南为负一六、五度，龙江则为负二、五度，呼伦为负二八、三度，由此可知纬度愈高，温度愈低，距高气压中心愈近而温度愈低。""七月温度南北相差不大，大连为二三、五度，滨江为二三、零度，故夏季温度相差甚少"②。虽然全年气温低下，降雨量较少，但在农期时的降雨量、温度、风势及无霜期等条件都利于农作物的成长，因而"特宜于高粱，大豆及小米之栽培"③。因为"农产下种，多在夏历四月初间。比内地平均约差一月节气，收成亦然。"然而农作物的"收成却极丰富"。④

从以上的分析可以看出，东北地区的自然条件为农业经济的发展提供了便利的条件，也表明东北地区在发展农业生产方面具有极大的潜力。然而，自古以来，东北地区的农业发展水平就一直落后于中原地区，少数民族那些粗放的农耕方式在东北地区长期延续。其后，随着关内大量移民源源不断地

---

① 陈静生：《祖国的东北角》，中国青年出版社1963年版，第23页。

② 中国期刊汇编：第三八种 东北集刊，三台：国立东北大学编印，第一册，第二期，成文出版社有限公司印行三十年十月版，第405—406页。

③ Ragmond Tmoyer. The Agricultural Potentjalilites of Manchuria , Foreigen Agriculture ,Vol.8,No8,1944.

④ 晓逢：《东省乡村状况之一般》，《村治》，第1卷第6期，1930年。

流入，虽然中原地区一些先进的农耕技术也传到了东北地区，东北地区的农业发展仍然长期停滞不前。当然，这其中的原因很多，如地广人稀，环境恶劣；渔、猎、牧业发达，对农业重视不够；清政府封禁政策的限制；等等，而其中最根本的原因就是农业生产技术的落后。从根本上说，先进农业技术是提高单位面积农业品产量的重要手段，而“东北农业多为单纯之粮谷农业，其耕种方法，亦多为需劳力之旧式农耕方法”。因此，这种“农业经营技术欠精，需力愈甚”①。当中原地区早已采用先进的耕种技术之时，东北部分地区的农业还停留在“刀耕火种”的层面。即使是较为发达的奉天地区，也存在着“种植之力，向称薄弱。未垦之地，十居二三；已治之地，亦或溉粪无术，择种未良，货弃于地而不收，力放于人而不举，收获丰歉，悉委诸天运之自然，而绝无考究”②的局面。吉林地区也是“耕种之法泥守旧制，耒耜耰锄朴拙已甚，粪土肥料漫无讲求，故田畴每多遗利”③。而黑龙江地区的农业水平甚至是一种“无沟洫，无堤防，无阡陌。有耕无耘，有苗不粪，水旱丰歉，一听诸天，骛广而荒，故其效未大著”④的程度。仅就生产工具而言，几乎全是原始农具：犁杖、锄头、镐头、镰刀、铁锨、铜锨、筛子、簸箕、箩等。这些传统陈旧的耕种工具的运用怎么能提高农作物的产量呢？东北地区也存在一些不利于农业发展的障碍，如东北北部地区水土流失、地力耗减的情况严重；在南部地区，常年含水量不足；南部土壤表土浅，含氮量低，但磷酸、钾、钙丰富，土地贫瘠；中、北部土壤耕地深，含氮量高，土质肥沃，盐碱性过强，等等。这些问题都是要通过采用先进的农业技术才能解决的。因此，这些问题只有通过发展农业教育、提高农业技术才能真正获得解决。

① 东北物资调节委员会研究组：东北经济小丛书（1）《资源与产业》（上），东北物资调节委员会印行，1948年版，第54页。

② [清]徐世昌编、李澍田等点校：《东三省政略》，实业，奉天省，农业篇，吉林文史出版社1986年版，第1522页。

③ [清]徐世昌编、李澍田等点校：《东三省政略》，实业，吉林省，农业篇，吉林文史出版社1986年版，第1619页。

④ [清]崇仁黄维翰（申甫）：《呼兰府志》，卷11，物产略，民国四年（1915年）刊行，呼兰县志办1983年12月重印，第329页。

二、充裕的林业资源

在林业方面，东北地区还有丰富的森林资源。东北的原始森林被称为“窝集”，其自然景观十分壮观：“遥望其状，苍苍郁郁，若黑云横天，际数十里，不见涯溪。近（进）入林中，数千年古木老树，若巨蛇横溪，白日犹暗，虎狼跳梁，麝鹿腾踔，菁丛深邃，幽淡潺湲，疑在万古之世。”[①]据近人统计，1910至1917年间“东北森林面积为358587122712平方米，木蓄积量为4207661976立方米”[②]。广茂的森林蕴含着丰富的资源，除了大量的木材资源外，森林中还“产大宗的动物，毛皮等，成为重要的农村副业，盛产南北满各地。其中元皮、灰鼠皮、香麝之生产普及东满及北满各地，产量最多，质量又好，是东北历史上皮张出口的大宗。东北著名的‘三宝’之一貂皮，多产于长白山山区，虽然数量不多，却极为名贵。其他山货，药材如东北著名的人参、鹿茸、鹿尾、麝香、元蘑、木耳等产于吉林、松江、辽东诸山中。普通药材如甘草、黄芩、防风等盛产各地，历年皆大宗销售。这都是东北名贵的土产”[③]。然而，由于开采技术层面的落后和缺乏有效的控制，这时期森林资源的开采只是处于初期的开发水平，存在着十分明显的浪费和破坏的现象。

三、丰富的矿产资源

东北地区矿产资源也极为丰富，地下蕴藏着丰富的金、银、煤、铁等矿藏资源。据不完全统计，清末东北地区的矿藏资源分布如下：

表 1.2　清末东北矿藏资源分布表

矿别 省别	煤	金	银	钢	铁	铅	锑	水晶
奉 天	148	188	12	26	21	48	1	3
吉 林	54	45	5	3	5	3	1	1
黑龙江	14	34	3		2			
合 计	216	267	20	29	28	51	2	4

资料来源：《奉天通志》，卷116，实业4，矿业上；《东三省政略》，实业，吉林省，纪矿产区域；《黑龙江志稿》，卷23，财赋，矿产。

① 作新社藏版：《白山黑水录》，上海作新社1902年版，第118页。

② 陶炎：《东北林业发展史》，辽沈书社1990年版，第118页。

③ 许逸超：《东北地理》，东北人民政府教育部印，正中书局1950年版，第12页。

东北地区还存储着含量十分丰富的煤炭资源。表1.3是民国时期东北地区煤炭资源的相关统计，从中我们可以看出当时东北地区矿藏资源的丰富。

表1.3 1930年前东北四省煤炭产量占全国产量的比重单位：（吨）

时间	全国总产量	东北四省产量	所占百分比
1912	8987862	1920000	21．1%
1913	12799771	2817000	22%
1914	14102330	2810000	20%
1915	13416666	2941000	22%
1916	15902616	2958100	18.6%
1917	16902260	3401000	20．1%
1918	18339502	3548694	19．4%
1919	20054513	4039314	20．1%
1920	21259610	4293272	20．2%
1921	20459411	3796423	18．6%
1922	21097420	5709554	27．1%
1923	24552029	6135666	25%
1924	25780875	6959470	27%
1925	24252042	7058825	29．1%
1926	23040119	7995105	34．8%
1927	24172009	9985553	41．3%
1928	25091760	9728156	38．7%
1929	25437483	10251132	40．1%
1930	26036563	10195934	39．1%

注释：①表中的比重额数据根据第五次《全国矿业纪要》（第34—35页）所得数据核算得出。②实业部地质调查所北平研究院地质学研究所联合刊行，《全国矿业纪要》，1935年版，第34页。

此外，东北地区河流、山川、草原和平原孕育了丰富的动植物资源。“柳条边外山野江河产珠”，还有“迪奥、獭、猞猁狲、雕、鹿、狍、鲟鳇鱼诸物”[①]。在河流湖泊中还有大量的动植物，尤以鱼类为最。1914年，仅黑龙江一省捕鱼总量就达“四百三十四万八千六十四斤，价值三十万元”[②]，远销全国各

① [清]杨宾：《柳边纪略》，卷3，长白丛书，吉林文史出版社1993年版，第40页。

② 张伯英：《黑龙江志稿》，卷16，黑龙江人民出版社1992年版，第701—702页。

地及一些周边国家。

从上面的统计可以看出，东北地区的森林资源、矿藏资源和动植物资源十分丰富。但是，对于这些资源的加工和利用还处于最原始的状态，缺乏技术层面的加工和包装。如对于煤炭资源，东北地区开发的历史十分悠久。早在10世纪的渤海国时期，东北地区就已经出现了煤炭资源的开发和利用的现象。然而，随着清初"封禁政策"在东北地区推行，东北地区煤炭资源的开发就远远落后于关内地区。虽然洋务运动也曾波及东北地区，然这种影响也仅限于辽东地区。表1.4是德国地质学家冯·李希霍芬在1868—1872年于奉天地区考察时对当地煤矿的记录。

表 1.4　李希霍芬记载 1868—1872 年间奉天太子河流域地区煤矿开采情况

所在地	产销情况	矿工情况	附注
奉天复州南之五湖嘴	每斤售价 1.5 文合 1.88 元一吨，一部分销临近一带海岸各地，一部分运往烟台或山东其他地区，销路甚广	矿工不管伙食，每天 160 文，带管伙食每天 100 文	
大连湾	产量不大，煤质劣	常年矿工每年工价 700 吊（每吊合 160 文）约合 93 元	
奉天本溪县赛马集	几全为碎末，大都炼成焦煤，就地炼铁。运输条件极坏，每担（合 60.45 公斤）售价 120 文售煤加 2 倍		
奉天本溪县小市	一部分运往辽阳及牛庄，大部分就地炼成焦煤，用以炼铁。每担售价 160 文，运到辽阳后，售价为 400 文		当地还有一绿矾厂，化炼煤矿中的黄铁矿
奉天本溪湖	此矿在南满诸煤矿中为最大。在矿地每吨 1.25 元，焦煤每担 2 吊（每吊 160 文）。运到牛庄后，每吨售价 5—6 两，一部分运往辽阳及牛庄，大部分被炼成焦煤，用以炼铁		

资料来源：彭泽益:《中国近代手工业史资料》，第一册，中国近代经济史参考资料丛刊第四种，三联书店出版社，1957年版。

相比而言，吉林、黑龙江地区由于交通上不便、周边市场狭小以及调查勘探技术有限等原因，煤炭资源的开发呈现出一种缓慢发展的趋势。大部分地区是"土法小窑"①，即使发现一些含量丰富的煤矿，由于当时的技术水平

① 第三次《中国矿业纪要》，实业部地质调查所北平研究院地质学研究所联合刊行，1929年版，第204页。

有限，也只能是“望煤兴叹”了。如“在浑江正流上游临、通交界地。其体积约三立方里。质性甚优，含极富之煤油质”。然而，由于当地开采手段落后，无法进行较深的煤炭采掘，“只可采取其皮面上之沃煤”。其他如五道沟、六道沟等煤矿所蕴之煤炭资源“质性颇优，尚未开采”[①]。

综上，东北地区是一块美丽而富饶的“沃土”。在这里，不仅幅员辽阔，还蕴含着极为丰富的各种资源。然而，由于社会生产技术水平的落后，导致了这些资源的无辜浪费或人为破坏，极大限制了东北地区经济发展水平的提高。这些问题的解决办法就是大力发展实业教育，提高生产技术能力。

第三节　近代东北村落的文化状况

东北地区作为中国的一个重要的组成部分，其历史悠久，文化源远流长。早在四五十万年前，在东北大地上就出现了早期人类活动的痕迹。其后，“庙后山人”“金牛山人”“鸽子洞人”都相继出现，并成了中国古文明史上的重要部分。这些东北地区的原始人群，与中原及其他地区的原始居民一起，共同缔造了辉煌灿烂的原始文化。如以新乐下层和红山文化为代表的东北原始文化，与黄河流域的仰韶文化、长江流域的河姆渡文化一样闻名于世。高句丽文化和渤海文化则更具有鲜明的民族特色，是中国传统文化中两朵绚丽的奇葩。其后，东北地区的一些少数民族纷纷登台，开始了每个民族的神奇表演，相继建立了几个少数民族政权，甚至是全国统一的政权：契丹族的大辽、女真族的大金、蒙古族的元朝、满族的清朝，这些少数民族政权的建立对于各民族的融合和中华民族的形成起到了重要的作用。总之，东北地区自古以来就是中国不可分割的一部分，白山黑水中养育出了一代又一代的优秀的东北儿女。从古时期的肃慎、靺鞨、渤海、女真、满洲等民族，到近代的满、汉、回、蒙古、达斡尔、鄂温克、赫哲等族人民，都在这片沃土上不断地繁衍生息，再加上不断涌入的外来移民，东北大地成了一个大熔炉，各族人民的不断交流和融合，逐渐形成了一种独特的关东文化。概括地说，这种关东

---

① 徐曦：《东三省纪略》，卷七，上海商务印书馆，1915年版，第351页。

文化具有如下几个特点。

一、保守的关东文化

在历史发展的长河中，东北地区的文化始终处于一种相对落后的局面。早在秦汉时期，东北地区已经出现了封建体制的文化，西汉末年的高句丽，公元7至11世纪的渤海国的文化都曾盛极一时。特别是渤海国的文学艺术、典章制度、建筑文化等都达到了一定的水平。然而，东北历史上有这样一个现象：大部分较为先进的政权和部落被另一个落后的部落集团以武力消灭，如渤海国为辽国所灭，而当时的契丹人是以游牧生活方式为主的民族。14世纪，作为远古部族肃慎后裔之一的女真族的发展仍处在奴隶制阶段。在遭受蒙古族的打击下，女真族的文化几近消亡。到了清王朝统治时期，统治者为了保护这块神圣的"龙兴之地"，在东北地区推行"国语骑射"和"以文弱化"的文教方针，致使东北地区的文化事业发展极为缓慢和不平衡。据统计，在清初的112名状元中，并无东北籍状元。即使是榜眼、探花也无东北籍。[①]辽源地区："本境开辟仅三十年，民之迁居斯土者多籍开垦以为生计，又亲礼乐均无所闻，故不仅历史之人物黑暗，即科举中选者亦鲜。自设县以来仅二举人，二岁贡二恩，此外多不识字之农民。"[②]而大赉县的文化状况更为落后：

> 查县境草昧初辟，民智未开。儿童就学一途多半视为畏途。教育殊难，期其及普及者地有洼岗肥饶之分，户有多寡汉蒙之别，如河南高、庶、教三乡土地膏腴，民户稠密，已就学儿童一百七十六名。河北永、庆、升、平四乡地土硗瘠，汉蒙杂处，兼以连年水灾，民户流离，已就学儿童三十余名。其间蒙户皆以云水为家、渔猎为食，家中子弟日使牧牛放马于荒烟蔓草中，养成野蛮性质，入学读书乎其难，非值此也。每当冬令严寒之际，彼屯与此屯相隔五六里不等，学生往往因畏寒逃学或在半途骂殴争斗，其塾师难以查稽，而各学生父母因令其子退学，故儿童就学者殊形寥寥，按户口调查全境计儿童六千四百三十三丁，已就学者其数不满三百，教育之难

① 李世谕：《清代科举制度考辩》，中央广播电视大学出版社1999年版，第193—199页。

② ［清］赵炳南：《辽源县乡土志·教育》，民国十九年抄本，吉林大学图书馆馆藏。

可见一斑。[①]

近代以来，随着中西方文化冲突与融合的增多，身处边陲的东北地区受到的冲击并不明显。但是对于列强的环伺和紧逼，东北民众还是表现出了一种焦急和忧虑的心态，一些进步人士还开始了如何实现“固边保国”的积极探索。对于近代以来的东北地区的文化状况，有的学者就曾有过这样的论述：

在迭遭列强侵略的苦痛中，国人也陷入了痛苦的反思：为什么泱泱大国总是被动挨打？许多人最初得出的结论无非是“技不如人”“实力弱于人”之类的结论，因此，在逻辑上很自然强调学习西方的机器生产和科学技术，“师夷长计以制夷”。“由于近代东北的历史情势，人们最为直接、最为真切地感受到了列强侵略的威胁，也最为迫切地意图寻找有效途径尽快改变敌强我弱的局面，而提高物质生产的技术水平，增强实力，无疑成为最为便捷，也最可能尽快发生作用的途径。另一方面，东北的思想文化传统本身就薄弱，文化资源与当时社会发展水平都无法提供给人们从更多侧面、角度思考变羸弱为强盛的空间，因而“洋务文化”便在这里找到了适宜生存和繁衍的社会文化土壤，并使之在东北的影响，程度不同地存留于多个历史阶段。甲午战争战败，实际上宣告了洋务运动的破产。中国先进的知识分子已经初步认识到，仅有先进技术和物质条件仍无法战胜外敌，他们开始关注政体改革和改造社会的问题。但在“洋务运动”根深蒂固地印在头脑中的东北的士大夫那里，却仍然笃信失败的原因在于武器装备和朝廷用人不当。直到1920年代，实业救国、技术救国、教育救国（这一认识亦受到维新派思想影响）在东北一直是压倒性的声音。政府派往海外的留学人员，多为学习工程技术的，另有少数人学习师范教育，归国的留学生也基本服务于物质生产领域。“九一八”前夕，“强我中华之利器”一类的主张，仍在相当程度上被认为是东北自新强盛的唯一途径。及到1920年代末，通过诸多失败的教训和对近代化认识的深入，张学良终于领悟到，光靠“武”的

① 丁英蕤：《大赉县志》，第四章，教育，民国二年本，吉林大学馆藏，1964年版，第61页。

> 不行，"文"的也要搞上去，遂投巨资兴办东北大学及初、中等教育，可惜"九一八"临近，历史未给他留下更多的时间。①

从上面的论述中我们可以看出：一方面是面对日益严峻的边疆危机，一些东北人士已经意识到了保家卫国的忧患意识，并做出了各种各样的努力和尝试；另一方面，由于文化积淀方面的不足，当时人们还没有意识到发展文化教育事业的重要性。文化教育事业发展的严重滞后，这其实正是东北社会长期落后的一个重要原因。

东北地区虽然地处祖国的边疆地区，但在儒家文化影响下形成了一种"耕读传世"、安于守成的观念。在20世纪以前东北文化发展的长河中，东北地区鲜有影响地区乃至全国性的文化人物。可见，这种传统文化观念极大地限制了人们对于外来新鲜事物的接受，从而在一定程度上阻碍了东北文化的发展。清朝末年，随着关内流人和移民的大量涌入，东北地区的文化事业得到了一定的发展。其中，最突出的表现就是书院和私学的迅速发展。据统计：戊戌变法前，东北地区共有30处儒学，10处义学和设学。最早兴办的旗学有25处，书院约30余所。分布极不平衡，大多集中在奉天境内，而吉林、黑龙江最稀少。② 这些文化机构的兴建，在一定程度上反映了东北民众对于中原地区先进文化的羡慕与渴求。然而，这些教育机构不仅数量有限，而且基本上分布在一些较大的城镇，广大乡村地区仍然处于一种"缺学少教"的落后局面。

二、包容的移民文化

东北社会素来就有"移民社会"的称号，这也从一个侧面反映出东北文化是一种具有"博采众长、兼收并蓄的文化包容性"③的多元文化。自古以来，东北地区是一个多民族聚居杂居的地区，不断有外来民族的加入。特别是近代以来，随着外来移民的大量涌入，中原地区的先进文化也随着传播到东北地区，从而为东北大地注入了一股新鲜的活力。其显著表现就是东北地区的

① 刘国平：《历史·地域·现代化——以吉林文化为中心》，吉林文史出版社2006年版，第56—57页。

② 赵英兰：《清代东北人口与群体社会》，吉林大学博士论文，2006年4月，第261页。

③ 许宁、李成：《别样的白山黑水：东北地域文化的边缘解读》，黑龙江人民出版社2005年版，第172页。

渔猎文化逐渐衰退，并逐渐向农耕文明和工业文明转化。在近代东北，随着移民潮而来的中原文化并未遇到任何阻力就全方位地对原有文化进行了重塑，而当地的原有文化也迅速融入了实际上并无历史陌生感、更为强势的文化体系中去。在表层易变的生活日用层面，如习俗、语言、饮食、服饰及其他生活方式等变化迅速而深刻，最后出现了“诸夷环徼而居”，“皆有庐室”“乐种住，善缉纺，饮食服用皆如华人”[①]的现象。

对外来文化的不断吸收，促进了东北人民在思想上的开放性。在东北地区，由于传统封建思想的观念较弱，大量移民的涌入又隔断了与大家庭的联系，从而形成了一个宗族文化和宗族势力相对薄弱的社会环境。在长期的发展过程中，外来移民与当地文化的结合，使东北人民形成了纯朴粗旷、豪爽奔放、易于接近的性格特点。大批移民的涌入，不仅给荒寂、落后的东北带来了关内先进的生产技术，内地传统文化和风俗习惯也随着而来，特别是那些影响人们日常生活的思维习惯、行为特征、审美趋向等“无形的”文化内涵潜移默化地改变、整合和重塑东北大地的原著文化，逐渐孕育出一种以农耕文化为底色的文化类型。这种文化的鲜明特点就是“移民文化”，即因人口的迁移而为特定的地域所带来的新的文化构成，使该地域由此“建立”起新的文化品性，具有了新的本质属性。以移民群体为载体而建立的农耕文化迅速成为东北的主导性文化。此外，移民群体所具有的冒险、拼搏、开拓、进取的精神，也逐渐渗入东北文化的内涵之中。当移民们历经千辛万苦在东北地区安顿下来，并且温饱需求得到基本满足之际，心理上便会悄然滋生出一种满足感。加之，中国传统文化本身具有的追求“稳定”“安逸”的导向功能，代之以“适应”“稳定”的心理。东北文化增加“安于现状”的内容，如今的东北人习惯的“猫冬”现象就是这种文化心理的真实写照。

三、浓厚的尚武文化

“由中原政权统治时间的历史长度和统治力度，决定了中国各地在文化沉积厚度上的差异”。[②]近代以前，中原政权对东北地区的统治仅是形式上的“统

① 《辽东志》，卷七，《艺文·经略》，转引自赵明：《论后金牛录屯田、计丁授田和分丁编庄与满族社会的农耕化》，《中国经济史研究》，2000年第2期，第134页。

② 吴必虎：《中国文化区的形成与划分》，《学术月刊》，1996年第3期，第12页。

辖”或“占有”，其中采取的一些举措，如设郡治，派官员、驻军队，接受地方头领的朝贡或对其赏赐等，而对于东北地区进行有计划的经济开发和建设、兴建文化教育设施等却几近空白。清朝建立之初，统治者就推行一种“重武轻文”的施政政策。早在雍正二年（1724年），吉林官吏曾奏请设立文庙学堂，满汉子弟可以一体应试，以兴文风。雍正帝竟斥之以“本朝之统一宇域，所恃者非虚文，而为实行与武略耳，是则我满洲人之实行，岂不远胜于汉人之文艺，蒙古之经典乎？”[①] 道光十三年（1833年），吉林绅士奏请仿效关内开化风气之举设立考棚。道光帝阅后又以“况吉林为发祥之地，非各省驻防可比，尤应以骑射为重，何得专以应试为能，转致抛荒弓马旧业”，“所奏著不准行”。[②] 东北地区本来开发就晚，文化积累贫弱，又经满族统治者刻意压制，导致文风颇为萎靡。总之，“重武轻文”是相当长时期中东北文化的一个十分突出的特点，也成为东北文化区别于中国其他地域文化的主要标志之一。虽然，东北地区也曾有过一些被放逐到东北来的文人学士。这些人也曾在边地或创作诗文，或开馆授学，直接将中原地区先进文化“移送”到东北地区。但是，这些流人不仅数量少，又是断断续续的，不可能从根本上改变古代东北文化落后的状况。此外，动荡的社会环境也不利于东北文化的发展。自古以来，东北地区内部就战事频发，少数民族部落间经常发生掳掠和争斗。清末以来，东北地区又遭到了外族的觊觎和欺凌，社会环境更加动荡不安。“如此，文化便没有稳定的社会大环境为其提供聚累积淀的空间与时间，生产水平的落后、社会发展的不充分，又无法为精神文化的生成与传播创造出必要的物质载体。因而，东北的历史上多出以武力改变历史进程的军事首领，而未诞生过文化名人。”[③]

纵观东北文化发展的历史轨迹，东北地区的文化发展不仅十分缓慢，而且在发展历程中也是断断续续，具有间歇性、断续行、反复性的特点。东北特殊的历史环境、历史过程，造成东北古代文化的发展明显具有连贯性缺乏

① 《清世宗实录》，卷二十二，雍正二年，七月甲子，转刘国平：《历史·地域·现代化——以吉林文化为中心》，吉林文史出版社2006年版，第32—33页。

② 刘锦藻：《十通第十种：清朝续文献统考》，第一册，九十五卷，学校二，考八五四九，载王云五总编纂：《万有文库》，第二集，上海：商务印书馆发行1936年版。

③ 刘国平：《历史·地域·现代化——以吉林文化为中心》，吉林文史出版社2006年版，第32页。

的特点。加之一些文化典籍、艺术创造、建筑等有形的文化积存不断遭到人为因素的破坏，文化资源的稀少也是制约和限制文化继承和创新的因素。历代的政权统治者，或是视东北为蛮夷之地而在华夏中心的心理定式下轻而视之，或是将其作为祖宗发达的“龙兴之地”而封禁之，总之，古代的东北文化发育得十分不充分、不全面。

第四节 近代东北村落的社会状况

近代以来，东北地区处于急剧变革时期，这种新旧因素的强烈冲击引发了东北社会诸多的社会问题。整体而言，内忧外患背景下的东北社会的总体发展状况严重落后。具体来说，20世纪以前东北社会具有以下几个特征。

一、土旷人稀生计凋敝

早在旧石器时代，东北地区就开始有人类活动的身影。从此，这些人世世代代开始在这块土地上繁衍生息，东北地区的人口逐渐增多。然而，由于生存条件的恶劣和部落间相互争斗不断，东北地区的人口数量一直较低。随着满族入主中原，其旧辖区内大部分的臣民也从辽沈地区迁往中原的京畿地区，形成了“三十五、六日络绎不绝。行李俱用骆驼运送，亦有用马者，然其马并不施以鞍镫，其行李皆露于外”[①]的盛况。这种“从龙入关，尽族西迁”的举动造成了辽沈地区人口锐减，加剧了“土旷人稀，生计凋敝”[②]的荒凉景象。据吴希庸统计：“在十八世纪七十年代尚不足全国千分之四，至二十世纪初叶亦不过占全国百分之五”[③]，足见当时东北地区人口数量的稀少。另奉天府尹张尚贤在给清廷的《根本形势疏》中也有明确的论述：

① 〔日〕稻叶岩吉：《满洲发达史》，杨成能译，沈阳：东亚印刷株式会社奉天支店，1940年版，第266—267页。

② 徐世昌：《盛京时报》，卷6，民政·奉天省，长白从书本，吉林文史出版社1989年版，第923页。

③ 吴希庸：《近代东北移民史略》，东北大学东北史地经济研究所编辑《东北集刊》，第2期，民国三十年（1941年）石印本，第3页。

盛京形式，自兴京至山海关，东西千里，开原至金州，南北亦千余里……合河东河西之边海以观之，黄沙满目，一望荒凉，倘有奸贼暴发，海寇突至，猝难捍御，此外患之可虑者。以内而言，河东城堡虽多，皆成荒土，独奉天、辽阳、海城三处，稍成府县之规，而辽、海两处，仍无城池。如盖州（今盖县）、凤凰城（今凤城）、金州（今大连金州区）不过数百人，铁岭、抚顺惟有流徙诸人，不能耕种，又无生聚，只身者逃去大半，略有家口者仅老死此地，实无益于地方，此河东腹地之大略也。河西城堡更多，人民稀少，独宁远（今兴城市）、锦州、广宁（今北镇县），人民凑集，仅有佐领一员，不知于地方如何料理，此河西腹地之大略也。合河东河西腹地观之，荒城废堡，败瓦颓垣，沃野千里，有土无人，全无可恃，此内患之甚者。臣朝夕思维，欲弥外患，必当筹画堤防，欲消内忧，必当充实根本，以图久远之策。①

东北地区本来就人烟稀少，再加上遭受频繁战乱的破坏，情景则就会更加凄惨。清初时期，比利时人南怀仁就记录一段战乱破坏后东北乡村的凄惨景象：

村镇全已荒废，残垣断壁、瓦砾狼藉，连续不断。废墟上新建的房屋，毫无次序，有的是泥土夯筑，有的是石块堆砌，大多是草苫的，瓦顶的、木板圈房缘的极罕见到。战争前的许多村镇，其遗迹早已消失。②

黑龙江地区更为落后，竟出现了百里不见人烟的区域：“黑龙江全省，实为榛莽之区，山深林密，人迹不至……呼兰河流域，松花江沿岸，今所称为谷仓者也，在当时，惟有灌木丛生，狐兔出没，荒凉寥落，长与终古而已。”③可见当时东北地区人烟稀少，劳动力严重不足的发展现状。

① 《清圣祖仁皇帝实录》，第2卷，顺治十八年五月丁巳，中华书局1985年影印版第64—65页。

② 〔比利时〕南怀仁：《鞑靼旅行记》，薛虹译，长白丛书本，吉林文史出版社1986年版，第138页。

③ 中东铁路局商业部编、汤尔和译：《黑龙江》，商务印书馆1931年版，译者弁言，第2页

二、多元民族错落杂居

东北是多民族聚居、杂居区，长期以来各民族间不断同化和融合。自古以来，东北地区就是一个多民族聚居的地区，如先秦时期的肃慎、山戎、东胡、秽貊，秦汉时期的高句丽、扶余、乌桓、鲜卑、挹娄、沃沮，魏晋南北朝时期的勿吉、室韦、乌洛侯、契丹、库莫奚，隋唐时期的靺鞨、渤海、契丹、系、室韦，辽宋金元时期的契丹、女真、蒙古，明清时期的金、蒙古、女真、鄂温克、鄂伦春、赫哲、锡伯、达斡尔、朝鲜、回族等多个少数民族民族。有些民族还建立了独立的政权，如渤海、契丹、金、蒙古、女真等，元朝和清朝成了统一全国的中央王朝。古代时期，由于地理位置的限制，中原地区很少有移民和流民进入东北地区。清代初期，一些获罪的流人放逐到东北地区。到了清代中叶，大批关内农民迫于生存的压力和躲避战乱而纷纷涌向关外地区，尤其是到了灾荒年头，关内贫民为生活所迫纷纷携眷出关，呈现出一种络绎不绝的迁移景观。据学者统计，从道光三十年（1850年）到宣统二年（1910年）东北人口从289.8万增长到2158.22万人，60年间净增1868.4万人，平均每年增长30万人。[①]由此可见当时流民涌入东北的盛况之一斑。特别是清政府的封禁政策废除后，关内的移民更是大规模地涌入东北，并在社会上兴起了一股“闯关东”的热潮。据统计，东北三省是清朝时期全国人口发展相对速度全国最快的地区。1661—1911年，辽吉黑人口增长倍数分别为63.67、55.38、40.26，增长速度排名分别为第1、2、4位，增长数量排名分别为第11、17、21位。[②]随着大量外来移民的不断涌入，他们开始与东北原著居民进行交流和融合，东北地区逐渐形成了一个多民族聚居、杂居的格局。作为一个多民族聚居的地区，每个民族都有自己的独特习俗方式。在长期的交往过程中，这些不同民族的传统习俗之间相互融合和交流，形成了一种多元化的东北习俗格局。

三、管理体制松散凌乱

自从东北地区有人类活动开始，中原王朝的统治者一直对“化外之地”

① 许道夫：《中国近代农业生产及贸易统计资料》，上海人民出版社1983年版，第4页。

② 赵文林、谢淑君：《中国人口史》，人民出版社1986年版，第470—471页。

缺乏足够的重视。即使是把东北纳入统治的版图之内，也只是设几个郡县，或派几个官员进行形式上的管理而已。清朝建立后，以盛京作为留都，并设立盛京、吉林、沈阳三将军对东北地区进行统辖。而对于广大的乡村地区实行的是旗、民分治的二重管理体制，即对八旗实行三将军管理体制，对其他民人实行郡县管理体制。这种双重管理体制存在着机构重叠、职权部分、管理混乱、效率低下等弊端，特别是随着八旗土地制度的破坏和大量汉族人口的涌入，这种双重管理体制逐渐走向了瓦解。此外，由于东北地域广阔，郡县很难兼顾到每一个乡村，因此在基层，主要通过采取设立乡约、保甲的方式进行管理。如盖平县“清初分全境为十二社，每社十甲，社设乡约、保正各若干人，光绪三十年，析为九十四区，三十四年，并为十七乡。各乡设会所。宣统二年，改为一城四镇两乡，各设地方自治会”[①]。即便如此，东北地区还存在尚未设立郡县的治理盲区。这种管理体制的松散带来的是政策推行上的困难重重和社会环境的动荡不安。

四、经济发展封闭落后

东北地区是我国开发较晚的地区之一，与关内地区相比，其经济基础比较薄弱，发展水平也比较低。直到清朝初期，东北地区的经济一直缓慢地向前发展。清初东北，特别是吉林、黑龙江地区仍为少数民族聚居之地，他们“向习游牧，不讲农桑”[②]，对于一些从事农耕的居民，其耕作水平也十分落后，甚至停留在刀耕火种的原始状态。如宁古塔地区皆用“火田法”，在烧荒播种后，就撒手不管，任其自便。当时“地贵开荒，一岁锄之，犹荒也；再岁则熟，三四五岁则腴，六七岁则弃之而别锄矣”[③]。这种耕作方法的落后，带来的是产量上的低下，有些土地每垧仅收获一二石而已。而对于一些自然条件不是太好的地区，从事农业生产就显得格外苦难。如“卜魁（即齐齐哈尔）四面数十里皆寒沙，少耕作。城中数万人，咸资食于蒙古糜田。蒙古耕种，岁

① 王树楠等:《奉天通志》，卷60，疆域二，盖平，东北文史丛书编辑委员会，1983年版，第1255—1256页。

② 万福麟监修、张伯英总纂:（民国）《黑龙江志稿》卷16，物产志·农业，黑龙江人民出版社1992年版，第697页。

③ （清）方拱乾:《绝域纪略·土地》，黑龙江人民出版社1985年版，第109页。

易其地，待雨而播，不雨则终不破土，故饥岁恒多。雨后，相水坎处，携妇子、牛羊以往，毡庐孤立，布种辄去，不复顾，逮秋复来，草莠杂获，计一亩所得，不及民田之半”[①]。清中叶时期，特别是大量外来移民的涌入，带来了中原地区先进的耕作技术和生产工业，在一定程度上推动了东北地区经济的发展，甚至出现了一些具有资本主义性质的农牧垦殖公司和以吉林机器局为代表的近代工矿企业工业。但是，由于生产技术水平和经营管理方面的限制，这些新式企业的发展不仅数量有限，而且发展的程度也不是很高。由此可见当时东北社会经济状况的恶劣。

五、社会环境动荡不安

清中叶以来，东北社会频繁地发生政治动荡。首先是帝国主义列强的侵略和瓜分。自从鸦片战争以来，帝国主义列强，特别是俄、日两国从未间断过对东北地区的觊觎和蚕食，而大批传教士的到来往往会引起民教冲突，导致各地时有教案发生。就东北社会内部而言，东北民众的反帝反封斗争也从未停息过。1891年，东北辽阳、建平一带发生“金丹道”起义；1900年，义和团运动迅速席卷了东北大地；辛亥革命时期，熊成基等革命党人发动多起武装暴动；等等。近代以来，东北地区以土匪盛行闻名于世。“至光绪甲辰日俄战役以后，东三省乃始成为胡匪世界”[②]，出现了大大小小的数百股土匪。他们四处流窜，到处横行，给社会造成了极坏的影响。进入20世纪后，“政局日非，江河日下，各地匪情，愈演愈烈，竟至于遍全国无一省没有盗匪的，一省之中，又无一县没有盗匪的，一县之中，无一乡镇没有盗匪的”[③]现象，东北绿林“愈行炽盛，少则三五结伙，多至千百成群。抢劫行旅，焚掠商民，奸淫妇女，捉人勒赎，稍有不遂，则烧炙肌肤，支结手足，百端残酷，直难尽状。始犹抢掠僻村，今则肆及市镇；初仅劫夺富室，渐且搜及贫家，资财既竭，牲畜靡遗。……自关以东直抵吉、江两省，数千里几成盗薮，悍贼巨股，随在皆是。良儒者尽不聊生，强梁者畏逼入伙，竟有一人一马一杆枪，

① （清）方式济：《龙沙纪略·饮食》，黑龙江人民出版社1985年版，第214—215页。

② 徐珂：《清稗类钞·盗贼类》，中华书局1986年版，总第5331页。

③ 池子华：《中国近代流民》（中国社会史丛书），浙江人民出版社1996年3月版，第160页。

好吃懒做入大帮之谣”[1]。特别是近代以来，东北地区军阀混战不断，一些官兵对百姓烧杀抢掠，无恶不作，甚至出现了“穿上军服就是兵，脱下军服就是匪”的兵匪一家的怪象。频繁的政治动荡是近代中国东北社会的一大特色。这种动荡的社会环境，对东北地区社会的稳定和政治、经济文化的发展起到了严重的阻碍作用。

综上，20世纪以前，东北社会一直处于一种相对落后和动荡的状态之中。这种落后一方面是由于中央政府缺乏相应的重视，表现在基层管理体制的松散、社会的动荡不安；另一方面是由于地广人稀和经济文化发展水平滞后所致。从根本上来说，是东北地区文化教育发展水平落后所造成的后果。只有通过大力发展文化教育事业，提高统治阶层和广大民众的思想觉悟，才能提高本地区的经济发展水平和人民的生活文化水平，才能改善东北地区的社会环境。

第五节　近代东北村落的教育状况

东北地区的传统教育是由书院、县学、私塾及义学构成的一个较为完备的教育体制，广大乡村地区的儿童分别在村落、家庭、宗族或由地方名儒创办的私塾中接受最初的传统启蒙教育，并获得最初的识字和阅读训练，为以后研习儒家经典和迈入仕途打下了良好的基础。

一、寥如晨星的书院教育

书院自宋元时期出现开始，便成了中国古代教育的一种非常重要的教育形式。清朝初期，为了维护满族对中原地区的统治，统治者采取了严禁设立书院的政策。顺治九年（1652年），清政府颁布谕旨：“不许别创书院，群聚徒党，及号召地方游食无行之徒，空谈废业，因而起奔竞之门，开请托之路。”顺治十七年，清政府再次重申，如果设立书院之人，就会获得“妄立

① 《辛亥革命前十年间民变档案史料》，中华书局1985年版，第77页。

社名，纠众盟会"[①]的罪名。直至康熙年间，全国各地的书院才先后恢复书院。到了雍正时期更是明令各省广设书院。雍正十一年（公元1733年），清世宗谕令各省："近见各省大吏渐知崇尚实政，不事沽名邀誉之为，而读书应举者，亦颇能摒去浮嚣奔竞之习。则建立书院，择一省文行兼优之士，读书其中，使之朝夕讲诵，整躬励行，有所成就，俾远近士子观感奋发，亦兴贤育才之一道也。"如果设立书院，则"于士习文风，有裨益而无疏漏。"[②]此后，东北地区的书院得到了一定的发展，鸦片战争前达到了9所之多。在这些书院中最有名气当属位于奉天省铁岭县的银冈书院。银冈书院是顺治十五年（1658年）由清顺治年间进士、湖广道御史赫浴所创立。在流放奉天地区之际，赫浴感到铁岭地区文化教育事业落后，人才落后，决定举办教育报效国家。在教学中，赫浴"评议历代帝王将相的功德失误，分析太平盛世的原因，讲述经史，指导写作，配合科举应试。他把历代儒、佛、道三教思想合流后形成的新理学，作为教学传授的主要内容，坚持'温故而知新''致知格物'的教学方法"。学院先后培养出左炜生、左昕生、左哲生、戴遵先、戴盛先、戴巡先等一批东北文化名人。[③]赫浴官复原职后，银冈书院的发展一度陷入了低谷。康熙五十二年（1704年），在赫浴之子赫林及其弟子徐元弼等人的努力下，银冈书院得以恢复，其后几经改建和扩建，又恢复了往日的生机。光绪二十九年（1902年），银冈书院内设立银冈学堂，推行新式的学堂教育。对于书院设施的重要性，西方学者曹诗弟曾有过如下的论述："县级书院将农村地区的基础教育和全国性的考试制度联系在一起，它们代表县级教育和知识的最高水平，同时提供了踏上社会晋升阶梯的第一步，这个阶梯首先通向士绅阶层，而后又通向一个官宦生涯。"[④]由此，书院在封建社会中的重要地位可见一斑。

① （清）陈梦雷编纂、（清）蒋廷锡校订：《古今图书集成·经济汇编·选举典》，卷十七，《学校部》，中华书局、巴蜀书社1985年影印版，第656册，第23页。

② 清高宗敕撰：《十通第十种：清朝续文献统考》，第一册，卷七十，学校八，直省乡党之学二，考五五〇四，载王云五总编纂：《万有文库》，第二集，上海：商务印书馆发行，1936年版。

③ 马阿宁：《银冈书院的创立与发展》，《北方文物》，1999年第3期，第92页。

④〔丹麦〕曹诗弟著、泥安儒译：《文化县：从山东邹平乡村教育看21世纪中国》，山东大学出版社2005年版，第33页。

二、徒有空名的官学教育

东北地区的官学教育也十分发达。所谓的官学教育，主要是指是由府、州、县的地方官吏设立的、以强化封建教化和为生员科举考试做准备为目的的教育机构，包括八旗官学（满官学、汉军义学）、宗室、觉罗学校、府、州、县儒学、社学和义学四种。八旗官学是指八旗左、右两翼官学。这是在康熙三十年（1691年）由礼部给事中博尔济提议创设的，以教授八旗子弟以满书、马步箭及汉文为主的教育机构。府、州、县的儒学主要是指由官方创办的一种地方教育机构。义学、社学则是由地方乐善好施者用公款、官款或地租设立的一种蒙学，是一种专门为贫寒子弟而设的地方性的义务教育机构。就东北地区而言，奉天地区设立的宗室觉罗学堂3所，八旗官学6所，儒学14所，义学、社学8所；吉林地区相对较少，仅有八旗学堂6所，儒学、义学各1所。黑龙江地区则有官学8所，义学3所。[①] 实际上，这些官学多是虚名，为士子的科举考试提供必要条件。

三、星罗棋布的私塾教育

私塾是东北广大乡村地区最为主要的教育形式，私塾也几乎遍布东北乡村的每个角落。私塾的种类比较繁杂，可以分为家塾、义塾和村塾。家塾也叫作家馆、家学，多是塾师自己开办的教育场所，也有富户聘请塾师单独开办；义塾也叫作义学，其经费大多来自地方祠堂庙宇的地租或私人捐款，专收贫寒子弟免费入学；村塾则为一村或数村联合兴办，也称团馆。对于清朝时期东北地区的私塾设立的情况，《宾州府政书》记载：

> （一）曰专馆。为绅富之家，独自延请教师，训教其子弟，不令外人附学。一切杂用及教师饮馔，均其家供之。课时无桌凳，均在炕上伏几曲膝而作。其束修比例，学生由初等小学三、四年程度者二、三人，每年束修中钱三、四百吊。若为高等小学程度，则三、四人，有至七、八百吊者。

① 这些统计数字主要参看王鸿宾、向南、孙孝恩:《东北教育通史》，辽宁教育出版社1992年8月版，第261—278页。

（二）曰散馆。由教师自设，听远近学生及门就学。共分两季，正月至九月为第一季，九月至十一月为第二季。第一季学生不论年令，惟分程度，大约第一年读书者，第一季出修二十吊，第二季出八、九吊。若有二三年程度者，每上季按年递加三、四吊，下季加一、二吊不等。讲经书者，每上季别加钱十余吊，下季加钱五、六吊。修归先生征收。所需炭火之属，由由教师自备者，亦有由学生合力负担着。教师膳费概为自备。亦无桌凳，均在炕上进食。

（三）曰坐地馆，亦曰半专半散。由馆东延聘教师，但束修菲薄，必更招他学生数人附学，其归馆东征收。分季者为附学之学生。馆东学生概不分季，一切供给及教师饮馔，均由馆东经理。附学学生之与散馆同。馆东学生三、四人，每年束修约中钱二百吊。亦在炕上读书，不置桌凳。其课日分三期，早六点钟背前晚所读之书，八点写字后，讲经或读经，至下午一点，仍于写字后，讲经或读经。学生初开蒙者，并不写字，其课本为三字经之类。其有高等小学程度之学生，则按期作策论。其教师山东、直隶人占十之七。每届年关，先生多半归家，平时假期为清明、端午、中秋各节均放假一、二日，暑假则十余日及半月不等。①

在私塾教学中，方法与形式单一机械。在教授过程中，一般“为《三字经》《百家姓》《四书》《五经》。间有用《龙文鞭影》《名贤集》《千字文》《四字鉴略》《妆农杂字》等书考。上午约背书三四次，下午一二次，年间习字。冬季读夜书一号（教师用纸条签定若干页，令学生熟读成诵，然后背之，谓之一号书）。夏季有午眠一二小时，讲经时在午间，或午后课余时，此普遍现象也。若专馆或较佳之散馆，则讲经外每日授史鉴少许，月于三八等日，作课文一次”。②在教学中，强调呆读死记、熟读硬背等方式进行强制性的教育，也有些私塾采取个别面授的方式。刘爽在《吉林新志》一书中描述了一些乡村私塾生活的场景：“生徒与塾师皆在火炕上工作。每日除送屎尿外，不准出屋。屋内不准高声说话，惟诵读时，则声彻闾门。动作须稳，上学下学，均

① 李淑恩：《宾州府政书》，丙编，风土调查，商务印书馆，1984年版，第208页。

② 刘爽：《吉林新志》，长白丛书本，吉林文史出版社1991年版，第281页。

须向孔子神位及先生行跪拜礼。有犯规考，则以戒尺痛打其掌或臀部。故活泼泼的小孩子，上了三年私塾，就一变而为死沉沉的小木偶，盖其教纯属机械式，且以成人心理，度儿童而责之。不承认有所谓儿童也，更不知儿童心理及教育原理为何物也。”[①] 可见当时私塾教学方法的陈旧和落后。

以县学或书院为中心，加上遍布各个村庄的乡村蒙学、私塾就构成了一个较为完整和系统的乡村传统教育网络。然而，在传统的乡村教育中，基础教育基本上由村庄、家族或个人出资兴办，国家权力介入的程度十分有限。在这种情况下，传统教育方式成了地方推行“代圣人立言”的工具，学校里经常发出的是一片片“之乎者也”的读书声，却见不到自然科学、地理、历史、算数、体育、音乐、图画、体操等基本学科，学习程度也是参差不齐，管理上更是显得杂乱无章。随着帝国主义列强的相继入侵，中国这种传统的教育制度也遭到了猛烈的冲击，一些人士更是打出了“废除科举”的旗号。伴随着民族危机的日益加剧，晚清政府逐渐认识到了变革教育制度的重要性。于是，1905年，清政府发出了“废科举”“倡新学”的指令。转瞬间，“一个人一个小房间的考试制度被废除了，大学的大教室修建起来了。一些学校设立在寺庙里，今天在很高的圆顶下能看到一些小学生排列地站着，在面目狰狞的战神和慈善和蔼的观世音面前背诵课文。旧式教师脱下长衫，穿上短上衣，力图在新制度下找到立脚之地”[②]。由此，东北地区教育近代化的大幕缓缓地拉开。

---

① 刘爽：《吉林新志》，长白丛书本，吉林文史出版社1991年版，第281页.

② 〔美〕E.A·罗斯著，公茂虹、张皓译：《变化中的中国人》，时事出版社1998年版，第293页。

第二章　演进逻辑：乡村新型知识分子群体发展轨迹

晚清民国时期是教育变革最为广泛深刻的历史阶段，促成了近代东北乡村地区新型知识分子群体的崛起。在清王朝大举“新学”的号召下，东北地方政府积极推广兴学运动，近代东北乡村新型知识分子群体进入萌发阶段。民国伊始，政府继续大力倡导兴学运动，东北乡村兴学运动继续发展，近代东北乡村新型知识分子群体迎来发展阶段。随着乡村教育体制的全国一体化，东北乡村兴学运动的发展进入了一个新阶段，新型知识分子群体进入迅速发展新时期。

第一节　晚清新政与近代东北乡村新型知识分子群体的产生

一、科举制废止与乡村学校教育起步

甲午一役，举国阵痛，国内民众逐渐开始觉醒，一些开明人士开始呼吁进行社会制度的根本性变革。梁启超曾指出：“唤起吾国四千年之大梦，实自甲午一役始也。”[①] 于是，一部分有识之士认识到了传统教育体制的落后。在这些人士的呼吁和倡导下，社会上关于废科举、倡新学、兴学堂的呼声开始

① 梁启超:《饮冰室合集》，文集，第一册，中华书局1936年版，第10页。

日益高涨。庚子事变之后，为了继续维持摇摇欲坠的清王朝的统治，以慈禧太后为首的清王朝统治者发布变法谕旨，先后颁布了一系列涉及政治、经济、军事、文化、社会风俗等方面内容的变革旨令。在教育方面，光绪二十七年（1901年），清廷正式对外宣布："著各省所有书院，于省城均改设中学堂，各州县均改设小学堂，并多设蒙养学堂。……著各该督抚学政，切实通饬，认真兴办。"[①] 光绪二十八年（1902年）七月，清政府委派张百熙为管学大臣，专门负责拟定学堂章程事宜，并先后颁布《钦定学堂章程》（即"壬寅学制"）。该章程规定：儿童六岁入学，从蒙学堂、寻常小学堂、中学堂、高等学堂到大学院，共7级约20年的教育。然而，"壬寅学制"由于种种原因在当时并未施行。光绪二十九年（1903年），清廷又颁布《奏定学堂章程》（即"癸卯学制"）。在这个学制中，将教育分为三段七级，即：初等教育（蒙养院、初等小学、高等小学三级）、中等教育（中学堂）、高等教育（高等学堂或大学预备科、分科大学、通儒院）；另附有师范教育（分初级、优级两等）和实业教育（初等、中等、高等、艺徒和实业补习学堂）两系。

"癸卯学制"的颁布，结束了20世纪初晚清政府在教育体制方面混乱无序的状态，建立了一个从学前教育到高等教育的具有近代意义上的教育体制。与"壬寅学制"相比，"癸卯学制"更为完备，并在全国范围内推行。然而，新学制的推行并没有取得预期的效果。这时，社会有识之士都把矛头指向了在封建社会中延续千余年的科举制度。直隶总督袁世凯、盛京将军赵尔巽、两湖总督张之洞等在奏折中呼吁："科举一日不停，士人皆有绕幸得第之心，已分其砥砺实修之志。民间更相率观望，私立学堂者绝少，又断非公家财力所能普及，学堂决无大兴之望。"[②] 在这种压力下，光绪三十一年（1905年）清政府颁布上谕："方今时局多艰，储才为急，朝廷以提倡科学为急务，屡降明谕，饬令各督抚广设学堂，将俾全国之人咸趋实学，以备任使，用意至为深厚。前因官学大臣等奏议，当准将乡会试分三科递减。兹该督等奏称，科举不停，民间相率观望，推广学堂必先停科举等语，所陈不为所见。著即自丙午（1906年）科为始，所有乡会试一律停止，各省岁科考试亦即停止。所有乡、会试一律停止，各省岁、科考试亦即停止。其以前之举、贡、生员分别

① 朱寿朋：《光绪朝东华录》，中华书局1958年版，总第4719页。

② 舒新城：《中国近代教育史资料》，上册，人民教育出版社1961年版，第63页。

量予出路，及其余各条，均著照所请办理。"[①]清政府这一上谕的发布标志着科举时代的结束。科举制的废止是中国教育文化史上"数千年中莫大之举动"，至此，在中国实行了1000多年的科举考试制度废止，为中国近代教育的推行和普及开辟了道路。

二、近代教育管理体制建立

随着科举制的废除，清政府在教育管理体制方面进行了相应的调整。清初地方教育管理体制基本上是沿袭明朝旧制，在各省设立提学道，办理全省的科举事务。雍正年间改提学道为提督学政，既掌管地方学校，也管理当地的科举事务。清中叶以后，面对全国各地蜂拥而起的新式学堂如何进行管理，旧有的管理体制已经显得有些力不从心。先前，在传统的封建教育体系中，政府根本是无暇顾及那些散布于乡间的私塾教育，这些乡村教育则主要依靠基层力量或民间力量来维系的。1904年1月，张百熙等奏定《学务纲要》，指出："各省府州县遍设学堂，亦须有一总汇之处以资管辖，宜于省城各设学务处一所，由督抚选派通晓教育之员总理全省学务，并派教育之正绅参议学务。"[②]清政府随即谕准推行，但各省响应者寥寥，仅湖北、直隶两省遵旨推行而已。1905年，晚清政府正式设立学部，专门负责全国新式教育事宜。然而，当时各省地方教育管理机构仍然不统一，处于一种新旧杂糅的过渡局面。1906年4月，学部与政务处联合会奏："各省地方辽阔，将来官立、公立、私立之学堂，日新月盛"，而"学政旧制，自宜设法变通"，建议"裁撤学政，各省改设提学使司……统辖全省地方学务，归督抚节制"。[③]清政府采纳了这一建议，颁旨全国遵照办理。于是，提学使司成了各地省级教育的管理机构。

随着全国各地新的省级教育行政体系的建立，东三省也先后裁撤旧的教育管理机构，相继设立了省级教育行政机构——提学使司。光绪三十一年（1905年），奉天设立学务处，成为全省教育行政机关。十一月，学政李家驹分设教务、书记、庶务、编辑、调查、会计、收掌、游学等八科，学务也逐渐得以扩充。光绪三十二年（1906年），奉天学务处改为提学使司。光绪三十

① 舒新城：《中国近代教育史资料》，北京：人民教育出版社1980年版，第59页。

② 舒新城：《中国近代教育史资料》，上册，人民教育出版社1961年版，第219页。

③ 陈学恂：《中国近代教育史教学参考资料》，上册，人民教育出版社1986年版，第584页。

年（1904年）十二月，在崇文书院旧址，吉林地区设立学务处，“是为吉林教育行政之始”。学务处的职能是禀承吉林将军筹划全省教育事宜，其内设总办，下设监督、教务提调、文案、会计、检察、杂务、图书、仪器、卫生等官职[①]。光绪三十二年（1906年）四月，吉林撤销学务处，改为提学使司。黑龙江地区一直没有教育管理机构。直到光绪五年（1879年）才在呼兰设立学政一职，这是黑龙江省设立学官的开始。光绪三十二年（1906年），学政一职开始独立，并以分巡道总理一切事务，是为江省有学务总汇之始。[②]光绪三十三年（1907年），黑龙江始设提学使一职，该省乃得以与各省比，渐渐谋教育行政事务。[③]

为了更好地管理地方学务，1906年，学部侍郎严修把直隶创办劝学所制度的经验推向全国，劝学所由此成了全国各地的地方教育行政机关。1906年5月，学部颁布了《劝学所章程》，规定劝学所为各厅、州、县的地方教育机关，管理本地学务。其职责为“按定区域，劝办小学，以期逐渐推广普及教育”。[④]劝学所设常务总董1名，由县视学兼任，总理各区学务。所辖境内划分若干学区，每区约三四千家，设劝学员1名，掌理学区劝学事宜。随后，全国各地先后成立劝学所，同时一些县还设立了教育讲习科，研究学校管理法、教育学、奏定小学堂章程、管理通则等，以期提高教育行政人员的管理水平。

东北地区遵从学部旨令，在各地先后设立劝学所。光绪三十三年（1907年），奉天提学使张鹤龄“通饬各属，照章设立劝学所。并令各地方官选举乡望素著通晓学务之士绅一人，送省考验，开会研究一日，分别札派回籍，充任总董。于是各属申送各绅，研究期满，分赴各处”。在提学使司的倡导下，全境各地纷纷成立劝学所，除“洮南一府，蒙荒甫开，声请缓办外，其余各属均于是年一律设齐”[⑤]。宣统元年，遵照部章，将总董改为劝学员长，其余职务仍尊旧制。光绪三十四年（1908年）吉林正式建立了主管全省学务的机关——学务公所，并令各府、厅、州、县将学署改为劝学所，所内设立总董1

① 徐世昌编，李澍田等点校：《东三省政略》，卷九，学务，吉林文史出版社1986年版，第1410页。

② 徐世昌编，李澍田等点校：《东三省政略》，卷九，学务，吉林文史出版社1986年版，第1423页。

③ 徐世昌编，李澍田等点校：《东三省政略》，卷九，学务，吉林文史出版社1986年版，第1423页。

④ 舒新城：《中国近代教育史资料》，上册，人民教育出版社1961年版，第286页。

⑤ 徐世昌编，李澍田等点校：《东三省政略》，卷九，学务，吉林文史出版社1986年版，第1391页。

员，劝学员若干名，负责全境的学务工作。据统计，宣统三年（1911年），吉林省全境先后设立劝学所共17处。[①]1911年4月，吉林省遵照部章将劝学所总董改为劝学员长。光绪三十三年（1907年），黑龙江将学务处改为提学使司，并在各府、州、厅、县先后建立了各种新式的教育管理机构，统称劝学所。宣统三年（1911年），黑龙江各属先后成立劝学所18处。

总之，清末东北地区教育管理体制的变革是顺应时代发展的要求，同时也是东北地区教育近代化进程中不可或缺的一个环节。此前，东北地区长期以来一直没有专门的教育管理体制，期间虽然也设立了若干管理职位，然而这些机构基本上是各级政府机构的附庸，或只是由一些政府官员兼管，始终没有建立一套较为完整的管理体系。清末，东北各地提学使司和劝学所相继设立，从而基本上形成了从省到县的一套较为完备的教育管理体系，开创了东北教育管理体制近代化的先河。同时，在教育管理机构中还设立了专门的调查机构和研究人员。如提学使司专门设立的省视学和查学员、教育研究会及其分支机构、教育官练习、小学总查所等，都为东北地区教育事业的发展提供了便利的条件。当然，由于尚属初创时期，近代教育管理体制还存在着机构重叠、职能不分、办事效率低下等弊端，但东北地区毕竟出现了近代教育管理体制，这在东北教育史上具有深远的意义。

三、清末东北乡村学校教育起步

随着科举制度的废除和新式教育管理体制的确立，东北地区的乡村教育开始起步。实际上，早在科举制度废除之前，东北地区就出现了一批新式学堂。1901年（光绪二十七年）11月，奉天将军增祺筹办创设第一所新式学堂——奉天大学堂。翌年正月改为奉天省学堂。这所学堂是奉天地方当局遵照《钦定学堂章程》和《钦定高等学堂章程》相关规定而设置的，不仅是奉天省筹设最早的近代学堂，也成为奉天省一省学务之总汇。在学堂管理方面，孙百斛、谈国桢任总办，专门招收举人、五贡及高等生童入学学习。不久，大学堂又改名为盛京省立大学堂，设正学额200名，由中西教员分门授课。光绪二十八年（1902年）四月，奉天大学堂筹设省城小学堂，并将右翼官学改为蒙养学堂。

① 吉林省教育志编纂委员会教育大事记编写组编：《吉林省教育大事记》第一卷（1957—1949），吉林教育出版社1989年版，第10页。

随着科举制度在东北地区的废除，东北乡村地区的新式教育逐渐推广开来。

晚清时期，奉天乡村地区的新式教育主要是小学教育（初等、高等、两等小学堂）和公立小学堂（指设在县及县以下的村社，是由村社出资创建的学堂），而中、高等教育和私立学堂的数量较少。首先，奉天乡村各地一些书院相继改设为各类新式小学堂。如康平县秀水书院、铁岭县银冈书院、辽阳襄平书院等相继改设为小学堂，宽甸县设立中西小学堂，海城县也在大佛寺设立小学堂。[①] 其次，在奉天各地的城厢地区相继设立一些蒙学堂和小学堂（这些学堂多由原来的义塾改建而成）。1905年，北镇县广宁乡绅肖雨春等人在县城南门里开办两等小学堂和初等小学堂各1所，这两所新式学堂的建立可谓是北镇地区新式教育的萌芽。翌年，北镇地区的晚清举人陈伯文创办一所老爷庙小学。1908年，北镇城内就有公、私立小学15所，学生共360人。[②] 昌图境内在1905年建立初高两级小学堂1所，翌年建立昌图府师范学堂1所（后称昌图师中学校），此后昌图境内的师范、中学及小学逐渐发展。至1911年末，县城内有学校9所，其中昌图府师范学堂1所，女子师范1所，初中1所，小学6所；农村的县立和村立小学54所。[③] 可见，这时期奉天地区的乡村教育得到了一定的发展。据光绪三十四年（1908年）统计，奉天省官立初等小学堂有79所，公立初等小学堂有1815所，私立初等小学堂有26所（其中11所系英、法、丹麦等国教会所办）。全省共有初等小学1920所。两等小学堂中官立的有63所，公立的有47所，另有5所官立高等小学。两等和高等小学堂共计115所，均系官立和公立。[④] 另外还有专门学校3所，学生602人；实业学校8所，学生184人；优级师范3所，学生235人；初级师范7所，学生580人；师范传习所19所，学生789人；中学堂3所，学生404人；蒙养院2所，学生175人；半日学堂5所，学生232人；女子学堂23所，学生1238人。总计学校2149所，学生85244人。[⑤]

---

① 金毓黼：《奉天通志》，教育三，清下，沈阳：东北文史丛书编辑委员会1983年版，第3497—3498页。

② 北镇满族自治县地方志编纂委员会：《北镇县志》，辽宁人民出版社1990年10月版，第552页。

③ 昌图县地方志编审委员会办公室：《昌图县志》，昌图县地方志编审委员会1988年12月版（内部发行），第540页。

④ 辽宁省地方志编纂委员会：《辽宁省志·教育志》，辽宁大学出版社2001年11月版，第184页。

⑤ 光绪三十四年《奉天教育统计表》，奉天学务公所编印，转李治亭：《东北通史》，中州古籍出版社2003年版，第627页。

晚清时期，吉林地区的乡村教育也逐步发展起来。光绪三十一年（1905年），吉林创办了一所简易师范学校，成为吉林地区新式教育萌兴的起点。此后，吉林乡村地区的新式教育逐渐蔓延开来。在吉林地区，长春地区新式教育起步较早。1906年，长春城内东三道街财神庙设立一所官立小学堂。1907年5月，长春城乡地区先后开办45所官立小学堂，其中高等小学堂2所，两等小学堂37所，初等小学堂6所，共有82个班，学生1669人。[①]1908年4月，在阿城内、城郊和白城等地，设小学堂5所，其中两级小学1所；5所小学共有学生1312人，其中高级小学156人，共有教学班25个，其中高小班3个，教职员27人。[②]为了发展吉林地区的乡村教育，吉林省提学使司在宣统年间制定并颁布了《四乡小学（即农村小学）通行章程》。该章程规定农村地区只创办初等小学，可以建立一些改良私塾。此后，吉林地区的乡村教育得到了进一步的发展。1911年，阿城县城和城郊地区先后建立公立小学堂8所。[③]长春地区建立的小学堂有52所，学生2100人。[④]据宣统元年学务统计：吉林全省有高等小学堂10所，两等小学堂23所，初等小学堂201所（含初等简易学堂48所），半日学堂3所，共计237所，其中女子学堂4所。以办学经费来源不同，又分官立、公立、私立3种。官立学堂153所，占64.55%；公立学堂79所，占33.33%；私立学堂5所，占2.10%。共有小学生10046名，职员177名，教员532名。私塾1489处，塾生26913名。其中有改良私塾397处，塾生6961名；未改良的1092处，塾生19952名。塾生人数约为小学生的三倍。”[⑤]

黑龙江地区的乡村教育也得到了一定程度的发展。光绪二十八年（1902年），黑龙江将军萨宝在齐齐哈尔奏设俄文学堂，是黑龙江省高等教育的萌芽。1907年（光绪三十三年），黑龙江地区的依兰、宁安、兰西、泰来等府县相继建立了一些官立小学堂。光绪三十四年（1908年），黑龙江省有高等小学堂3所，两等小学堂20所，初等小学堂94所。除了一些偏僻的县城陆续创办小学堂外，各府县小学堂的设立开始向乡镇以至村屯地区发展，一些较大的

① 吉林省档案馆，1907年历史卷，转引自王秉祯、董玉琦：《长春市志·教育志》，吉林人民出版社1995年5月版，第42页。

② 阿城县志编纂委员会办公室：《阿城县志》，黑龙江人民出版社1988年版，第296页。

③ 阿城县志编纂委员会办公室：《阿城县志》，黑龙江人民出版社1988年版，第296页。

④ 王秉祯、董玉琦：《长春市志·教育志》，吉林人民出版社1995年5月版，第43页。

⑤ 吉林省地方志编纂委员会：《吉林省志·教育志》，吉林人民出版社1992年8月版，第41页。

乡镇和村屯也出现了新式小学堂。1905年，绥化城东南隅创建了绥化境内的第一所小学——绥化第一高等小学校，次年招收学生两级67名。此后，又于双河建立双河初高两等小学校，招收学生76名。1907年，建立上集场（今绥棱县境内）、十间房两所小学校。此后，办学风气渐盛。至清宣统三年（1911年）绥化城乡共有小学校21所（其中城内小学7所）、学生千余名，教职员工60人。[①] 1906年，大赉城创办第一所官办两等小学堂，翌年6月，又建立半日制小学堂1所，学生47人；7月创立教乡马营初等小学堂，在校学生15人。1908年，共办13所小学堂，在校学生282人。[②]可见，当时黑龙江乡村地区的教育进一步发展。1908年，黑龙江省共设各类小学堂124所，学生总数达5520人。1909年，吉林省辖区共有小学堂58所，学生总数达2878人。[③]此外，还设立了专门学校1所，学生21人；实业学校5所，学生432人；优级师范1所，学生100人；初级师范2所，学生165人；师范传习所4所，学生94人；中学堂1所，学生105人；半日学堂3所，学生130人；女子学堂7所，学生244人，总计学校158所，学生6945人。[④]

可见，晚清时期，随着新式教育的推行，东北地区的新式乡村教育已经起步，新型知识分子群体在东北乡村大地上开始萌发。这些学校不仅出现在一些重要的城镇，就连一些较为落后的县城和广大乡村地区也出现了少量的学堂。由于乡村地区的新式教育刚刚起步，社会各界尤其是下层民众和一些社会风气比较保守的地区对于新式教育的热情不太大，从而导致了新式学堂的数量有限，发展程度不高，新型知识分子群体的数量有限。然而，这种新式教育形式的出现预示着具有现代意义上的学校教育开始在东北乡村大地上生根、发芽，一批现代意义的新型知识分子群体逐渐形成、发展并活跃于乡村舞台，对于近代东北乡村社会发展进步必然产生重大影响。

① 绥化县地方志编纂委员会:《绥化县志》，黑龙江人民出版社1986年12月版，第341页。

② 逯献青:《大安县志》，辽宁人民出版社1990年3月版，第613页。

③ 黑龙江省地方志编纂委员会:《黑龙江省志·教育志》，黑龙江人民出版社1996年12月版，第100页。

④ 数据参照《附江省学务统计总表》(光绪三十四年)，见徐世昌编、李澍田等点校:《东三省政略》，卷九，学务，吉林文史出版社1986年版，第1425页。

第二节 奉张政权与近代东北乡村新型知识分子群体的发展

一、现代教育管理体制确立

“民国之兴，创中国未有之局。”① 民国成立后，从中央到地方的教育体系也发生了相应的变化。在中央设立了新的教育机构——教育部，下设学校教育、社会教育、历象三司，负责全国的教育事宜。1912年3月，民国政府相继颁布了《民国教育部官职令》《普遍教育暂行办法》《普遍教育暂行课程标准》等一系列教育法令，对晚清时期的教育体制进行了相应的调整。1912年9月3日，教育部公布一个新定的学制，即壬子学制。该学制规定初等教育七年（初小为四年，此为义务教育的年限；高小三年），中学四年，大学预科三年，本科三至四年，共18年，大学院的年限不定。师范、实业教育则另成系统。1922年11月1日，教育部公布新学制（壬戌学制），规定小学六年（其中初小四年为义务教育），初中三年，高中三年（实行普通、师范、职业分科制），大专四年，大学四至六年，大学院不定。壬戌学制借鉴了美国单轨制教育系统，小学学习年限的缩短有利于小学的普及和中等教育水平的提高；选科、分科并行，职业训练突出，师范教育公私兼办，有利于实业教育与师范教育的发展。由于这一学制基本适应了社会现实的需要，因此这种学制一直基本持续到新中国成立的前夕。

随着学制的变化，民国时期东北地区的教育管理机构也发生了相应的调整。1912年（民国元年）春，奉天提学使一称改为学务总理，统办全省的学务工作。民国二年（1913年）撤销学务总理，学务公所改为教育司，隶属于民政使署。教育司设立两科：专门教育科和普通教育科。1912年（民国元年）吉林、黑龙江地区仍称为提学使司，1913年（民国二年）改称为教育司。1914年（民国三年）三省的教育司改为教育科，隶属巡按使公署政务厅。依据教育部《教育厅组织条例》，教育厅下设3个科，即第一科、第二科、第三科，设立省视学4人，专办视察全省学校教育、教学等事宜。第一科，负责掌管印信机要事宜，记录教职员进退及褒奖，保管收发文件，编制统计报告，

① 王锡彤著，郑永福、吕美颐点注：《抑斋自述》，河南大学出版社2001年版，第182页。

综合财务会计，整理案卷，负责教育会议筹备等事宜。第二科，掌管中小学、师范学校、实业学校、蒙养园等事宜，调查学龄儿童，分划学区，检定教员等事项。第三科，掌管专门以上学校、选派留学生、社会教育、各种学术会议等事宜。[①] 省教育厅组建之初，设3科，各置科长1人，科员、事务员各3—4人，省视学4人。后因教育事业发展，厅内机构、人员编制增多，厅长以下编制为秘书3人，科长4人，股长7人，科员26人，督学8人，主任1人，雇员34人，共83人。[②]

中华民国建立之初，东北县级教育管理行政机关沿袭晚清旧制，一县的学务仍由劝学所负责管理，设劝学所长1人、劝学员若干人。1914年（民国三年）易劝学所为教育公所，劝学员改称为事务员。1916年（民国五年）6月，复改为劝学所，并定所长任期为3年，期满后可以连任。省教育厅成立后，为了加强对劝学所的管理，将《劝学所应行径报职厅之单纯教育事项十四条》下发各县。民国十二年（1923年）又改劝学所为教育公所。各县教育公所以县知事为监督，设所长1人，佐理监督办理一县教育行政事宜。另设事务员若干人，按照原有劝学员及社会教育事务员之定额设立，禀承所长办理普通教育、社会教育各事。原在城镇乡设立的学务委员改为某城镇乡教育委员，禀承所长办理该城镇乡教育事务。1923年2月5日，教育厅训令省县视学、各县知事，命其督促劝学所长，遵章下乡，亲历视察，并撰拟日记，报县转呈备查。“总期人各尽职，事无废弛”，推动各县学务工作蒸蒸日上。[③]1923年5月，教育厅呈请省长公署，拟将县劝学所改为教育公所。教育所长应由厅直接委任，不以本县人为限。此外，增设董事一职，以事辅佐。教育厅制定《县教育公所规程》，规定教育公所设所长一人及事务员若干。教育公所的职责是商承县知事，主持全县教育行政事宜，并督促指导属于该县之市、区、村教育事务。另外还对所长、事务员、董事的任用资格、职权以及任期做了详细规定。这次教育公所的设置与1913年相比，其变化有三。其一，所长的职权扩

---

① 黑龙江省地方志编纂委员会:《黑龙江省志·教育志》，黑龙江人民出版社1996年12月版，第807—808页。

② 辽宁省地方志编纂委员会:《辽宁省志·教育志》，辽宁大学出版社2001年11月版，第30—31页。

③《中国教育督导纲鉴》，转自胡玉海主编，郭建平著:《奉系教育》，辽海出版社2000年6月版，第65页。

大。当初是佐理县知事办理一县教育行政事宜，现在变为商承县知事，主持全县教育行政事宜，成为一县主管教育的独立机关。其二，教育所长、事务员的任职资格提高。当初教育所长需师、中学校毕业，事务员甚至只需小学毕业即可担任。此时，所长务须专门以上学校毕业，事务员务须中学以上学校毕业，才可担任。其三，设董事一职，加强监督机制。[①] 东北地方当局还对落后地区的行政机构的设立十分关注，积极帮助落后的县份教育管理机构的设立。奉天地区的瞻榆、通辽、凌源、金川等县的教育公所先后建立，实现了奉天地区乡村地区教育管理体制的一体化。1924年，将各县劝学所一律改为教育局，上辖于省教育厅，主管一县学务。

二、民初东北乡村地区教育曲折前进

奉张军阀时期，国民政府颁布了一系列的兴学法令，东北社会各界人士也逐渐认识到了发展教育事业的重要性。张作霖及其继任者张学良都十分重视东北地区的教育事业。奉系军阀统治时期并没有形成自己的完整一套教育方针，而是比较强调贯彻和执行前期北洋政府教育部和其后国民政府教育部所颁发的兴学方针及政策，调动社会各界的力量积极办学。正是在社会各界人士的积极努力下，东北乡村地区的教育事业得到了进一步的发展。

民国时期，辽宁地区乡村教育继续向前发展。1912年末，法库全厅共有公立小学校107所（两等10所，初等96所，初等农业中学1所）；私立小学校248所，其中女子小学校2所；公私立学校在校学生共9350名。1913—1923年，城乡小学始终徘徊在130—140所之间，学生约7000余名。1925年有小学校142所，203个班级，在校学生11135名，约占当时学龄儿童55450名的20%。1927—1929年公私立小学增到200所以上，学生增到14400名。[②] 昌图地区的教育事业也得到了进一步的发展。据统计，1918年末全县城乡共有小学校221所，279个班，学生7964人，小学教师306人。1924年，全县立小学12所，村立小学205所，私立小学2所。1925年，高级小学校已经发展到16所，高小31个班，初小53班，县、村立初级小学213所，358个班。[③] 可见，

① 胡玉海主编，郭建平著：《奉系教育》，辽海出版社2000年6月版，第67—68页。

② 法库县志编纂委员会：《法库县志》，沈阳出版社1990年10月版，第428页。

③ 昌图县地方志编审委员会办公室：《昌图县志》，昌图县地方志编审委员会1988年12月版（内部发行），第544页。

这时期是奉天省教育事业处于一个发展的高峰时期。据《中华民国第五次教育统计图表》统计：国民学校6071所，学生229636人；高等小学325所，学生22064人；中学20所，学生2748人；师范47所，学生3608人。①

民国初期，吉林地区的乡村教育事业也得到了相应的发展。1915年，吉林县初级小学达102所，高等小学8所。1918年（民国7年），吉林县乡10个区有高等小学2所，10个班，学生436人；完全小学19所，93个班，学生4154人，女子完全小学3所，17个班，学生963人；初级小学203所，258个班，学生11659人，女子初级小学1所，3个班，学生163人；代用小学50所，50个班，学生1436人。共有小学278所，431个班，学生18881人，教员667名。②1927年长春城区义务教育事务所有直辖的小学校19所，50个班，学生2160人。长春县劝学所管辖的城乡小学有88所，139个班，学生4510人。③可见，这时期吉林乡村地区的教育得到了进一步的发展。以小学教育为例，1920年11月统计（按当时行政区划），全省有小学校1349所（含私立小学250所，女子小学80所），其中国民学校1227所（含代用国民学校）；高级小学校122所。小学在校学生67 073名，其中女生为6 353名。女生和私立小学校学生，较民国初年有较大幅度的增长。学龄儿童入学率由1915年的近10%提高到17%。④

民国时期，黑龙江地区乡村教育得到了迅速的发展。1913年（民国二年），大赉县有公立小学9所，学生249人；私立小学5所，学生126人，安广县有小学1所，学生70人。1918年（民国七年）方兴。大赉县区立小学24所。教师34人，学生641人；私立小学8所，教师8人，学生160人。1924年（民国十三年），安广县区立小学9所，教师16人，学生457人。私立小学7所，教师7人，学生224人。⑤据1914年（民国三年）统计，瑷珲境内共有小学堂26所（初高两等小学堂4所，其中女校2所，校长3人，教员7人，初等小学堂22所，其中女校1所，教员22人），教员32人，31个班（高等班3个，初等

① 教育部总务厅文书科：《中华民国第五次教育统计图表》，第49—50页。

② 永吉县志编纂委员会：《永吉县志》，长春出版社1991年6月版，第651页。

③ 王秉祯、董玉琦：《长春市志·教育志》，吉林人民出版社1995年5月版，第44页。

④ 吉林省地方志编纂委员会：《吉林省志·教育志》，吉林人民出版社1992年8月版，第44页。

⑤ 逯献青：《大安县志》，辽宁人民出版社1990年3月版，第613页。

班28个），学生585人（其中女学生89人）。1922年（民国十一年）小学教育达到了民国年间的鼎盛时期，境内共有小学堂50所，学生1,569人，教员74人。[①] 可见，这时期黑龙江地区的乡村教育得到了进一步的发展。据民国五年的教育统计记载：国民学校1114所，学生34108人；高等小学68所，学生3112人；中学校4所，学生442人；师范学校3所，学生509人。[②]

此外，我们还可以通过下面表格的统计对东北地区乡村教育的整体发展概况进行一个直观的了解。据1928年统计，辽宁省、吉林省、黑龙江省、热河省（含今辽宁部分）、东省特区共有中等学校258所，学生总数34671人，教职员总数2921人。东北地区按人口平均，每万人受中等教育的人数为17人。[③]

表2.1　民国时期东北四省小学、中等、师范教育情况统计表　单位：所

省别 校数	辽宁省	吉林省	黑龙江省	热河省	东省特区	备注
小学校数	8413	1618	1648	628		统计时间为民国十五年
中等教育	198	36	10	4	10	统计时间为民国十七年
师范教育	98	6	28	4		统计时间为民国十八年

资料来源：本表根据《东北要览》《东北各省市中等教育统计表》《东北四省师范学校及讲习所统计表》中相关统计数字制成。

从上面的数据中可以看出，民国初期东北地区的乡村教育得到了进一步的发展。不仅在广大乡村地区建立了一大批新式学堂，中学和师范教育也得到了一定的推广，新型知识分子群体队伍逐渐壮大。这种发展主要有两个方面的原因。一是国民政府和地方政府不遗余力的倡导和推行。民国政府十分重视全国各地的教育事业发展，相继制定和颁布了一系列兴学章程和文件，从而推动了各地新式教育的发展。东北地方当局的主政者张氏父子对于发展教育事业也是十分热心，不仅积极鼓励和支持各地新式教育事业的发展，还多次捐款捐物，积极参与创办新式学堂，起到了重要的表率的作用。另一方

① 爱辉县修志办公室：《爱辉县志》，哈尔滨：北方文物杂志社1986年10月版，第620页。

② 教育部总务厅文书科：《中华民国第五次教育统计图表》，第89—90页。

③ 王鸿宾、向南、孙孝恩：《东北教育通史》，沈阳：辽宁教育出版社1992年8月版，第429页。

面的原因是随着新式教育的发展，社会各界，尤其是下层民众对于新式学堂教育已经逐步接受，并积极参与新式教育的推广和普及的活动中来。社会各界参与的广泛性，无疑是这时期新型知识分子群体逐渐崛起的重要动力。

第三节 东北易帜与近代东北乡村新型知识分子群体的充实

一、教育行政体系进一步调整

1928年12月29日，身负国仇家恨的张学良不顾日本侵略者的威胁和部分下属的反对，毅然宣布“遵守三民主义”，服从民国政府，宣布东北易帜。从此，东北的历史进入“东北易帜时期”（指1928年末至1931年“九一八”事变前），全国也基本上实现了形式上的短暂的统一。此后，东北地区一些重大的内政外交问题都要遵从南京国民党政府的命令办理。在教育方面，东北地区也是遵从南京国民政府的教育方针和政策，对教育管理体系进行相应的调整，东北地区乡村教育事业进一步向前发展。

东北易帜以后，东北地区的教育宗旨遵从国民政府的命令，贯彻“三民主义”的教育宗旨。1929年4月26日，国民政府又强调“中华民国之教育，根据三民主义，以充实人民生活，扶植社会生存，发展国民生计，延续民族生命为目的；务期民族独立，民权普遍，民生发展，以促进世界大同”[①]。1928年5月，国民党政府召开“全国教育会议”，并颁布在“壬戌学制”基础上修改而成“戊辰学制”。该学制除了规定在教育宗旨上采用三民主义和学堂课程增加“党义”外，与“壬戌学制”没有什么太大的区别。在教育行政制度方面，国民政府实行中央设立教育部，省设教育厅，县设教育局的三级管理体制。

东北易帜后，东北地区的教育体制遵从国民政府推行的教育制度。在这种情况下，东北地方当局对于东北地区推行的原有各级教育体系进行了相应的调整。首先是设立了东北政务委员会的政务处，负责东北地区的民政、教育、司法、行政、农矿、工商及建筑事务。这个行政处虽然负责东北地区的

① 教育部（主任编撰周邦道）：《第一次中国教育年鉴》，上册，甲编“教育总述”，开明书店1934年5月版，第8页。

教育事宜，实际上只是一个办事机构而已。各县设立的教育局都直辖于教育厅，管理各县的具体教育事务。未设立教育局的县，则由各该县长或设治局长兼管教育。[①]1928年（民国十七年）12月31日，按照南京国民政府令，黑龙江省省长公署改称黑龙江省政府。黑龙江省省长公署教育厅改为黑龙江省政府教育厅，由教育部直属机构改为省政府机构。教育厅下设4个科。第一科掌管高等教育、专门教育、留学教育；第二科掌管中等教育；第三科掌管初等教育及社会教育；第四科掌管印信、文牍、收发、总务、人事管理、财务、会计、经费出纳等。[②]1929年4月，辽宁全省第二次教育行政会议召开，讨论通过了将各县教育公所改为教育局的议案，并颁布了《辽宁省县教育局暂行组织条例》。《条例》规定：县教育局设局长1人，直接隶于教育厅，主管全县教育行政事宜。教育局内分设三课，每课设课长1人，课员1人。各科的具体职责如下：第一课负责文书编纂、会计、庶务、统计等事项；第二课负责规划、执行、指导等事项；第三课负责劳动教育及社会教育等事项。此外，教育局还设督学1—2人，负责视察并指导全县教育事宜。每县划分若干划学区，每区设教育委员1人，专门办理本学区教育事务。[③] 此后，东北地区的地方教育管理机构纷纷建立，1929年，吉林省已有教育局38个，全省教育行政机关已达系统化。[④]1930年6月双山县教育局成立，奉天省的县级教育行政机关全部设立。东省特别区是一个特殊的区域，其辖区内并无县属，故在特区辖内所有城乡各种学校，均直隶于特区教育厅，由厅直接管理，并无其他教育行政机关。这是特区学校教育行政与其他省不同之点。[⑤]

二、东北乡村教育进一步发展

东北易帜后，东北地区禀承民国政府的教育宗旨和办学方针，采取各种兴学措施积极推动东北地区的教育事业的发展。在社会各界人士的努力下，这时期东北乡村地区的教育事业得到了进一步的发展。

---

① 东北文化社编印处:《东北年鉴》，东北文化社民国二十年（1931年）刊行，第782页。

② 黑龙江省地方志编纂委员会:《黑龙江省志·教育志》，黑龙江人民出版社1996年12月版，第808页。

③ 胡玉海主编，郭建平著:《奉系教育》，辽海出版社2000年6月版，第68—69页。

④ 王鸿宾、向南、孙孝恩:《东北教育通史》，沈阳：辽宁教育出版社1992年8月版，第367页。

⑤ 东北文化社编印处:《东北年鉴》，东北文化社民国二十年（1931年）刊行，第804页。

辽宁地区教育发展最为迅速，基本上形成了从幼儿教育、小学教育、中学教育、师范教育、职业教育、民众教育到大学教育的一套较为完备的教育体系。1930年，营口地区小学校增至144所，其中县立5所，区立8所，村立118所，私立13所；初级小学125所，高级小学3所，两级小学16所；初级小学男195级，女8级，高级小学男27级，女3级；学生共9269名，教员233名，职员141名。[①]这时期，昌图地区的教育事业发展也十分迅速。1930年全县有小学374所，中学5所，小学共有学生18868人，中学（包括师范）533人.小学教师545人，中学教师30人。[②]辽宁乡村地区新式教育在原有基础上继续发展。据1929年统计，辽宁省的初等教育，共有幼稚园14所、初级小学9147所、高级小学456所、完全小学493所、其他小学19所。辽宁省的中等教育，有中学122所、高级中学5所、完全中学18所、师范学校98所、职业学校95所。中国自办的高等学校有4所。在社会教育方面，据1930年上半年统计，省城有民众学校34处。另有35个县共办民众学校1 321处。车向忱在张学良、阎宝航大力支持下兴办的平民教育，在省城及城北农村发展到41个班，以后在全省又办起200多处简易学校。此外，全省还设有图书馆36处、通俗教育馆35处、阅报所49处、讲习所110处。[③]

吉林地区的乡村教育也得到了发展。1929年，开通县有公立初、高级小学共32所，学生1345人，教职员60人；瞻榆县有公立初、高级小学33所，学生2218人，教职员38人。[④]1928年，和龙县境内81所小学校，共有小学生6440人，其中，县立小学校2100人，公立小学校2380人，私立小学校1230人，日本人设立的小学校730人。[⑤]可见，吉林乡村地区新式教育事业有了一定的发展。据1929年统计，吉林地区省立中学7所，班级40个，学生1 613名，教职员118名；各县中学15所，班级53个，学生2 046名，教职员162名；私立中学5所，班级18个，学生824名，教职员52名；省师范学校6所，师范科15个，讲习科11个，附设初中13个，学生1223名，教职员103名；省职

① 营口市地方志编纂委员会办公室：《营口市志》，第五卷，远方出版社1999年1月版，第193页。

② 昌图县地方志编审委员会办公室：《昌图县志》，昌图县地方志编审委员会1988年12月版（内部发行），第541页。

③ 辽宁省地方志编纂委员会：《辽宁省志·教育志》，辽宁大学出版社2001年11月版，第4页。

④ 通榆县志编纂委员会：《通榆县志》，吉林人民出版社1994年10月版，第607页。

⑤ 和龙县地方志编纂委员会：《和龙县志》吉林文史出版社1992年9月版，第448页。

业学校2所，班级5个，学生101名，教职员17名；私立职业学校1所，班级2个，学生74名，教职员（缺）。全省小学1 577所，班级3 168个，学生116 450名，教职员4 212名。①

黑龙江地区的乡村教育发展相对缓慢一些。1930年，清原县有初级小学89所，学生4595名，教职员127名；高级小学9所，学生708名，教职员24名。②1929年，方正县有县立国民校8处，女校1处，代用学校5处，私立学校6处，计20处，学生1034名。③"九一八"事变时，宁安全县小学达69所，142班，有学生6712名，小学教师224名。④可见，这时黑龙江乡村地区的新式教育发展进程比较缓慢。据统计：1930年，黑龙江地区共有小学2210所，在校生97551人，全省适龄儿童入学率达19.83%，在全国34个省市中占第19位；中学有29所，在校生4554人，居全国22位；高等学校9所，在校生约2000人（含外籍生）。⑤

此外，热河省部分和东省特别区的教育也有所发展，表2.2是东北四省和东省特别行政区普通教育发展的概况，从中我们可以窥出当时东北乡村地区教育发展概况之一斑。

表2.2 东北易帜时期普通教育概况表⑥

省别	教级别	校数	学生数	校职员数
辽宁	中教	274	32，969	1，825
	初教	9，228	601，830	17，081
吉林	中教	46	5，502	391
	初教	1，921	131，530	4，423
黑龙江	中教	17	2，366	186
	初教	1，649	73，992	2，570

① 吉林省教育志编纂委员会教育大事记编写组:《吉林省教育大事记》第一卷，吉林教育出版社1989年3月版，第53页

② 清原县志编纂委员会办公室编《清原县志》(内部出版)，1991年8月版，第488页。

③ 方正县志编纂委员会编纂:《方正县志》，北京：中国展望出版社1990年8月版，第539页。

④ 宁安县志编纂委员会:《宁安县志》，黑龙江人民出版社1989年9月版，第536页。

⑤ 黑龙江省地方志编纂委员会:《黑龙江省志·教育志》，黑龙江人民出版社1996年12月版，第9页。

⑥ 教育部（主任编撰周邦道）:《第一次中国教育年鉴》，下册，丁编"学校教育统计"，开明书店1934年5月版，第104页，第165页。

续表

省别	教级别	校数	学生数	校职员数
热河	中教	15	873	103
	初教	808	89，334	1，473
东省特别区	中教	10	2，173	176
	初教	116	13，507	682
总计	中教	362	43，883	2，681
	初教	13，722	913，193	26，228

可见，东北易帜时期东北乡村地区的新式教育事业得到了一定的发展。据学者统计：学前教育有幼稚园19处，其中辽宁省14处，吉林省2处，黑龙江1处，东省特别区2处。这些幼稚园有的附设于小学，有的附设于女中或女师，计有幼儿913人。[①] 东北地区共有中等学校362所，其中高中、完全中学22所，初中161所，师范137所，职业42所；另外，师范附设之初中班有8班；中学及初中附设之师范班有13班；中学、初中及师范附设之职业班2班。中等学校学生总数43883人，其中中学28142人，师范11023人，职业4718人。全东北172县中设有中学的94县，未设者78县。[②] 全东北每1万人口中平均可受中等教育之人数为13人，全国是11.07人，辽宁21.64人，占全国34省中的第六位。[③]

东北易帜时期，国民政府十分重视发展各地的义务教育事业，倡导各地推行义务教育工作。在国民政府的倡导下，东北地方当局立即开展推广义务教育事业的工作。早在1916年，黑龙江巡抚就专门制定了推行义务教育章程，并上报教育部请示核准。教育部在咨复黑龙江巡抚制定的推行义务教育章程指出："筹备义务教育事宜一案，除全文有案不录外，未闻拟定本省施行义务教育章程，通饬各属责令先行试办，相应备文咨陈查核等因，并章程一册到部。查阅章程大致完善，具微硕画，希即饬属切实试办，以宏教育。"[④] 为

① 王野平：《东北沦陷十四年教育史》，吉林教育出版社1989年版，第19页。

② 教育部（主任编撰周邦道）：《第一次中国教育年鉴》，下册，丁编"学校教育统计"，开明书店1934年5月版，第125页。

③ 教育部（主任编撰周邦道）：《第一次中国教育年鉴》，下册，丁编"学校教育统计"，开明书店1934年5月版，第167页。

④《咨复黑龙江巡按使所拟施行义务教育章程尚属可行，希即饬属切实试办文》，《教育公报》，民国四年二月第九册，第一千三百二十四号，四年五月十八日，公牍，第14页。

了规范东北地区的义务教育的推行工作，东北各省、县先后成立了相应的义务教育委员会，制定义务教育委员会组织大纲，在部分地区开展普及义务教育工作。1920年7月，教育部遵照大总统令，制定了推行义务教育办法，要求各省在八年之内普及义务教育，并制定出本省的实施计划。奉天根据本省的实际情况，遵部令规定了全省筹办义务教育期限：①省城及繁盛之通商口岸，限民国十年六月办竣；②县城及繁镇，限民国十二年六月办竣；③400户以上之乡镇，限民国十三年六月办竣；④300户以上之乡镇，限民国十四年六月办竣；⑤200户以上之乡镇，限民国十五年六月办竣；⑥100户以上之乡镇，限民国十六年六月办竣；⑦不及百户之村庄，限民国十七年六月办竣；⑧凡户口过少之村庄而附近又无村庄可联系者，应由地方官绅分别办理。[①] 热河地区也颁布了《热河省全区实施义务教育大纲》，规定义务教育暂定4年，分为单式、复式、全日二部制、半日二部制和能力分团制（即破除年级，专以儿童能力为标准，并用弹性制编班）；乡村小学，如因交通不便，得设半日或间日学校，以一名教师分任两校教授；僻远之地，得设季节学校；道路崎岖之山乡，得设巡回学校。试图采取多种形式普及小学教育。事实上，当时难以实现。[②] 以义务教育推行比较好的长春县为例，表2.3是民国时期长春县城区义务教育的统计表，总计城区义务小学19校50班，学生2161人。

表 2.3　民国时期长春县城区义务教育学校表 [③]

学区	校 别	设立年月	现在班数	学生总数	历年毕业人数
城区第一学区	第一小学校	民国八年六月	4	152 人	民国八年男 32 人 民国九年男 82 人 女 7 人
	第二小学校	民国八年六月	4	217	
	第三小学校	民国八年六月	2	89	
	第四小学校	民国十一年三月	2	90	
城区第二学区	第一小学校	民国八年六月	4	207 人	民国十年男 19 人 女 7 人
	第二小学校	民国八年六月	2	93	
	第三小学校	民国八年六月	5	240	

① 胡玉海主编，郭建平著:《奉系教育》，辽海出版社2000年6月版，第163页。

② 姜振卿:《十九世纪中叶以来的阜新教育》，《阜新文史资料》第7辑，第5页

③ 长春社会科学院编，于泾校注:《长春县志 · 厅志》，长春出版社2002年9月版，第304—305页。

续表

<table>
<tr><th>学区</th><th>校 别</th><th>设立年月</th><th>现在班数</th><th>学生总数</th><th>历年毕业人数</th></tr>
<tr><td rowspan="4">城区第三学区</td><td>第一小学校</td><td>民国八年六月</td><td>2</td><td>88 人</td><td rowspan="4">民国十一年男 89 人
女 16 人
民国十二年男 160 人
女 8 人</td></tr>
<tr><td>第二小学校</td><td>民国八年六月</td><td>2</td><td>90</td></tr>
<tr><td>第三小学校</td><td>民国八年六月</td><td>2</td><td>95</td></tr>
<tr><td>第四小学校</td><td>民国八年六月</td><td>2</td><td>61</td></tr>
<tr><td rowspan="3">城区第四学区</td><td>第二小学校</td><td>民国八年六月</td><td>2</td><td>75 人</td><td rowspan="3">民国十三年男 273 人
女 41 人
民国十四年男 254 人
女 27 人</td></tr>
<tr><td>第三小学校</td><td>民国八年六月</td><td>2</td><td>89</td></tr>
<tr><td>第四小学校</td><td>民国八年六月</td><td>5</td><td>213</td></tr>
<tr><td rowspan="5">城区第五学区</td><td>第二小学校</td><td>民国八年六月</td><td>2</td><td>87 人</td><td rowspan="5">民国十五年男 212 人
女 27 人
民国十二年男 102 人
女 17 人</td></tr>
<tr><td>第三小学校</td><td>民国八年六月</td><td>2</td><td>74</td></tr>
<tr><td>第四小学校</td><td>民国八年六月</td><td>2</td><td>64</td></tr>
<tr><td>第五小学校</td><td>民国八年六月</td><td>2</td><td>75</td></tr>
<tr><td>第七小学校</td><td>民国八年六月</td><td>2</td><td>61</td></tr>
</table>

然而，由于当时动荡的社会环境和经济发展水平的限制，东北地区义务教育推行工作进展得并不顺利，除了在部分地区推行外，其他地区所取得的效果并不理想。据统计，“九一八”事变前夕，东北地区已受义务教育儿童占学龄儿童总数，是24.55%（全中国是22.07%），吉林省高达49.86%，并未占到学龄儿童的半数。尽管如此，还占全国34省中的第五位。可见义务教育工作所取得的成绩收效是不大的。[①]

总之，虽然东北易帜时期时间短暂，但东北地区的乡村教育工作还是取得了一定的成绩，不仅表现在学堂数量的增多，还设立了一些推行义务教育的示范区，表达了各级政府对于推广和普及教育事业的决心和意愿，推动了新型知识分子群体的发展壮大。当然，由于当时社会环境的限制，这些工作并没有完全达到预期效果。不久，日本发动了“九一八”事变，打断了东北乡村地区新式教育事业发展的进程，新型知识分子群体的培养体制时断时续，甚至出现了殖民化的政治色彩，直到东北地区教育主权收复，乡村教育事业才重回正确的发展轨道，新型知识分子群体的培养工作开启了新时代。

① 教育部（主任编撰周邦道）:《第一次中国教育年鉴》，下册，丁编“学校教育统计”，开明书店1934年5月版，第167页。

第三章　提倡与抵制：乡村新型知识分子群体崛起进程的各界应对

在传统教育史的研究中，研究者往往按照“国家—社会”二元对立的研究模式预设了政府和乡村之间二元对立这样一个前提，从而忽略了国家与地方之间的互动和呼应。美国历史学家樊德雯通过对清末民初奉天省海城县教育变革的研究认为：“乡村社会对于政府主导的教育变所作出的反应，可以既是主动的、又是防御性的，两种态度并行不悖。一方面，海城县的很多乡村社区对于政府行为的热情往往超出了村庄所在的边界，另一方面，乡村社会自愿参与政府现代化方案的过程不仅没有导致乡村共同体纽带的崩溃，而且，在很多方面还对这些纽带起到了加强的作用。”[①] 显然，樊德雯用意在于寻找一种有别于传统的国家与地方对立的二元架构的模式，探求国家与社会间互动与呼应，反映了新型知识分子群体崛起中社会各界的应对态度。

第一节　社会各界在新型知识分子群体崛起进程中的联合

在东北乡村新型知识分子群体崛起的过程中，东北地区的官、绅、民之

① 〔美〕樊德雯著，熊春文译：《乡村—政府之间的合作——现代公立学堂及其经费来源（奉天省海城县：1905—1931）》，载黄宗智：《中国乡村研究》第五辑，福建教育出版社2007年版，第81页。

间也形成了一种或强或弱的“合作”关系，共同维持和推动了本地新式教育事业的发展，并推动了新型知识分子群体的崛起与发展。具体说来，清末民初东北乡村地区兴学过程中官、绅、民的合作关系主要体现在以下几个方面。

一、宣传新学

在兴学运动中，首先行动起来的是东北地区的各级官员和教育机构的职员，其后社会各界人士纷纷起而响应，采取各种措施积极开展新式教育的宣传和推广的工作，为近代东北乡村新型知识分子群体的崛起创造条件。

一方面，地方当局和办学官员转发和颁布了大量的兴学章程和告示，积极推广乡村地区的兴学运动。这些章程和文件既有转发清政府颁布的兴学章程和告示，也有东北地方当局根据本地实际制定的兴学告示和相关章程。新学运动兴起后，清政府为了规范各地学堂的学务相继制定和颁布了大量的兴学法令章程，其内容涉及各级教育行政机构的职责、新式学堂的管理、学生行为的管理、教职员的任用等方方面面的内容。对于这些章程文件，东北地方当局通过各种途径及时刊载和转发，以加深社会各界对于新式教育的了解和认识。如《吉林省各学堂管理通则》(1903年)、《吉林省视学试办章程》(1908年)、《吉林省塾师规则》(1909年)、《榆树县劝学所章程》24条(1909年)、《黑龙江两等学堂章程》(1911年)、《奉天省各县教育公所暂行组织规程》(1913年)、《奉天省直辖专门以下学校职员任务暂行规则》(1914年)、《奉天省县视学任用暂行办法》(1918年)、《各县教育机关及各类学校经费标准》(1919年)、《关于联合办县立中学的训令》(1921年)、《第十五次通常会提倡国耻教育注重体育议决案》(1928年)、《辽宁省中小学校卫生实施方案》(1930年)、《辽宁省各县小学职教员年功加俸办法》(1931年)等章程和文件，为近代东北乡村新型知识分子群体的崛起提供了制度保障。

当时东北地方当局还颁布了一些兴学告示，呼吁乡民积极送子入学。1906年，开原颁布了《开原县兴学告示》，在阐明“兴学育才”重要性的前提下，筹划全县的兴学事宜，并对兴办新学有功者给予奖励。[①] 长春府公布了兴学告示：“各乡设立蒙、小学堂，聘高等教习，每学堂招四十名学生，五六岁

① 《开原县兴学告示》,《盛京时报》, 1906年10月13日。

即入学，不入学者罪其父母。学生自五六岁至十五岁选入中学堂者，秀才出身。由中学堂五年卒业，廿岁选入高等学堂者，以举人出身。由高等学堂肄业，五年卒业，廿五岁选入大学堂者，便是翰林。所有学生每日课程分五等：一、国典，二、体操，三、讲解，四、算数，五、论辩。本府为此晓谕尔四方绅民人等一体知悉，凡尔子弟于五六岁时务必送入学堂，至学费则分文不取云。"①

为了更好地宣传新式教育，以便于社会下层民众的理解，奉天行政公署专门刊布了一个白话文的兴学告示：

> （奉天行政公署布告教布字第二十九号）现在的国是共和国啦，民就是共和国的民啦，既做了共和国的民，就应当有共和国民的资格。资格二字怎么讲呢？就是有普通知识的意思。人要不进学校，哪能够有普通知识？所以非教人民个个都念书识字不可。东西洋各国有义务教育的名目，儿童入学，限定年岁，叫做学龄，就是瞎子聋子孩子、哑巴孩子都有个育学校、聋哑学校可以上学，所以人人全有点知识，国势就一天比一天强盛起来了，奉天创办学校已经十年，全省学校有三千多处，学生有五十多万人，成效总算快了、可是现在调查应该就学的儿童，共计二百多万。比较起来，上学的十个之中还靡两个，所以要多设学校，是现在最要紧的事。学校的种类也不一样，有省立的，有县立的，有城镇乡立的，有私立的。省立的是中等以上学校，县立的是高等小学校，城镇乡立的是初等小学校，私立的是民间自己拿钱办的，这就叫私立小学校。本署教育司现此提议筹备义务教育，一筹议妥，就令各县知事督同办学人员合自治会提紧操办，可是学校全靠着官家去办，款项一定不足，所以劝告人民多办私立小学，并把私立馆都改做私立小学，这样办法用款无多，收效不小。那立学校的好处很大，人民也有知道的，也有不知道的。现在且把学校的好处对百姓们说一说。学校的一切功课教法都比私馆捷便，就小学校看罢，每日按着一定时候上课，每到一点钟，必下堂休息休息，教学生活动活动身体，那学生身体靡

① 《出示劝学》，《盛京时报》，1907年4月7日。

有不强健的。所学的功课定然学得好，不明白这休息的好处，常常说学校耽误功夫，可不如在私馆上学好，整天坐在屋里念，一会儿也不耽误，岂不知你还要看那私馆的学生，愈念愈糊涂的很多，把个身体也弄成极弱的光景。看那私馆的先生，他受病的原故就是只教学生瞎念瞎背，一个字也不讲，学生不明白，他也不敢问，教学生见了先生就怕，把学生都拘管坏了。学校当教员的可就不是这样教法了，都是心平气和的像慈母一般，学生靡有不敬爱他的，自然愿意听他的教训。天天按照钟点上堂，详详细细讲解，务必教学生认识一个字，就会讲一个字，也会用这个字。提到初等毕业的时候，都能作点文章，写个书信，打个算盘，知道点科学，他的程度比那靡入学校的人，一个字儿不会写，一个字也不能认，可就强得多了。比那私馆的学生明白的道理也。家里能供得起的，还可升学，供不起的，无论教他做庄稼，做买卖，学手艺，全都可以。况且办私立小学的事情，自从去年六个月间，省城学务公所就定了个章程，教务处照着办理，并将私馆先生全考一考，内中有不好的就不让他教书，免得误了人家子弟。要有能私馆改作私立小学，教不合法，就奖励他；要是有阳奉阴违名算为私立小学，不照学校章程办的，要查出来定要惩罚他。本民政长在奉天作事三十多年，这地方风土人情，知道的很详细，人民是老实的，地土是肥美的，大家凑几个钱，培养自己子弟，可不算浪费。把子弟培养培养成了，他可以兴家立业，也可以为国家作点事，所以苦口劝告。你们多办些私立小学，教你们的小孩子早早上学，好学点能耐，别误了他的光阴。若等到十几岁再想叫他上学，那小孩子的知识不但开得晚，一定是痴呆的很，往往就学不成，反倒误了他的一生，定然闹个半途而废。你们老百姓们就同我兄弟子侄一样，见了这张劝告，赶快的多办几处私立小学，教子弟到七八岁就上学，别等到岁数大了，也别等到强迫的时候，再教你们的子弟上学，要是那样办，就落了后咧。到这时候后悔就晚咧，切切布告。①

① 《提倡私立小学之白话布告》，《盛京时报》，1913年9月5日。

这些章程和兴学告示的制定和颁布，不仅规范了东北地区教育机构和教育人员的活动，也有利于开展各类新式学堂和学生事务的管理工作，对于推动东北地区新式教育事业的发展具有重要的作用。

另一方面，办学人员积极奔走，倡导和宣传新学。为了开启民智，推广新学，东北地区各县还先后推行劝学、宣讲、视学、督学等机构，加强对新学的宣传和推广活动。这些机构已经设立，各县的劝学员、视学员和督学四处奔波，倡导新式教育。当时一些宣讲机构也积极宣传新学，推广新式教育。劝学所是各地最早出现的劝学机构，据《巴彦劝学所章程》中规定劝学员的职责是："一，按户劝学；二，随地宣讲演说；三，调查学令儿童；四，调查私塾教育；五，酌给私塾应用之教科书；六劝募报效学款；七，调查不入祀典之庙产及迎神赛会各耗费；八，查明阻挠及一切坊碍学务者。"[①] 宣统元年（1908年）十月初九日，吉林省视学林祖涵（即林伯渠）视察桦甸学务时记载："查该所总董及劝学员等均克称职，目下劝学员三人，已分途下乡劝学。兹北路劝学员崔复春回，询悉乡屯情形大概，户口星散，学区划法不可拘定，宜就屯镇地方，先行劝设公立小学（据称分年可成立五处），公认筹措款项，官为选派。教员变私塾之旧习，遵定章而授课。据该劝学员所称，费省事举，诚普及教育扼要办法也。"[②]1928年5月20日，绥化教育局长范致中会同县视学郝景芳视察城区男女各校，凡关于学校之设备、学级之编制以及教授管理等法无不详细指导，以期尽善尽美云。[③] 在一些宣讲机构也积极宣传新式教育，1910年12月长寿县（今延寿县）宣讲所的宣讲书目就包括《振兴学务》《推广学堂》《女子学堂的好处》《开源节流》《私塾急宜改良》《地方自治》等内容[④]。通过劝学、宣讲等方式进行新式教育的宣传工作，对于东北地区新式教育的宣传和倡导具有重要的作用。

在官绅阶层的带动下，东北地区一些具有维新思想的人士积极投身于新式教育的宣传工作之中。1917年4月，黑龙江省中学六七两级学生正值毕业

---

① 陈元慎：《巴彦劝学所章程》（光绪三十四年），载姜世忠：《呼兰史话》，黑龙江人民出版社1990年12月版，第234—235页。

② 吉林省档案馆：《清末林伯渠吉林视学史料》，《历史档案》，2001年4期，第74—75页。

③ 《县视学视察各校》，《盛京时报》，1928年5月28日。

④ 黑龙江省地方志编纂委员会：《黑龙江省志·教育志》，黑龙江人民出版社1996年12月版，第702页。

之期，为此特自行编演多场新剧，其中不乏宣传新式教育的内容。“第三出：私塾改良：（甲）讲学；（乙）惩旧；（丙）谈新；（丁）闹饭。第五出留学奇冤记（甲）托友去洋；（乙）观剧遇道；（丙）拾像谈害；（丁）接电还家；（戊）循吏雪冤。”[①]留学归来的学子对于新式教育的宣传更是不遗余力。绥中县留日学生李绍先颇具爱国热心，于1917年中学毕业后赴日本留学。他回国后立即通知阖城绅商在南关讲演会讲演“日本国民竞进之状况”，并苦志劝学，种种情形颇能鼓舞人民进取之心思云。[②]在新学的倡导和宣传工作中，一些女性知识分子也积极投身于其中。昌图留日法政大学校毕业生严东汉之女郎品貌兼全，程度高尚，农历九月二十七日在学校召集同学多人演说，尊崇女学及进行之理由，一时听者无不钦佩，将来昌图女学之发达，端赖此女郎提倡之力耳。[③]

正是在这些办学人员和具有维新思想人士的苦口婆心的劝说和开导下，一些地区的乡民才逐渐认识到接受新式教育的重要性，一些家长才能够放心地把孩子送到学堂读书，从而推动了东北地区新式教育的开展和推广工作。

二、捐资助学

教育事业是一个需要长期投资的工程，仅凭有限的官款并不能长期维持学务事宜，特别是在广大的乡村地区，有限的经费来源使得新式教育的发展举步维艰。在这种情况下，东北乡村地区的社会各界人士积极行动起来，他们纷纷慷慨解囊，援助本地教育事业的发展，在一定程度上维持了当地教育事业的发展。

在东北乡村新式教育的兴办过程中，官绅群体是新学的倡导者和发起人。在面对筹办学堂或维持学堂日常运转中出现的资金紧缺问题，他们首先行动起来积极捐款捐物，起到了示范和榜样的作用。吉林省提学使吴鲁“自到任后，悉心整顿学务，札饬各属举办学堂，并开宣讲所，以开风气，且与达馨帅磋商筹办学务处，经费数十万两，拟在省垣设立法政学堂、高等学堂等以

① 《中学毕业余兴观》，《盛京时报》，1917年4月17日。

② 《留学生热心讲演》，《盛京时报》，1919年1月8日。

③ 《女学界中之第一人》，《盛京时报》，1917年10月2日。

扩充教育，想该省不久将有起色矣”[①]。黑龙江地区的经费更为缺乏，一些官员纷纷捐资助学。下面资料是黑龙江地区地方官员捐资助学的记载：

1905年，省城清真东寺回民王宝瑞等人以清真寺公积金报效学堂经费银1000两；绥化府附贡生刘振镛捐银1.2万两；巴彦州文童刘钧捐银2000两；绥化绅商甘愿每年输纳市钱2.5万吊折银5000两，作为学堂常年经费。

1907年，知府衔刘英报效银2000两；同知阴春报效银1000两；知府衔谷柏禄报效银1200两；儒学训导张翼南、县丞曹毓恩各报效银2000两；五品顶戴张殿文、秦玉泉、韦景文各报效银2000两；附生李钟元报效银1500两；；附生杨国瑞、附贡生李绍唐各报效银2000两；增广生孟昭汉报效银1000两；文童刘钧报效银2000两；严寿臣、宋占廷各报效银1200两；李耀纯报效银2400两；杨景芳报效银2400两；王纯义报效银1500两；张广志报效银1200两；郭尔罗斯公达木林札普捐助经费2000两；蒙署札萨克艾敏萨西克奇捐1000两；旗民台吉共捐助市钱1.6万文，折银4000两。

1909年，呼兰府监生宋锡赓报效瓦屋21间，并家具等折合银3500两；佃民王有成报效学田69垧租粮70石，草房8间折合银1500两，又现银500两共计折银2000两；李药山报效瓦房11间折银2000两；东三省讲武堂学员项振山存肇州厅报效钱6000吊折银1200两；巴彦州佃民张文勋报效荒地100垧折银1000两；余庆县佃民岳殿举报效熟地43垧，荒地8垧，草房11间折银2585两；拜泉县佃民省城简易科毕业生薛珠报效本籍学堂草房11间，并地基270方丈折银1500两；青冈县佃民吴占元报效房屋12间，地基一段折银1200两；兴东道庆山报效省城南园地亩一块修建省城中学堂校舍，该地亩折银2400两。[②]

民国时期，东北地方当局的主政者对于发展教育事业也是十分热心。张

① 《振兴学务》，《盛京时报》，1906年12月6日。

② 黑龙江省地方志编纂委员会：《黑龙江省志·教育志》，黑龙江人民出版社1996年12月版，第871页。

学良就是其中的杰出代表。张学良认为，“东北教育之不发达，原由于经费之支绌，为教员者，其收入尚不及差弁”，所以他将张作霖遗产1000万元“特用作推广三省教育”。这些资金不仅用作发展东北大学、创办同泽中学和新民小学，还将“其中的五百万元作为补助辽宁省中小学教育事业之永久基金，组织董事会保管之，其款均存东三省官银号生息，每年可得息金七十余万元，息金每年尚有积存，基金得以递增，至六十年后，可积存基金至五千万元。循是以进，则教育事业，当可渐见发达也”。[①] 如1930年冬底建立的绥中新民小学，其经费亦“由张学良拿出一笔钱”。海龙县的新民小学是张学良派人到海龙筹建的，“学校的教育经费都是从奉天省教育厅直接领取”。台安县和铁岭县也由张学良将军出资各办一所新民小学。[②] 在张学良的带动下，奉系军阀的一些官员纷纷捐资办学。张作相用私产在锦县建立一所井泉（以张作相父名命名）学校。1925年8月，杨宇霆、李友兰在其家乡法库县创办了平治中学。吴俊升在家乡辽洮地区建立几所以吴字命名的兴权小学。

东北地区的一些富绅也积极行动起来，纷纷捐资助学。奉天迤东路学董张振声“具呈提学使称，现于该处创立公立小学堂一所，凡堂中所需经费均由该学董一人担任，以五年毕业为期，请提学使照准立案。闻此事颇为提学使所嘉奖，以为该董心殷教育，足为乡里楷模云”[③]。营口“富绅魏绍征热心学界，当该厅筹办小学堂时，该绅独办创办一处，所有开办及常年各费共用去一千一百余金，现在营口厅县呈公署及提学司以该埠学务甫在萌芽，该绅慨捐巨款，举办学堂，其提倡教育之功实不可没，请援案给与奖励，以资鼓舞云”[④]。法库前清武生杜虎臣以本厅学款支绌势将修办，于是慨捐洋蚨五百元以资补救。[⑤]

在官绅阶层的带动下，东北乡村地区的下层民众积极捐款助学。光绪三十四年七月，铁岭东关公立学堂的办学经费出现了吃紧的情况：“六日，东关公立学堂开会，该堂学生父兄到会者一百余名，先由董君斗垣、石君蕴如

① 《东北最近状况——在国民党中央政治会议上的讲话》，载毕万闻：《张学良文集》，新华出版社1992年2月版，第381页。

② 陈崇桥、车维汉：《张学良将军与教育》，《辽宁文史资料选辑》，第33辑，第20页。

③ 《学董热心教育》，《盛京时报》，1908年5月25日。

④ 《富绅捐资办学呈请奖励》，《盛京时报》，1908年19月12日。

⑤ 《富绅慨助学款》，《盛京时报》，1917年8月7日。

演说乐贤会宗旨。次由本堂校长正教员提议招募学费之情形，当时有邑绅杨君振先及药行代表王君子民登堂演说赞成，一时学生父兄无不承认，并有当时即出学费银者，足见铁邑风气之开通会。”[①]“辽阳州监生王君荫槐素具热心，兴办一切新政莫不极力提倡。兹因本屯学堂经费不足，特将领名升科地一百二十亩捐助该堂经费呈请提学司立案。当经学司以该生热心公益，殊甚嘉许，仰辽阳州查勘明确呈覆再予立案云。”[②]民国时期，“木兰学款日感支绌，自教育隋局长莅任后积极整顿，将县城高级男女学校、第三小学等重新修理，颇见起色。又以五战初级男女校、石河初级男校、大拒屯初级男校等均系租赁民房，既不雅观，又非永久之计。特邀同地方绅商各发起劝捐办法，如农会姜会长、商会王会长、周会长、捐务处许主任、裕丰银号余经理、义源泰姜经理、本报王经理、杜子安等终日奔走募捐，在本城募得江钱廿余万吊，指作重修五站男女校之用。近又为五站女校购妥校舍一处，计江钱十三万五千吊。日前，值农会改选各乡士绅多皆在场。当经于监督、隋局长、姜会长提议募捐修理各校办法，各乡士绅咸称赞助，所有捐款作重修校舍购买五站女校校舍之用。一切钱款监修统由地方士绅经营，隋局长及各绅商热心兴学如此，实木兰教育之幸焉”[③]。

三、联合办学

晚清时期，随着各地新式学堂广泛的兴起，政府那些有限的财力和人力根本无法满足各地迅速崛起的办学热潮的需要。为了解决办学中存在的办学经费和学额不足的问题，东北地方当局推行了一种联合办学的政策。晚清时期，学部颁布的《奏定初等小学堂章程》中规定：“每百家以上之村即应设初等小学一所”，如果个别村庄无力承办，可以“几个乡村可联合资历，公设一所（学堂），或多级或单级均可。”[④]

为了解决办学中存在的这些困难，东北地方当局相应地采取了一种联合办学的形式，以实现当地有限资源的一种共享。光绪三十二年（1906年），为

① 《捐助学费之踊跃》，《盛京时报》，1908年7月8日。

② 《捐产助学之热心》，《盛京时报》，1910年2月12日。

③ 《各界捐助教育费》，《盛京时报》，1929年6月5日。

④ 舒新城：《中国近代教育史资料》，上册，北京人民教育出版社1980年，第82页。

了了解辖境内各地村屯的自然情况，海城县劝学所派一些劝学员深赴县境内各地调查研究和开展劝学活动。据调查，海城县后甘沟子只有四五十户人家，六七十亩地势低洼的土地，乡民即便有心响应新学，却无力筹建学堂。而大路沿村早已经建立一所新式学堂，由于学生的额数不符合部章规定，学校的日常经营状况十分困难。劝学员在了解两村的具体情况下，劝学员居中调解让后甘沟子等穷僻村子的学生附入大路沿学校，学生除须每年缴纳的学费外，各项津贴、杂费由附入村屯按商议好的份额承担。还有莲花泡、丁围、宁围、齐家围四屯合资共建一所学堂。学堂一般在建立出资较多的村屯，如莲花泡的"刘宝田与刘锡盛捐舍地基并创建校舍"，学校就建在此地。其他三屯"和衷共济，相兴有成"。[①] 大榆树堡子村和前榆树堡子村曾在1906年联合创办一所公立初等小学堂，大榆树堡子村作为建校村庄承担了主要的学校费用，前榆树堡子村的学生仅是通过缴纳一定数量的学费来抵消部分学堂开支。由于双方之间的真诚合作，这所学校竟维持了长达23年之久。[②]

东北地区一些中等教育的发展分布范围有限，有些地区采取联合办学的形式。民国时期，吉林地区的实业学堂改为实业学校，在一些县及乡镇地区设立乙种实业学校，施以简易的普通实业教育。1922年新学制施行后，全省职业学校由城市逐渐扩展到各县，出现了联合办学的新形势。"当经何所长筹议，以珲春地瘠民贫，教育经费奇绌，单独设立职业学校，实属无此财力，应合延吉、汪清、和龙共同设立职业学校一所，以延吉县为适中地址。职业则以木科、革科、金科、缝纫科为适用。学额经费四县各出四分之一。其设置学时，则以设立学校地方官署会同各县教育官署之委员，组设筹办职业学校委员会（学校成立立即解散），依照四县职业需要情况，组织成立。应选学生及经费，四县各按定额办理，以资完善。"[③]1927年，延吉、珲春、和龙、汪清四县在延吉县正式创办了四县联立职业学校，设工科、农科，学制3年，教

① 海城县公署档案·大路沿设立初等小学校卷，沈阳，辽宁省档案馆，光绪三十二年（1906）—民国二十年（1931），卷宗号1776页；海城县公署档案·劝学员王泽如禀莲花泡等屯不办学堂卷；沈阳，辽宁省档案卷，光绪三十二年（1906）—民国二十年（1931），卷宗号18107。

② 〔美〕樊德雯著，熊春文译：《乡村—政府之间的合作——现代公立学堂及其经费来源（奉天省海城县：1905—1931）》，载黄宗智：《中国乡村研究》，第五辑，福建教育出版社2007年版，第103页。

③ 李澍田：《珲春史志》，卷九，教育，吉林文史出版社1990年12月版，第313页。

职员7人，招高小毕业生90名，另招实习生20名。[①]东北地区的一些师范学校也采取联合办学的形式。如1920年4月，延吉地区成立的间岛师道学校是由原道立第二中学、道立师范学校合并而成的，校址设在延吉北山街。学校招生对象为延吉、珲春、和龙、汪清、敦化、额穆、宁安、东宁八县的高小毕业生。以培养中、小学师资为主旨，学生89人。[②]

可见，联合办学的形式在东北乡村地区具有一定的普遍性。当然，这种联合办学的形式也不是固定不变的，会出现联合办学范围的扩大或联合对象改变的现象。宣统元年（1909年），海城县三乡八家子等屯与韩家堡所联合开办的学校就出现了一些麻烦。事情的起因是八家子等屯会首认为："八家子距韩家堡学堂甚远，儿童苦于就学。以致常年旷课二、三年之程度，直初学之不知。今附近建学，通常授课时间或不至虚掷。"海城县西路劝学员在考察完两地的实际情况后，认为"令八家子分立，而韩家堡赖有狐狸台、富利围、业家堡等屯，按其土地、户数颇可担任"。光绪三十三年（1907年）二月韩家堡小学开学，"生徒三十人就学踊跃。操办整齐，较往年与八家子合并尚有可观"。八家子乡的东西桃园、沈家堡等屯"均属穷僻乡屯，似乎不易成立，只以兴学情切，众志成城，于润二月间已竟开学，生徒有十八人"[③]。光绪末年，海城县的丁围、宁围两村与莲花泡联合开办学堂一处。宣统三年（1911年），丁围、宁围两屯与莲花泡联合办学出现了冲突。劝学所派人查明"丁、宁围地数户口不下于莲花泡，而齐家围居莲花泡之西，相距一里；而丁、宁围居莲花泡之东，距齐家围约有三四里"。因此，在劝学所的调解下，齐家围屯联合周边村屯办学，而丁围、宁围两屯联合设立学堂一处，并延聘本屯人丁汝明为教员。[④]

总之，这时期东北地区出现的联合办学的形式虽然有合有分，但这种办学方式能够把当地有限的人力、物力、财力充分地集中起来，在办学条件相当艰苦的条件下对于推动东北乡村地区新式教育的发展起到了重要的作用。

---

① 吉林省地方志编纂委员会：《吉林省志·教育志》，吉林人民出版社1992年8月版，第203页。

② 延吉市地方志编纂委员会：《延吉市志》，中华书局2003年4月版，第399页。

③ 海城县公署档案·八家子村长等禀请与韩家堡分立学堂由，沈阳，辽宁省档案馆，光绪三十二年（1906）—民国二十年（1931），卷宗号18281。

④ 海城县公署档案·劝学员王泽如禀莲花泡等屯不办学堂卷，沈阳，辽宁省档案馆，光绪三十二年（1906）—民国二十年（1931），卷宗号18107。

对于这种联合办学的做法，美国学者樊德雯指出："那些太穷或者太小、不足以独立开办学堂的村庄，则会与其他的村庄合作、共享资源，以建立学堂。这种办学同盟的形成，有时解散，然后又联合起来的现象，也可以揭示出政府与社会之间的合作努力。村庄共同体经常发起与其他村庄之间的合作关系，而且欢迎政府的协助和监督行为。"[①] 在政府兴学的计划中，村庄和乡镇因此要担负起双重的经济压力：一方面必须支持县城或较大乡镇设立的官立学堂，另一方面还必须负担自己村庄学堂的建设和运营。由于村学从县财政获得的支持十分稀少，只好自力更生，从各种渠道筹措办学经费。这时期，东北乡村地区采取一种联合办学的方式，创造性地整合了各方面的资源解决办学中遇到的各种困难，维持了当地新式教育的发展。尽管政府并没有对村学提供资金援助，但仍然在乡村教育现代化的过程中扮演了一个显著的角色。如兴学政策的制定、发起和监督村庄之间的合作办学、调解办学过程中的冲突都起到了重要的作用。可见，地方乡村的主动行为以及政府与社会在教育领域的合作关系揭示出地方乡村在20世纪初期东北教育现代化过程中的作用不可低估。

四、投身教育

晚清以来，社会上一些有识之士，都认为"教育可以救国，科学可以兴国"。所以严复、章太炎、蔡元培等在全国掀起了办学热潮，这股潮流很快席卷东北，在东北地区也兴起了一股办学的热潮。

吉林省农安县知县李澍恩在任职期间，有感于"农安教育，趋于贫乏，男儿少读，女子无识。所有几所私塾，师资亦不足"。于是，他在县城相继创办了师范讲习所、私立小学堂、女子小学堂、蒙古小学堂、农业学堂、商业学堂、初高两级小学等新式学堂数所。此外，还开办图书馆、陈列馆，自编出刊杂志。[②] 肇东劝学所所长陈炳南任职伊始，他就开始到处游说劝学，热情地宣传教育救国的思想。在他的积极筹备下1913年昌五初高两级小学校正

① 〔美〕樊德雯著，熊春文译：《乡村—政府之间的合作——现代公立学堂及其经费来源（奉天省海城县：1905—1931）》，黄宗智：《中国乡村研究》第五辑，福建教育出版社2007年版，第101页。

② 《父母官二传——父母官李澍恩传》，载杨子忱：《老长春》，下册，延边人民出版社2000年12月版，第471页。

式设立，并划得校田二十垧，以田养校。此外，他还在玉树街划给建校基地一千六百方丈，并从省里划拨江洋十二万吊作为建设资金。在修建校舍的时候，“陈炳南亲自筹划操场、教室、宿舍的布局。他住在工地，废寝忘食，使工匠们很受感动”①。学校建成后，他积极改善学校的教学设施。该学校专门设立了图书馆，藏有图书1000余册，以供全校的师生在课余时间阅览。由于办学成绩显著，陈炳南先后被提升为肇东县教育局局长、松江道公署教育专员等职，继续为肇东地区教育事业的发展服务。此外，东北各地的劝学所、教育会、宣讲所等机构和团体也都积极兴学，相继创办了一些新式学堂。这时期，东北各地的绅商也纷纷行动起来，积极参与东北各地的办学活动。辽阳“本邑有赵禄阁者老成持重，学而兼优，家道殷实，热心学务。于今春二月间禀准在西街创设第四民立小学堂一所，惟房不甚合宜，殆因一时难得其选，暂租数月，开办后尤能于教授管理不辞劳瘁，诚为学界以亦可多得”②。长春回教董事王振益热心学务，“邀约本教绅商议定在理拜寺内设一半日学堂，以开回民智识。所有桌凳、书籍均已备办，并延定普及学堂各教习担任教务，候学生招齐即行开学”③。

在这种社会范围的兴学的浪潮中，一些下层民众也积极行动起来。其中，一些人士在面对重重困难的形势下不畏艰难的办学精神值得令人学习。

锦县著名的爱国僧人圆通法师联络锦县爱国士绅陆善格、朱显庭、高国光、高绍辛等名士在锦县掀起了“兴学救国”的热潮。据《寿庭轩记》记载：“大佛寺（锦州大广济寺俗称）圆通法师乃是锦县大德高僧，虽身在空门，但常思国忧民疾。发愿办学兴国，普渡众生……”④为了筹集办学经费，圆通法师从正月初一开始给本地的金店、绸缎庄、药店、饭庄、玉石铺、皮毛作坊等48家店铺店主拜，挨家挨户地为办学募化钱物，总共筹集学款1200元，方木200方。圆通法师还将自己亲笔所画的20余幅画、60余幅字拿到奉天、北京等地出售，共得钱800余元。筹集到办学经费后，圆通法师就开始购置校舍、添置桌椅和办学用品等。一切准备就绪后，圆通法师亲自书写数张“招

① 肖锡文：《玉树校的创建者——陈炳南》，《肇东文史资料》，第1辑，第7页。

② 《办学灰心》，《盛京时报》，1910年5月20日。

③ 《回教兴设学堂》，《盛京时报》，1907年8月25日。

④ 许赓云：《寿庭轩记》，转自李树基：《锦县僧侣私立国民学校》，《锦州文史资料》，第8辑，第37页。

生告示”在城内各地张贴：“中华佛教总会锦州分部，为弘扬佛法，使我佛弟子及穷孩子都能上学读书，学诗书、懂礼法，于国于民于家于己皆益，不收分文，八岁至十六岁以下者均可报名，报名地址大广济寺。”[①] 四月初八，由圆通法师任校长，王鼎夷先生任教员的锦县僧侣学校正式开学。在开学仪式上，圆通法师语重心长地对学生说：“我们僧侣学校的学生，一部分是年龄在8岁—16岁的比丘僧，一部分是家境贫寒上不起学的穷孩子，但你们的目的是一致的，就是要学习我们中华5000年光辉灿烂的文化，弘扬中华民族的伟大精神，你们一定要像古人那样，以头悬梁、锥刺股的精神刻苦学习，将来能使中华民强国富，每个人都成为国家的栋梁，民族的希望……”[②] 学校的教学工作遵循新式学堂的要求进行，教科书使用“国民小学教材”，课程设置也按照部章的规定办理，只是课程中增加了《读经》一课。由于经营有方，这所学校成为锦州地区非常著名的私立学校。

阎慕昭是吉林省农安县伏龙泉镇人，她出生在一个生活比较富裕的家庭，幼年时不顾家人的反对进入外祖父开设的私塾中学习，成为当地第一名女学生。在完成学业后，她又考入女子师范学堂继续深造。1904年女子师范毕业后，阎慕昭曾一度赴大赉和长岭县的一些小学任教。在从教过程中，阎慕昭深深感受到边荒之地文化教育事业的落后，不仅女孩子没有读者的机会，就是男孩读书的也是寥寥无几。因此，她决心创建一所女子学校，招收当地的女童入校学习文化知识。在几经努力未能如愿后，她毅然辞掉了小学教师的工作，在1918年回到家乡伏龙泉专心进行女校的筹备工作。在当时社会开办学校的困难很多，她都想尽各种办法去克服。“办学没有教室，她就说服父亲捐出房舍13间；学生上课没有桌椅，她就四处募捐求助。”[③] 此外，办学还有一个最大的困难：学校的生源问题。清末民初时期，东北乡村地区的思想还比较守旧，乡民尚未认识到女学的重要性，根本不愿意把孩子送到学校读书。于是，她就亲自挨家挨户地去做家长的工作，还动员自己的亲朋好友带头送女入学。经过近一年的奔波，1919年农安县伏龙泉第一所女子小学终于成立。为了节省办学经费，她既当校长，又做教师。每天都废寝忘食，早起晚

① 李树基：《锦县僧侣私立国民学校》，《锦州文史资料》，第8辑，第40页。

② 李树基：《锦县僧侣私立国民学校》，《锦州文史资料》，第8辑，第42页。

③ 《女传·边荒奇女阎慕昭传》，《老长春》，下册，延边人民出版社2000年12月版，第485页。

眠，经年累月，从不休息。从课程设置，到教学步骤，事无巨细，悉心筹划。伏龙泉女学名气越来越大，影响越来越巨，到1923年，农安县署正式承认了这所女校，改私办为公办，校名更为农安县立第二女子小学校。为了解决当地男孩就学问题，她又提出男女同校的办学理念，推行男女合校教授的模式，深受当地群众的欢迎。在推行男女合校的政策后，学校的办学规模进一步扩大。在繁忙的工作之余，她还要每周担任二三十节课，以解决师资不足的困难。"九一八"事变发生后，这所学校也受到了一定的冲击。随着宁安地区的沦陷，阎慕昭落发出家。①

民国初年，锦西地区出现了一位乐于办学的王老善人。王老善人，原名刘金香，是伞金沟人，青年时嫁给网户屯人王九山为妻。她在生活中切感女子不识字的痛苦，便决心创办一所女子学校。50多岁的她每天拖着缠足的小脚，拄着拐杖，经过几百个日日夜夜，苦口劝说千百户人家，终于创办了锦西农村第一所英守堡女子小学校。1929年春正式开学，女生就达到四十余人。在这所女学里，年龄最大的是两名孀妇（沈斐林大儿媳和沈永香的儿媳），她们三十左右。最小的赵继中，才11岁。大多数的学生，都在十七八上下。开设的课程有国文、算术、体操、音乐等。从此，在农村中的女学教室里，时时传出女子教学声、读书声和音乐声，给这个农村增添了新鲜而兴旺的光彩。1932年，由于推行"男女合校"的政策，该校并入男校，女生编入男生班级。虽然这所学校存在的时间十分短暂，然而锦西女学之始实由"王老善人"所开创。②

五、送子入学

由于社会风气比较落后，东北地区下层民众对于送子入学的重要性缺乏足够的重视，很多家长不愿意让自己的子女进入学堂读书。因此，这时期新式学堂的学生经常出现不足额的情况，甚至一些学校的要多次招生才能满足学额的要求。长春东三道街设立的半日学堂附设一处简易识字学塾，招生将

---

① 《女传·边荒奇女阎慕昭传》，《老长春》，下册，延边人民出版社2000年12月版，第484—485页

② 陈耿秋：《锦西农村第一所女学》，《锦西文史资料》，第2辑，第28—29页。

及两月，报名者甚属寥寥。曾仅学生2名，其年龄约均在30以外。[①] 而长春的巡警学堂“拟考取学生四十名，已于本月二十五日开场，乃应考者仅数人”。[②] 可见，生源问题是兴办新式教育的重要问题。在这些新式学堂的生源中，最先入学的是一些官员和绅商的子弟。这些人比较容易接触到一些新鲜的思想和事物，对于新式教育抱着一种欢迎和支持的态度。1910年，延吉县立第一女子初等小学建校之初，共招收了26名女学生。分甲乙两班教授，这些学生大多是当地官商富豪家的子女，而地方社会下层的子女则为数甚少。[③] 1925年康平县县立第四小学（是第一所女子小学）的学生主要是县城官、绅、世家、富户家的女孩，不仅学生数量有限，而且女生超龄的人数较多，有些学生的年龄已经是20岁左右。[④]1929年7月，在柳河县的女子师范校高年级学生中也有像县长的茹夫人、公安局薛太太、银行会计的女人、法院书记官的女人等超龄学生[⑤]。

民国时期，随着社会风气的逐渐好转和社会各界办学人员的努力下，广大民众逐渐接受了新式学堂教育，纷纷送子入学接受新式教育。据张连先生回忆他上学的情景：

> 那是一九二八年，农历正月十五学校开学，当时我八岁，看见人家孩子有的上了学，我很羡慕，可能是正月十八了，恳切的和妈妈说：“妈！我也上学行吗？”亲爱的妈妈高兴地同意了，问我一声“你能好好念吗”？我说“能”。那时妈妈到柜子里给我找了一件干净半新的大布衫，我高兴地穿上了，求情于我老叔（头一年已上学了）领我上学；当时教室正中黑板上面，挂着孔子像，只给老师行个礼就算上了学。[⑥]

---

① 《简易识字学堂招生之难》,《盛京时报》，1910年4月23日，第5版，载长春社会科学院编辑、杨洪友编校:《〈盛京时报〉长春资料选编》，清朝宣统卷（1909—1911），上册，长春出版社2005年版，第419页。

② 《应考无人》,《盛京时报》，1907年3月29日，第5版，载长春社会科学院编辑，孙彦平编校:《〈盛京时报〉长春资料选编》清朝光绪卷（1906—1908），长春出版社2005年版，第62页。

③ 李文畏:《延吉县立第一女子初等小学校》,《延吉文史资料》，第1辑，第91页。

④ 杨满堤:《忆教育前辈王悦海先生》,《康平文史资料》，第4辑，第51页。

⑤ 张荣显:《柳河公办教育的先驱宋召南》,《柳河文史资料》，第3辑，第51页。

⑥ 张连:《黑山县立第六高级小学校（一九二四～一九四五年）》,《黑山文史资料》，第10辑，第74页。

可见，当时民众的思想觉悟有了一定的提高，对于新式学堂教育已经开始在心里接受了。这时期，办学卓有成效的学堂和办学诚意感动乡民的学堂最受乡民的欢迎，乡民也愿意把孩子送到这样的学校读书。临江两等学校设立有年，兹因为经费紧张效果不佳。在自省中学毕业的临江县学生陈宠键接充校长和奉天美术毕业生史国章等教员的热心提倡下，学校学务逐渐有了起色。因此，一般莘莘学子负笈求学者络绎不绝。[①] 双城拉林靠山屯小学办学多年，成绩显著，每年都有许多家长把子弟送到学校读书。由于学校位于低洼之地，每遇暴雨道路泥泞难行，学生依靠家长或年长的学友帮助才得以进入学校。下面这段资料就是当时人的真实所见：

> 双城拉林靠山屯小学校开办有年，成绩卓著。但该校地址卑下，课室之东面是大沟，此沟北街山峦，南通沐流。每值阴雨连绵之际汤水涨发，深约三四尺之多。学生入校颇觉艰苦。本月初八日晚间风狂雨骤，自黄昏至黎明雨尚未息，沟水横溢途中泥水没胫，行人裹足。乃该校各学生均拽裳涉水冒雨而来，有幼生石光亚、舒金瑞二人行到沟边，徘徊良久而返。少顷，石光亚同其父至水边，负之而过。舒金瑞则借同学年长者负过大沟，始得入校。更有女生舒慧颜得不避风雨，裸足而过。[②]

还有一些学生不顾路途的遥远，每日奔波数十里从乡村赶到城内学堂求学。“大连市外臭水驿近村某姓女子二人年方妙龄，貌亦寻常，装点不华，举止不苟。每日必乘火车来市内就学，霜期无阻，风雨不误，其向学之志可嘉尚矣。”[③]

另外一些深受家长的欢迎的新式学堂，是由于家长被办学者那种百折不挠的办学精神所深深感染，他们心甘情愿地把孩子送到学堂读书，还积极帮助学堂解决各种各样的困难。1919年创建的伏龙泉女子小学，是阎慕昭女士

① 《求学踊跃》，《盛京时报》，1917年11月19日。

② 《小学生冒险求学》，《盛京时报》，1915年9月19日。

③ 《女子勤学》，《盛京时报》，1917年11月19日。

历经千难万难办成的一所学校。学校办成后，她又悉心筹划学校的各种事务，再苦再累，她也是任劳任怨，从未后悔。正式由于她对办学一事的精诚，彻底感动了家乡的父老，乡民们纷纷将女孩送到学校里来。面对办学中出现的经费问题，当地和周围许多乡民都自愿地给学校送米、送油、送柴。还有一些乡民经常帮助维修学校的房屋和学生桌椅。[①] 锦县私立僧侣学堂是圆通大师所创办的一所免费招收僧侣弟子和贫民子弟读书的学校。在这所学校的创办过程中，圆通大师历经千辛万苦，克服了各种苦难。圆通大师执着办学的事迹传遍了锦县的整个城乡地区，各地群众也是深受感动。当听说学校招生的消息后，老百姓都议论纷纷："这圆通老和尚真有两下子，办个学校招收学生，县衙门派当差的贴'告示'真够劲！不用说这一定是真的，谁家有孩子上学，这回不用愁了！"一传十，十传百，大广济寺很快就热闹起来了，每天都有家长来领孩子报名。学校先后招收了17名小和尚和23名穷孩子共计40名学生入校读书。[②]

可见，社会各界对于新式学堂的接受是有一个过程的。最新接受新式学堂的是一些开明的官员和富商人员，他们由于便利的条件能够经常接触一些新事物和新思想，因此思想观念比较开放，易于接受一些外来的新事物。随着新式教育的发展，下层民众对于新式学堂的态度经过一个由漠视到接受的变化过程。特别是随着一些新式学堂的教学活动逐渐步入正轨之后所焕发出的生机和活力，办学人员在办学过程中所投入的诚意也在一定程度上打消了乡民在思想上的顾虑，纷纷把自己的子女送到新式学堂读书。

第二节 社会各界在新型知识分子群体崛起进程中的冲突

在东北乡村兴学的过程中，官、绅、民之间还存在着一定的冲突。这种冲突主要体现在四个方面，一是教育资源的争夺，二是教育权的角逐，三是人际关系的冲突，四是新旧教育观念的冲突。

---

① 《女传·边荒奇女阎慕昭传》,《老长春》，下册，延边人民出版社2000年12月版，第485页。

② 李树基:《锦县僧侣私立国民学校》,《锦州文史资料》，第9辑，第40—41页。

一、办学资源的争夺

在办学过程中，官、绅、民展开了对学产资源，主要是学田的争夺。学田制度创始于宋代，延续至清朝，一直是我国封建社会学校教育的经济支柱。清朝时期，全国各地的学田主要分为两大类，一类是府、州、县官办儒学的学田，这类学田属于官田；另一部分是书院、塾学等民办或官督民办的田产为民田范畴。实际上，不论官田或是私田，其土地所有权均为官学或私学各教育团体所有，是一种公共土地。清末时期，东北地方当局也划拨部分土地作为学田，以资办学所用。以黑龙江地区为例，黑龙江各县均划留学田3000垧，如：海伦、拜泉、汤原、瑷珲、安达等县学田正招民开垦；青冈恒升堡学田虽已招垦，但地薄租轻所入甚少；呼兰、绥化、兰西等县因开垦较早并无荒地可拨，所有学田皆为当地富绅所捐献。[①]这时期，全国学田并没有统一的规定，各地对学田方方面面的管理有详细的规则，以期妥善经营，不致使学田有名无实。清末民初时期，由于各地设县分治较前有所增加，各县的疆彼界不无沿革，学田散在各县又无从稽核，各地就出现了关于争夺学田案的纠葛。虽然东北地方当局对于学田混乱的局面也试图进行整理和厘清，1913年，奉天行政公署曾训令各县清理学田，将历年拖欠之租款解缴到省教育会，但成效不大。1914年，奉天巡按使公署又根据省教育会的要求训令各县责成清丈局派员调查测丈，得有确数再由清丈局定价变卖，经照费缴财政厅，并由收价提取二成作为清丈局办公所得，地价送中国银行生息。但清丈局并未执行，学田租款仍由各县代征，每年仅交数百元，积欠已达3000余元现大洋。[②]这样，东北各地关于学田的纠纷难以避免。下面这段资料记录了1920年吉林省五官屯地区发生的学田佃户卢永德和外户曲振先等争夺学田的纠纷。

据五官屯学田旧佃户卢永德等称，窃于前清宣统元年正月间学田开办招租，民等承租五官屯学田共计三百五十余垧，每垧均有押契。地下间有洼下水涝，岗上风掏，并有未开齐者，按年亦包纳赋。民国四年，增加义务捐，民等认可出纳。凡承租官地若不欠租，永

① 黑龙江省地方志编纂委员会：《黑龙江省志·教育志》，黑龙江人民出版社1996年12月版，第871页。

② 胡玉海主编，郭建平著：《奉系教育》，辽海出版社2000年6月版，第125—126页。

不撤佃。况开生荒每晌犁具工本花费若干，在后字田五号地段内盖房十余间，在峰字五号内盖房二十余间，筑墙八十余丈，连凿井套澳，若不图久远，谁肯费尽心力，耗财甚巨。按照学田招租规则，十年内概不增租新田，限满另议。不料未到十年，遽行涨租，民等亦任对纳，曷敢分辨。此次学田年限已满，应归原佃续租，以理论之是否。此学田自上年秋间归模范区接管，不意有外户曲振先、孟昭坤、赵家门房等视此学田陆起觊觎谋夺之心，随即贿串该区董刘方圃与宋委员通同舞弊，动压力手段硬将民等全行驱逐，立逼搬家，夺地归新佃承租。

对于这起关于学田的纠纷案，吉林省地方当局派专人进行详查后作出如下批示：

"卷查该民前以包揽转租并未实行耕种，致失佃户资格，业由模范区呈准另行招佃耕种，所请恢复原佃之处，碍难照准。来呈所称新佃户对半分粮，是否即系转租，前据韩宝全等具控到署，已令行教育厅饬具查覆，应候覆到再行核办，至该区办理此案，实在有无不合，候再令行教育厅查复。"

"奉此查韩宝全等具控模范区一案前据吉林县知事查明，分粮办法与转租手续不同，业经职厅转呈在案，至该区办理此案以定章为准，辛苦经营，不辞劳怨，并无不合之处。"①

在辽宁新民地区也发生了会首与村董之间关于学田纠纷的案件，这起案件涉及人员较多，案情也十分错综复杂。因此，这场案件的审理工作也是几经波折。这起纠纷案件的大致情况的经过如下：

因民村长山子坐落新民县二区界内，原于清光绪三十二年以村会名义用价银二百七十两零六分领得公学田一百捌拾亩零肆厘，有公学大照为凭。领后未几继值辽河西迁，学田之内游有浮多，又经会首卜贵良等出名报领升科一百四十亩。未意卜贵良于出名报领之

① 《呈覆吉林省长为奉令据五官屯旧佃户卢永德等呈为学田纠葛一案恳令确实查究仰查覆文》，吉林教育厅编辑：《吉林教育公报》，吉林图书馆发行，同行印刷局出版1920年一月二十五日出版，第三年第二十五期，公牍，第6—8页。

后，藉生私贪之心，欲将后报之一百四十四亩霸归已有，村会不允，经会首李福海与李恒兴等讼经三载讼至三审大理院，缴回高等审判厅判决，此项讼争之地一百四十四亩仍归村会公学学田。至民国八年，学董李恒兴又用伊子李广会之名明谓与学校报领沙城升科二拾亩，暗报伊自名下未容，村会严向李恒兴争执，而李恒兴复与卜成璞、卜成瑞等先将学田盗典，现又卖与新民县街福兴当财东张万钟名下玖拾伍亩，卖价五千四百五十元。及张万钟仗自己之钱力，恃差戚之官势，明知学田省钱其贯，不但毫无顾虑，反逼村正与盖村戳。村长虽未应允，而伊等之盗买盗卖之事亦难默忍，始有本村学董苏宝山于今旧历九月间至新民县将李恒兴、卜成璞等控告，不知伊等如何朦弊，不惟伊等未被诉究，反被张万钟控以诈财未遂不与盖戳等情，将民村村长陷押在狱，今已月余，永未蒙诉。[①]

经过实地调查后，教育厅认定该地是“学田无疑”，由学董会同村长暂行经理。“惟该卜成德、李恒兴、卜成璞、卜成瑞等竟敢先后兑卖学田，殊甚痛恨，应由县严加惩处，用昭炯戒，其李恒兴与卜成璞沈库积欠学田租价，并应追缴。并应由县按照原载田至亩数，派勘明确，遵照学田换照办法，另换新照，该村学校领名，以固产权。”[②]

二、兴学权力的角逐

政府为了能集合社会各界的力量兴办新式教育，规定地方官吏、教育机构和办学人员都有兴学的职责。这种政策在一定程度上起到了推动新式教育发展的作用，同时由于责权不明容易引发各种力量关于兴学权力的争夺，特别是给一些别有用心的腐败分子的兴风作浪提供了机会。在辽阳教育会选举就经常上演一出民派与官派争夺教育会会长的闹剧：

辽阳教育会是全县中小学教员自己的组织。地址在文庙西南隅的“明伦堂”，原系辽阳州的教育衙门，俗称“四老爷衙门”。教育

① 《新民王福昌等为霸卖学田累害教育由呈为霸卖学田累害教育投在其署控迫村正反被陷押恳请详情》，辽宁省档案馆藏：《奉天省长公署档》，全宗号JC10，卷宗号22385。

② 《教育厅为复新民王福昌控李恒兴霸卖学田由》，辽宁省档案馆藏：《奉天省长公署档》，全宗号JC10，卷宗号22399。

> 会设正副会长，均系兼职。设事务员一人，驻会处理会务。教育会长不作具体工作，也不能代表教员说话。正副会长由中小教员直接投票选举产生。不能到城参加选举者，须开县委托书，托别的教员代选。几个大型学校争当教育会正会长。原因是当选为教育会长，即成为县士绅会议的当然成员。公办师中校长争作教育会长，才可在士绅会议上为师中学校争取来较多的常年教育经费。私立学校学董争得教育会长可以在县内有地位，有名望，作为联步青云涉身官海的起脚点。所谓辽阳教育界官派民派之争，起初的焦点即在争当教育会长问题上，以后到竞选省议会议员时，两派竞争愈烈，已由教育界官派民派之争，转移到政治界，多以民派胜利而告终。民派为首的是第一民立学董张成、第二民立文学董张东壁，包括一些私立学校在内；官派为首的是历任东师范校长，背后有教育公所所长齐国镇的支持。以后民派的张成箕、张东壁都先后当选为省议会议员，走入宦途，离开辽阳，只剩下官派了。而官派又分裂为两派。即中派的师中校长周味尝，北派的县二中学校长乔恒智。两派竞选教育会长，普选结果，中派周味尝当选为教育会长、乔恒智落选，离开辽阳去北满作教育工作。至此两派之争，才告平息。后来周味尝因两中闹学潮而去职。教育会长便虚悬了。北派曾有人为此召集会议，呼吁重选会长，因人微言轻，没有声望，而和者寡，教育会长问题，竟不了了之。①

在乡村兴学事宜的具体运作方面，也存在着办学人员之间的权力冲突。长春“新任视学员詹珏原系许太守禀请而至者，到差后即酌量本地学务情形，拟就改良章程七条，先呈明许太守核阅，再行提议于劝学所。闻所拟章程尚属可行，奈该所坐俟领薪之教员呶呶不休，以为无论如何改良，以待来年可也，而吾等薪水之问题年终务必一律解决，所拟改良章程暂毋庸议云云”②。正是由于双方的冲突在一定程度上延误了教学计划的正常推行。而长春中学

① 杨效震:《解放前辽阳教育概况（1904—1946年）》,《辽宁文史资料》，第12辑，第175—176页。

② 《新视学之提议被驳》,《盛京时报》，1910年12月19日，第5版，载长春社会科学院编辑、杨洪友编校:《〈盛京时报〉长春资料选编》清朝宣统卷（1909—1911），下册，长春出版社2005年版，第323—324页。

堂更是上演了监督与当地绅董的口水大战："中学堂旧分甲乙两班，今岁由官绅协议加添丙丁两班。李监督派有监学熊姓者，系南省人，当地绅董颇以南北方言各不同，为甚如意。闻开校日官绅毕集，学生亦分为班鹄立，先由孟太尊登台演说，词毕回署。嗣经李监督登台演说，甫经开谈，即被绅董指驳，彼此均无理之言，俄而哄堂散去。噫，学校最文明地也，而演此最野蛮之举动，抑何可笑乃尔。"①辽阳"邑东某村小学教员吴某青年学子，品行不端。日前与学董韩某因细故口角兴殴，吴某负气来城拟提起诉讼。嗣经多人婉说将韩某学董撤销，吴某始归校授课云"②。在兴学事宜上的责权不明带来的另一个后果就是相互推诿，不负责任。营口田庄台"台西邹教屯初级小学校舍倾塌，学生稀少，向为故教育当轴所申斥，加以该村学董村长放弃职责，不甚经心竟致每岁更换教员数人，而校具亦任意损毁"③。为了划清双方的权限，推广新式教育工作，通辽教育所长马希骏于1927年4月12号在新民小学特别召集各村学董村长会议。"令各村长及学董修筑校舍，或有未选学董之村，忽速推举以专责成，并拟定简章十八条，分别演说。莅会者除来宾外，各村东百余人。经娄学熙长训话首重家庭教育，次为兴举，不准悚懈。最后教务司事演说省令严厉，如再不认真修筑校舍，倘教厅遴派专员诸多不便，旋即散会矣。"④

三、人际关系的冲突

一般来说，新式学校教育作为一种新事物，其教职员多是由从外地招聘而来的知识分子担任，因此如何处理好校方与当地的官绅民之间的人际关系问题就显得极为重要。一旦双方关系恶化，对于学生来源问题和学校正常运作都会产生消极的影响。这种人际关系的冲突主要反映在两个方面。一是在解决办学经费问题上产生的教职员与乡民之间的冲突。营口田庄台"教员孙瀛洲为人年少，初执教鞭，村人尤藐视之。于旧历桂月十三日因征收学生学费，有学东张茂福恃其素行无赖，胆敢违抗纳费，手持竹杖闯进教室高声吵闹，孙教员稍与理论，张即肆意诟骂不休。嗣经多人劝返，该教员乘秋节假

① 《学界之小冲突》，《盛京时报》，1909年3月20日，第5版，载长春社会科学院编辑、杨洪友编校：《〈盛京时报〉长春资料选编》清朝卷（1909—1911），上册，长春出版社2005年版，第73页。

② 《教员被殴》，《盛京时报》，1928年5月29日。

③ 《教员受辱》，《盛京时报》，1928年10月6日。

④ 《开学董村长会议》，《盛京时报》，1929年4月27日。

期奔赴营口教育公所请示惩办以维校风，并要求调换位置藉免再受奇辱云”[①]。“舒兰县两等小学堂教员马缵周等因民食艰难，联合各界开会集议补救办法，其时有商会文牍员张启者，因言语不合，与马某大起冲突，势将用武，幸经多人劝解始各散去。讵料张启于散会后复率商会多人至学堂寻隙。马教员闻风脱逃，学生亦如鸟兽散去，张启竟将学堂捣毁不堪。”[②]另一方面是办学人员与乡民之间的冲突。兴学之初，由于办学条件有限，一些学校租赁民房作为教室，这样就产生了办学人员与房主或住户之间的冲突。公主岭县内一所私立学校租赁民房作为教室，学校有学生20余人，“日昨其教员与同院居住之妇女二人小有龃龉，一时遂大肆野蛮，幸经警兵劝解未致与讼，推其原故由于学生太多，性格不齐以致学生之家出而干涉云”[③]。兴学初期，东北地方当局还推行庙产兴学的政策，这样就出现了办学人员与僧侣之间的矛盾。“锦州城里财神庙住持绪明自来不守清规，实为僧徒之败类。现因内设阅报处、女学社并商务半日学堂，种种文明之发起，该住持屡生阻力，造谣破坏。经商务分局总办沈大令查悉其情，遂函送锦县田大令严究法办云。”[④]

四、新旧观念的纠葛

由于地理位置和经济文化发展水平落后的限制，在兴学之初，东北地区的守旧思想仍然比较严重。这样，东北地区就出现了新旧教育观念的冲突。当时的一些开明人士就曾指出：“（奉天）省内学堂蒸发蔚如林，日进文明。独乡曲风气不开，虽曰筹款无资，亦人心锢蔽，则然尤可怪者彼一种陋劣乡蠹论，修庙办公等事不惜巨款苛派乡民，至劝办学堂辄抗衡反对，联络众屯呈购借口于被灾求援，假此延居旅店，目形浪费，官会亏累。噫，若是人者始云无款以兴办学堂，继反费款以阻止学堂，吾不知其存心何取也。”[⑤]在辽阳地区就曾发生过这样的笑话，当劝学员到农家动员儿童入学时，一位老太大跪在地上叩头求饶说；“我就这么一个儿子，老爷们饶了他吧！”有的孩子已

① 《教员受辱》，《盛京时报》，1928年10月6日。

② 《商会捣毁学堂》，《盛京时报》，1912年7月11日。

③ 《学校耶战场耶》，《盛京时报》，1917年9月26日。

④ 《和尚被押》，《盛京时报》，1906年12月13日。

⑤ 《乡学阻扰》，《盛京时报》，1906年11月29日。

经十多岁了，劝学员一来劝说入学，家长立即抱起孩子说："这孩子还小，等几年大了再上学吧。"[①] 这种传统守旧思想的异常顽固，造成了乡民对于新学的冷漠，这样学校在招生问题上就会出现校方与乡民之间的冲突和纠纷。在凤城城南厢白旗区立第九小学校就发生了校长李东洲与农户大打出手的闹剧："自客秋聘至该校以来实行强迫教育，村中达学龄之儿童有不入学者，伊不问其或贫或贱尽饬警甲强逼入学，一时村中众户大起反抗，遂命村首金某向教员质问，该校长言语未稍温和，而村首言语未免激烈，因此大起冲突，先以互骂，继而殴打，打得校长头破血流出，该校长拾起菜刀抛向金某，正伤其头，既而击毙，俱报愤恨，两方来城县署涉讼云。"[②] 在一些社会风俗变革方面，师生与乡民之间也是冲突不断。"（法库）南二乡后孤家子屯初立小学校教员任玉书君对于剪发一事不时提倡，目前该堂学生认剪者十余人，当经该教员亲手将其发辫剪落，至下午放学某某学生之母见其发辫剪除，询悉情由，当将该生逐出，不令吃饭，继则手持烧火大棒逼令该教员非将其子发辫照旧不能甘休，幸经该村乡耆出为解劝，始得罢休云。"[③]

总之，在近代东北乡村地区兴学过程中，官、绅、民之间存在着各种各样的冲突关系。这些冲突既有利益之间的争夺，也有人际关系方面的冲突，更有新旧教育观念的冲突。其原因有二。一是东北地区经济文化水平落后所致。由于所处地区经济文化发展水平所限，东北地区传统文化观念比较严重，新式教育观念在乡村地区的传播进程十分缓慢。在这种形势下，在办学过程中容易出现办学人员与乡民之间在利益和观念上的冲突。二是推行新式教育人员的素质低下所致。对于乡村地区新式教育的推广工作，需要一批具有任劳任怨和忘我精神的工作人员。然而，在兴学过程中，一些素质低下的人员通过各种途径混入办学人员的队伍之中。他们不仅没有尽心尽力地推广学务，反而中饱私囊，从中渔利，甚至暗中破坏新学工作。这样，就出现了办学人员之间以及办学人员与乡民之间的冲突。当然，这种在办学过程中出现的官、绅、民之间冲突在一定程度上阻碍或延缓了近代东北地区新式教育的推广工作，不利于东北乡村地区新式教育的普及和推广。

---

① 杨效震：《解放前辽阳教育概况（1904—1946年）》《辽宁文史资料》，第12辑，第157页。

② 《教员与村长之涉讼》，《盛京时报》，1928年4月13日。

③ 《教员为学生之母所窘》，《盛京时报》，1917年12月5日。

第四章　新旧杂糅：近代东北乡村新型教师群体研究

1901年，清政府颁布《兴学诏书》，废除科举考试制度，开启新式教育，东北地方当局也大力推广新式学堂教育，由此拉开了近代东北地区新式教育的大幕。民国时期，政府大力推行学校教育，东北地方当局结合本地实际积极推动新式教育事业的发展，培养和选拔新型教师队伍，构成了近代东北乡村新型知识分子群体的重要力量。

第一节　乡村新型教师群体的构成特点

一、来源构成

对于各个学堂教员的资格，清廷颁布的《奏定任用教员章程》(以下简称《章程》)，其中规定："初等小学堂正、副教员，暂以师范传习生充选；高等小学堂正、副教员，暂以简易师范生充选；普通中学堂正、副教员，以优级师范毕业考列最优等及优等，及游学外洋高等师范毕业考列优等、中等，及得有文凭者充任；高等学堂正、副教员，以大学毕业生及留学外国大学堂毕业生充任，暂时除选择程度相当的华员充任外，余均择聘外国教师充选。"兴办之初，东北地区急需大量的教师人员，以满足日益增多的学堂教育的需要。由于教育文化水平十分落后，东北乡村地区新式教育的师资问题不可能完全按《章程》的规定执行。因此，东北地方当局从本地的实际出发，采取了改良、培训、选拔、外聘等措施来解决东北乡村地区学堂的师资问题。具体来说，东北乡村地区的师资来源主要有以下五个途径：

1. 经过培训和改良的私塾塾师

在科举时代，读书人多以教读为业，维持生计。科举制度废除后，随着新式学堂的兴起，旧式的读书人失去了生存的出路。在政府的帮助下，一些头脑灵活且会审时度势的塾师经过培训后成为学堂的教员。为了迅速培养发展学堂教育所需的新式教员，东北地方当局根据乡村地区私塾盛行的情况采取了改良私塾和培训私塾塾师的方式培养合格教员的办法。清朝末年，地方当局对于私塾塾师的培训主要采用两种方式，一是成立私塾塾师培训的专门机构实行塾师改良，另一是通过考试选拔和定期培训的方式改善各地塾师的文化知识和教学水平。奉天地区主要是通过考试选拔优秀的私塾塾师，并通过师范传习所等机构进行专门的培训的办法："奉天提学张学使鹤龄以教育之兴贵于普及，现在学堂未能遍立，自应先从改良私塾入手，以期逐渐推行，因招集城乡各塾师至署考试，分两场，头场试以国文，二场试以谈话，凡考列最优等者送师范传习所肄业，列优等及中等者，由司发给执照准其暂充塾师，仍不时派员考查，如果教授合理法，当为存记，俟此次师范传习生卒业之后，下届招生时准其执照报考，其列为下等者，应即改业不得自误误人云。"[①] 光绪三十四年，吉林省提学使司创办了私塾改良会："由提学使司召集塾师，命题考试，分别考试，录取百余人，给予证券，准其设馆教授。又患塾师不解管理教授等法，以误诸生，已经考验合格之塾师，均令其于每星期六至劝学所听讲，科目分教育、国文、算学、格致四门。每一月中复开会一次，研究改良办法。行之数月，学究陋习，为之一变。"[②] 林传甲《黑龙江教育状况》记载了黑龙江省城齐齐哈尔师范传习所的第一次传习情况："纪元前（民国纪元）六年，省城十区小学创立之始，江省师范学校尚未成立。考试文理优秀者派充教员，得王宪章、吕晋未等十人。及师范学校成立，由王廷元夜课传习算学。林传甲星期日加课乡土、历史、地理、格致。其各传习生遂

① 《奉省举办塾师考试》，《盛京时报》，1910年2月4日。

② 徐世昌编，李澍田等点校：《东三省政略》，卷九，学务，吉林文史出版社1986年版，第1413页。

与第一次师范生同任服务，备历创始之难。”[①]此外，东北地区各地设立的教育会、教育官练习所、教育研究所、私塾改良会、塾师讲习所、小学教员研究会等教育机构也进行一部分私塾塾师的改良和培训工作。由于东北地区的私塾未能完全废止，直到民国时期，地方当局仍十分重视塾师改良工作。辽宁地方当局就规定：从1922年起，将各县旧时塾师普行检定一次，合格者发给准充国民学校教员证书，亦为补充小学师资之不足起到了一定的作用。[②]当然，随着师范类教育的逐渐发展，教师队伍中改良塾师所占的比例明显下降。当然，传统读书人进入学堂充教员，难免把传统教育体制中的教学方式带进了学堂，使学堂教育薰染上了旧体制的习气。并且，从整体而言，他们的知识结构往往也很难达到新学堂的要求，执教能力和水准有限，对学堂教育的发展也有不利的一面。

2. 师范毕业生充任教员

为了解决教员缺乏的难题，东北乡村地区相继成立了一些师范传习所和师范简易科机构。表4.1是光绪三十三年东北地区师范学堂数和学生数的统计，从中可以看出当时东北地区师范教育发展的概况。

表4.1　光绪三十三年东北三省师范学堂统计表

类别/地区	等级	学堂数	学生数
奉天省	优级师范	3	258
	初级师范	6	480
	传习所等	22	961
吉林省	优级		
	初级	1	71
	传习所等	5	62
黑龙江省	优级	1	100
	初级	2	115
	传习所等	4	119
总计		44	2166

① 黑龙江省地方志编撰委员会:《黑龙江省志·教育志》，黑龙江人民出版社1996年12月版，第103页。

② 辽宁省地方志编纂委员会:《辽宁省志·教育志》，辽宁大学出版社2001年11月版，第662页。

从表4.1的统计可以看出，清末时期东北乡村地区相继建立了一些师范类教育机构，并培养出了一批接受过师范教育的学生。这些师范学堂毕业的学生先后走上教学岗位，在一定程度上解决了东北乡村地区师资力量缺乏的现状。如锦西地区各学堂的教员大部分是师范生，据载："光绪三十一年创办的养正学堂和宣统三年境内各学堂教算术、格致（自然常识）和唱歌、体操等科的教师多是城市高等小学堂毕业的学生。"[①]长春地区各小学堂中，师范毕业生充当教习者至40人之多[②]。辽宁铁岭人邓士仁，奉天两级师范学堂毕业后回乡从事教育工作[③]。黑龙江在兴办师范学堂和简易科外，还派遣部分学员赴外省学堂学习，这些赴外省深造的学生一经毕业，立即投身于黑龙江地区的教育事业。光绪三十二年，北洋师范学堂6名黑龙江省籍毕业生回省担任教员。不久，又陆续有初级简易师范生30人、优级理化选科20人，以及优级数学选科、优级博物选科毕业生，被分配黑龙江各地担任中小学教员。[④]

民国时期，东北乡村地区的师范教育进一步发展，每年都有数量不等的师范毕业生投身于东北乡村地区的教育事业。表4.2是民国时期东北地区师范学堂及学生人数统计表：

表4.2　东北四省师范学校及讲习所统计表

省别	校数	学生总数
辽宁省	98	7，742
吉林省	6	1，223
黑龙江省	28	1，209
热河省	4	113
总计	136	10，287

说明：本表根据1929年东北各省师范教育相关数字制成。

从表4.2可以看出，民国时期，东北乡村地区师范教育得到了迅速的发

① 锦西市地方志编撰委员会办公室:《锦西市志》，建平印刷总厂1998年5月版，第688页。

② 《学堂派委教习》,《盛京时报》，1909年2月20日，第5版，载长春社会科学院编辑、杨洪友编校:《〈盛京时报〉长春资料选编》，清朝宣统卷（1909—1911），上册，长春出版社2005年版，第26页。

③ 《东北人物大辞典》编委会:《东北人物大辞典》，辽宁人民出版社1992年版，第695页。

④ 黑龙江省地方志编撰委员会:《黑龙江省志·教育志》，黑龙江人民出版社1996年12月版，第904页。

展，培养出了一大批师范毕业生，从而为东北乡村地区学堂教育的发展提供了条件。“（康平县）从1913年起连续办师范教育以及塾师讲习班，教师队伍逐渐扩大。1931年，有100名师范毕业生大部外在康平任教，全县212名小学教师中，师范毕业生就占60%。当时高等小学堂毕业生中有力升学者主要是报考奉天师范或县师范学校，毕业573后投身于康平教育事业。如费振 羽、王悦海、张鹏万、马西林、李宜春、王赞庭、杨文郁、宋克贤、刘慧等分别担任男女师范、初中、职业学校或小学校长，为家乡培育人材。”①

可见，东北地方当局为了解决师资问题，通过培训和招考师范生的办法，为东北地区培训和选拔出了一批合格的教员，从而在一定程度上缓解了东北地区教员缺乏的实际问题，从而推动了东北地区教育事业的发展。

3. 从外省招聘教员

由于经济文化事业的落后，新学运动兴起后，东北乡村地区的师资力量十分缺乏。为了解决师资力量，东北乡村地区还采取从外省聘请人才的办法。据光绪三十四年（1908年）《吉林省长春府官立中学堂一览表》所载：“该堂有6名教员，任两个班12学科课程。其中有一名东京师范毕业者任修身、图文课，一名北洋大学毕业者任算学、英文课，一名直隶师范毕业者任中史、西史和经学课，一名东京法政大学毕业者任法学、图画课，一名南洋陆师毕业者任地理、体操课，一名奉天文会大学毕业者任音乐课。”②黑龙江地区文化事业更为落后，只有通过大量的从外省引进，才能满足新式学堂日益崛起的需求。清末时期，黑龙江地区从外地聘请师范学堂毕业生的情况如下：

> 1905年（光绪三十一年），黑龙江调北洋师范毕业生2人，担任高小教员。此后，黑龙江地区不断从外省引进师范教员。1906年（光绪三十二年），第一次调用师范大学生4人；1907年，从直隶调用高等师范学生杜福坤、谢运暇、林传树、马汝郊任中学和师范教员，其中马汝郊任教最久，教授英文。1908年（光绪三十四年），第二次调用大学师范生10人；不久又续派大学师范生4人，担任中等学堂教员。1910年，直隶续派大学师范生陈昭卓、周扬埃、张炯雷、张国

① 康平县地方志编纂委员会:《康平县志》，沈阳：东北大学出版社1995年版，第574页。

② 王秉祯、董玉琦:《长春市志》，吉林人民出版社1995年5月版，第183页。

威、张洽等分任师范教员、监督及农、工科教员。至清末，黑龙江地区引进师范教员达24人。同时，黑龙江地区还调用了一些女教员，1906年，调用桂林第一女学教员祝宗梁任女学堂校长；1907年，咨调北洋女子师范生淑俨充幼女学堂教员；同年，又调奉天留学日本师范生，调上海爱国女学校师范生，调北京女子师范生和苏州女子师范生共6人，来黑龙江省担任女子学校教员；1910年，咨调奉天留学日本师范生马淑桓为女子师范正教员。通过调用有利的缓解了黑省教员缺乏的局面。此外，黑龙江省还调用了一批专科教员，1906年，调用留学日本私立法政大学毕业生陈漠，创办江省法政肄习所，任教员兼校长。1907年，南路初等农业学堂成立，咨调保定中等农业学堂毕业生陈兆梅任校长，马维垣、奎壁任教员。1911年上半年，初等农业学堂升为中等农业学堂，咨由直隶学司拣派高等农学毕业生孟庆邮为校长，李兆元、王善元为教员。1907年，北路初等工业学堂成立，聘请留日本东亚铁道学校毕业生王酞、贺林荣为教员，后辛亥革命起，相继南归。①

民国时期，东北地区师资力量匮乏的局面得到了一定的缓解，除了一些理工科类教师尚需外聘外，其他类教育的师资力量基本能满足当地教育发展的需要。“（桦川地区）民国时期，县内师资很缺，乡自外地聘请。因桦川地域偏僻，交通不便，外地教师多不愿前来就任。其来就任者，工薪多高于本地教师，有的尚不能安心长期在此执教。为解决教师不足的困难，县教育局将原有塾师传习所改为师范传习所，并选送桦川籍高小毕业生到依兰第五师范学校学习，由县公署于规定之师范待遇外酌予补助，以示鼓励。1924年（民国13年）后，桦川籍教师渐多，基本解决了小学缺乏师资的困难，教师素质及教学质量亦见提高。桦川初级中学成立后，除英文、物理、化学等科教员尚需外聘外，其他多在本地选才聘用。民国时期小学教员的聘用，须由劝学所（教育局）遴选，呈请县公署正式任命。中学校长及主要教员需列学历履

① 黑龙江省地方志编撰委员会：《黑龙江省志·教育志》，黑龙江人民出版社1996年12月版，第904页。

历表报请省政府教育厅审核任命。”①

可见，东北乡村地区通过外省引用教员的办法，在一定程度上解决了东北地区教员缺乏的问题，从而推动了东北乡村地区教育事业的发展。

4. 归国留学生

派遣留学也是解决师资缺乏的一个重要措施。1904年，清政府颁布的《奏定学堂章程》就明确指出：各地“若无师范教员可请者，即速派人到外国学习师范教授管理各法”②，为发展新式教育储备师资力量。1907年，学部又规定，官派师范留学生毕业回国必须充当教习5年以尽义务，并奖励出洋学习师范的学生。③可见，当时政府为了培养师资对师范留学教育的重视。清政府的留学政策一经颁布，全国各地纷纷响应，国内各地很快就兴起了一股留学热潮。为了培养师资力量，东北地方当局也派遣了一部分留学生出国学习。据统计：1912年，奉天省排出公费留学生360人，赴日留学学生31人，主要学习师范、政法、军事、实业等科目；赴英国、美国、比利时留学学生59人④。吉林地区向国外派遣留学人员25人，几乎全是日本留学，主要学习师范、法政、警监、实业等科目⑤；黑龙江地区留学教育的发展水平相对落后，但也从外省选派10人留学俄国。⑥这些留学生毕业回国后，很大一部分进入教育领域，担任各类学堂的教员工作。以黑龙江地区为例："1906年，调用留学日本私立法政大学毕业生陈漠，创办江省法政肄习所，任教员兼校长；1907年，又调奉天留学日本师范生，来黑龙江省担任女子学校教员；1907年，北路初等工业学堂成立，聘请留日本东亚铁道学校毕业生王酞、贺林荣为教员；1910年，咨调奉天留学日本师范生马淑桓为女子师范正教员。”⑦

民国时期，地方当局继续采取鼓励留学的政策，推动了东北地区留学教

① 桦川县志编纂委员会办公室：《桦川县志》，黑龙江人民出版社1991年1月版，第605页。

② 《奏定学务纲要》，琦鑫圭、唐良炎：《中国近现代教育史资料汇编》学制演变，上海教育出版社1991年版，第490页。

③ 《附奏官费游学生回国后皆令充当专门教员五年片》，陈学峋、田正平：《中国近现代教育史资料汇编·留学教育》，上海教育出版社1991年版，第73页。

④ 徐世昌编、李澍田等点校：《东三省政略》，卷九，学务，吉林文史出版社1986年版，第1399页。

⑤ 王鸿宾、向南、孙孝恩：《东北教育通史》，辽宁教育出版1992年版，第335页。

⑥ 王鸿宾、向南、孙孝恩：《东北教育通史》，辽宁教育出版1992年版，第337页。

⑦ 黑龙江省地方志编撰委员会：《黑龙江省志·教育志》，黑龙江人民出版社1996年12月版，第904页。

育的发展。据统计，1917—1929年，奉天地区向日本、美国、英国、法国、德国、比利时、奥地利、瑞士等国派出留学生600余名。[①] 以辽阳地区为例，据1931年《东北年鉴》统计，从1920年到1929年的九月间，辽阳的出国留学生有二十三人。其中，1920年，一人；1925年，二人；1926年，五人；1927年，二人；1928年，三人；1929年，十人。这些留学生中，去西欧留学的有13人，去日本留学的有10人。用官费和奖学金留学的15人，半官费1人，自费7人。学习机电科的11人、商财科的3人、建筑科的2人、政治科的2人、农科的2人，医科、文科和未详者各1人。[②] 这些留学生回国后，不仅有一部分学生投身教育事业，还对东北的教育问题提出自己的见解。"留日东斌学堂毕业生溥荫日昨请督宪谓，当整军经武之际，各军队多有未谙军学者，请普及教育以收实效。"[③]

总之，这些留日学生学成归国后，他们总是想尽办法将其获得新的知识、新的思潮在社会上传播开来，希望能够将西方近代化的元素导入东北教育体制中。因此，在东北乡村地区教育近代化的进程中，留学生们的努力留下了色彩浓重的一笔。

5. 聘用外国教员

为了解决师资问题，东北地方当局还聘请了一些外国教员。清朝末年，各地纷纷聘请外国教员担任学堂的教习。为了避免聘请外国教员方面的纠纷，清政府对聘请外国教习做了详细的规定："现在各省中学堂以上学堂，多有聘用外国教员教授者。惟与外人交涉以合同为主，合同既定之后，彼此办事即应按照合同办理。前由本部调取各省聘用外国教员合同，宽严不同，未能一律。现由本部酌定聘用外国教员合同十九条通行各省……式样如下：

	京师			京师	正教员
大清国		学堂监督 聘定	大□国（学位或官阶）为	学堂	
	某省			某省	教　员

① 胡玉海主编、郭建平著：《奉系教育》，辽海出版社2000年6月版，第219页。

② 卢秀彬：《二十年代辽阳留学生》，《辽阳文史资料》第1辑，第91页。

③《禀请普及军事教育》，《盛京时报》，1911年7月2日。

此外，在聘请合同后面还附有一些严格的条款，详细地列明了外国教习的授课时间、授课计划、工食薪水、事假病假、意外事故等规定，还“须受本学堂总办监督节制，除所教讲堂本科功课外，其余事务概由总办监督主持，该教员毋庸越俎干预”[①]。清末东北乡村地区的新式学堂也聘用了一些外国教员，主要是日本教员。据日本博士实藤俊秀初步统计，1909年东北地区日本教习共44人，其中奉天省37人，吉林省7人。[②]如营口商业学堂的日本教习三田村源次、小田原寅吉、大谷宪；新民公学堂的石川宗雄，师范学堂的泷本洁（毕业于北京东文学社）；四平蒙古博王府学堂的桂德治（教体操），小川庄藏；吉林长春实业学堂有加知贞一郎（东都高师毕业）和中村连一。[③]

民国时期，由于东北地区的师资缺乏现状有了明显的好转，外国教员的聘用数量也有所下降，除了一些商业学堂、实业学堂和语言类学堂的教习外，其他学堂的教习很少使用外国教习。辽宁地区几所主要职业学校多聘请外国教习任教，一些高等学校也聘请不少外国学者任教。[④]表4.3是吉林省立甲种商业学校聘用俄国教员的聘用情况：

表 4.3　吉林省立甲种商业学校聘用俄员表[⑤]

民国八年	民国七年	年度	哈埠吉林省立甲种商业学校聘用俄员表
车日耶夫斯克	乌拉尼斯克	姓名	
俄人	俄人	国别	
俄文	俄文	学担科任	
五〇元	五〇元	月薪	
无	无	合有同无	

外国教习的聘用在一定程度上缓解了东北地区师资严重缺乏的局面，并且由于日本教习执教的学堂以师范学堂的比例最大，因此培养出一大批具有

① 朱有瓛：《中国近代学制史料》第二辑，上册，上海华东师大出版社1987年版，第89页，第365页。

② 汪向荣：《日本教习》，中国青年出版社2000年版，105—107页。

③ 佟冬：《中国东北史》（修订本），第五卷，吉林文史出版社2006年1月版，第702页。

④ 辽宁省地方志编纂委员会：《辽宁省志·教育志》，辽宁大学出版社2001年11月版，第662页、第663页。

⑤《公函：本厅函吉林交涉署为送七八辆年份哈商校聘用洋员表请查照彙转文》，第五五号，九年五月八日，见吉林教育厅：《吉林教育公报》，吉林图书馆发行，同行印刷局中华民国九年六月二十五日出版，第3年第30期，第17页。

新知识的教员，为振兴近代东北地区教育事业做出了一定的贡献。

二、教育背景

晚清时期，东北地区的师资力量十分缺乏，教师主要通过国内学堂的培养、聘请具有传统功名或教过私塾的旧式文人和聘请外国教习的办法解决。由于新式教育发展的程度有限，当时非学堂毕业的教习占有很大的比重。表4.4是1907—1909年东北三省普通学堂教员资格统计表，通过这个表格，可以看出清末时期东北地区普通学堂教员的构成情况：

表4.4 1907—1909年东北地区普通学堂教员资格统计表 （单位：人）

类别 / 年份		中学堂				高等小学堂				初等小学蒙养院等		他项学堂	总计
		师范毕业者	他科毕业者	未毕业未入学堂者	外国人	师范毕业者	他科毕业者	未毕业未入学堂者	外国人	师范毕业者	非师范毕业者	师范毕业者	
光绪三十三年	奉天	7	14	16	1	218	28	253	1	985	639		2162
	吉林	8	10	8		21	23	58	1	10	2		141
	黑龙江	6	2	9		4		1		66	64		152
光绪三十四年	奉天	6	9	13		234	40	273		658	1913		3146
	吉林	8	16	9		133	43	82		90	39		420
	黑龙江	4	1	3		75	26	5		127	43	1	285
宣统元年	奉天	9	16	7		159	144	267	2	907	2342		3853
	吉林	14	13	7		95	32	25		254	113		553
	黑龙江	3	5	2		89	8	31		137	45	32	352
总计		65	86	74	1	1028	344	995	4	3234	5200	33	11064

我们仅以1907年（光绪三十三年）中学堂的教员统计为例：当时东北地区中等学堂共有“四类教员”（即师范毕业、他科毕业、未毕业未入学堂、外国人四类）81人。其中，师范学堂毕业者21人，占教员总数的25.9%；其他毕业者26人，占教员总数的32.1%；未受学堂教育者33人，占教员总数的40.7%；外国教员1人，占教员总数的1.23%。奉天、吉林和黑龙江地区“四类教员”占本地区教师总数的比重如下：奉天地区共有“四类教员”38人。其中，“师范毕业者”7人，占教员总数的18.4%；“他科学堂毕业者”14人，

占教员总数的36.8%；“未毕业未入学堂者”16人，占教员总数的42.1%；“外国人”1人，占教员总数的2.63%；吉林地区共有“四类教员”26人。其中，“师范毕业者”8人，占教员总数的30.8%；“他科学堂毕业者”10人，占教员总数的38.5%；8人，占教员总数的30.8%；黑龙江地区共有“四类教员”17人。其中，“师范毕业者”6人，占教员总数的35.3%；“他科学堂毕业者”2人，占教员总数的11.8%；“未毕业未入学堂者”9人，占教员总数的52.9%。

我们再仅以1907年（光绪三十三年）小学堂和蒙养院的教员统计为例：当时东北地区小学堂和蒙养院共有“四类教员”2438人。其中，“师范毕业者”1304人，占教员总数的53.5%；“他科学堂毕业者”756人，占教员总数的31.0%；“未毕业未入学堂者”372人，占教员总数的15.3%；“外国人”2人，占教员总数的0.1%。具体到东北三省的情况，奉天地区共有“四类教员”2124人。其中，“师范毕业者”1203人，占教员总数的56.6%；“他科学堂毕业者”667人，占教员总数的31.4%；“未毕业未入学堂者”253人，占教员总数的11.1%；“外国人”1人，占教员总数的0.04%；吉林地区共有“四类教员”115人。其中，“师范毕业者”31人，占教员总数的27.0%；“他科学堂毕业者”者25人，占教员总数的21.7%；“未毕业未入学堂者”58人，占教员总数的50.4%；黑龙江地区共有“四类教员”199人。其中，“师范毕业者”70人，占教员总数的35.2%；“他科学堂毕业者”64人，占教员总数的32.2%；“未毕业未入学堂者”65人，占教员总数的32.7%。

从上面的一组数字来看，由于受过师范专业培训的教员大多进入师范学堂供职，在普通学学堂的师资队伍中，这类教员所占的比例很小，更多的是在他类学堂毕业和从旧式文人转化来的教员。特别是在小学堂中，进入师资队伍中的多是知识陈旧的传统读书人，这主要是因为当时东北地区师资力量缺乏所致。此外，由于办学条件和地理环境所限，东北乡村地区的普通学堂对教员的知识背景、教育理念以及课堂讲授等方面的要求也不高。因此，许多旧学之士经过短期培训后就可以到新式学堂任职。

师范学堂是培养师资力量的重要培养机构，对于培养新式教育的教师有着十分重要的作用。因此，师范学堂的师资力量的好坏就显得异常的重要。表4.5是1907—1909年东北地区师范学堂的教员资格表，通过对本表的分析可以清晰地了解清末时期东北师范教育发展概况之一斑。

表 4.5　1907—1909 年东北地区师范学堂教员资格表（单位：人）

类别 年份		优级师范学堂				初级师范学堂				传习所等				总计
		在本国毕业者	在外国毕业者	未毕业未入学堂者	外国人	师范毕业者	他科毕业者	未毕业未入学堂者	外国人	师范毕业者	他科毕业者	未毕业未入学堂者	外国人	
光绪三十三年	奉天	12	1	12	3	12	7	21	4	40	9	28	3	152
	吉林					5	8	2		7	4	2		28
	黑龙江					3	3	3		5		1		15
光绪三十四年	奉天	8	5	6	4	20	10	20	1	47	16	19		154（155）
	吉林					7	8			12	3			30
	黑龙江	6	4	1		5		5		7		2		30
宣统元年	奉天	10	3	3	2	34	16	29	2	51	9	21	1	181
	吉林	9	1	2	1	7	5		1	5	2		1	34
	黑龙江	6	3	1		4	4	2		3				23
总计			17	25	10	97	61	82	8	177	43	73	5	649

从上表可以看出，清末时期东北地区师范学堂的师资力量呈现一种不断上升的趋势。清末东北地区优级师范学堂主要由“四类教员”构成，即“在本国毕业者”、“在外国毕业者”、“未毕业未入学堂者”和“外国人”。1907年（光绪三十三年），东北地区优级师范学堂共有“四类教员”28人。其中，“在本国毕业者”12人，占教员总数的42.85%，“在外国毕业者”1人，占教员总数的3.6%，“未毕业未入学堂者”12人，占教员总数的42.85%，“外国人”3人，占教员总数的10.7%。

清末东北地区初级师范学堂主要由“四类教员”构成，即师范毕业者、他科毕业者、未毕业未入学堂者、外国人。1907年（光绪三十三年）东北地区初级师范学堂共有“四类教员”68人。其中，“师范毕业者”20人，占教员总数的29.4%，“他科毕业者”18人，占教员总数的26.5%，“未毕业未入学堂者”26人，占教员总数的38.2%，“外国人”4人，占教员总数的5.9%。1907年东北地区师范传习所“四类教员”99人。其中，“师范毕业者”52人，占教员总数的52.5%，“他科毕业者”13人，占教员总数的13.1%，“未毕业未入学堂者”31人，占教员总数的31.3%，“外国人”3人，占教员总数的3.1%。

1908年（光绪三十四年）东北地区优级师范学堂“四类教员”34人，“在本国毕业者”14人，占教员总数的41.2%，“在外国毕业者”9人，占教员总数的26.4%，“未毕业未入学堂者”7人，占教员总数的17.6%，“外国人”4人，占教员总数的14.8%。1908年（光绪三十四年）东北地区初级师范学堂共有“四类教员”76人。其中，“师范毕业者”32人，占教员总数的42.1%，“他科毕业者”18人，占教员总数的23.7%，“未毕业未入学堂者”25人，占教员总数的32.9%，“外国人”1人，占教员总数的1.3%。1908年（光绪三十四年）东北地区师范传习所“四类教员”106人。其中，“师范毕业者”66人，占教员总数的62.3%，“他科毕业者”19人，占教员总数的17.9%，“未毕业未入学堂者”21人，占教员总数的19.8%。

1909年（宣统元年）的东北地区优级师范学堂共有“四类教员”41人，“在本国毕业者”25人，占教员总数的60.9%，“在外国毕业者”7人，占教员总数的17.2%，“未毕业未入学堂者”6人，占教员总数的14.6%，“外国人”3人，占教员总数的7.3%。1909年（宣统元年）东北地区初级师范学堂共有“四类教员”104人。其中，“师范毕业者”45人，占教员总数的43.3%，“他科毕业者”25人，占教员总数的24.1%，“未毕业未入学堂者”31人，占教员总数的29.7%，“外国人”3人，占教员总数的2.9%。1909年（宣统元年）东北地区师范传习所“四类教员”93人。其中，“师范毕业者”59人，占教员总数的63.4%，“他科毕业者”11人，占教员总数的11.8%，“未毕业未入学堂者”21人，占教员总数的22.6%，“外国人”2人，占教员总数的2.2%。

从这三年的统计数字来看，在东北三省的优级师范学堂中，国内学堂培育各类新式学堂毕业生是师资力量的主体。在初级师范学堂和师范传习所中，师范教育出身的教员所占比例最大，其次是未毕业未入学堂出身的教员，受过他类学堂教育者占的比重最少。这是因为在当时优级师范学堂受到地方当局的格外重视，师资力量比较优越，对所聘教员的知识层次的要求也比较高，国内较好学堂的毕业生、留学归国学生和外国教习都成为其聘请的对象。初级师范学堂和传习所的师资力量较差，其难以聘请大量新式学堂毕业或留学归来的优秀人才，因此聘请一些旧学之士承担学堂的部分教学任务。

清末时期，东北地区的专门教育和实业教育也得到了进一步的发展。为了解决专门学堂和实业学堂的教员的问题，东北地方当局采取内部培养和外部高薪聘请的办法，在一定程度上缓解了东北乡村地区专门教员和实业教员紧缺的压力。表4.6是清末1907年、1908年和1910年东北地区专门、实业学堂的师资构成情况。

表4.6　1907、1908、1910年东北地区专门实业学堂教员资格统计表

类别/年份		专门学堂				实业学堂				总计
		在本国毕业者	在外国毕业者	未毕业未入学堂者	外国人	在本国毕业者	在外国毕业者	未毕业未入学堂者	外国人	
光绪三十三年	奉天					19	2	13	6	40
	吉林	11	1	4	2	6	2	2		28
	黑龙江	4	2	1		13		3		23
光绪三十四年	奉天	9	11	12	6	23	8	7	10	86
	吉林	15	3	5	5	4		3	2	37
	黑龙江	1				21	3	3		28
宣统二年	奉天	8	14	1	1	26	10	15	8	83
	吉林	11	5	2	2	14	2	1	3	40
	黑龙江					21	8	2		31
总计		59	36	25	16	147	35	49	29	396

从上表的统计中可以看出：清末时期，东北地区专门学堂和实业学堂的师资力量逐渐增强。从1907年至1910年间，两类学堂中国内学堂毕业的教员人数由53人增加到80人，增加了150.9%；在外国学堂毕业的教员从7人增加到39人，增加了557.1%；未毕业未入学堂的教员从20人增加到21人，没有太大的变动。从教员增长的幅度来看，国内学堂毕业的教员和从国外学堂毕业的教员增长的幅度最大，未接受新式教育的教员没有太大的增长。这些现象的出现说明：其一，随着国内新式学堂培养的一批批学生走上教学岗位和留学人员的学成归来任教，东北地区的师资总数大为增加；其二，旧式文人转化而来的教员数量变动不大，说明在新式学堂中，那些尚未接受近代知识训练的过渡型教员并未退出教学工作，但随着大量新式教员的纷纷上岗，这些教员所占比重逐渐下降。

民国时期，随着师范类教育机构的增多和国外留学人员的回归，东北乡村地区的师资紧张局面得到一定的缓解。在学堂师资力量的构成方面一个明显的变化就是学堂出身的教员在教员总数中所占的比例逐渐增大，再加上一部分留学人员和外国教员，东北乡村地区的师资力量得到了一定的好转。例如，下面这段资料的内容反映了清末民初时期沈阳县乡村地区师资力量逐渐改善的过程，从中我们可以看出东北乡村地区师资力量改善的概况。

> 沈阳县在清末创办学校伊始，师资缺乏，虽采用了些经过短期传习的教师，但究属少数。教育当局权宜之计不得不用些塾师。即所谓其上焉者，也多是些读经义、习举业，虽受过十年寒窗苦，而尚未博得一领青衿的老儒生，其次焉者，虽然不至“鲁、鱼、亥、豕”不分，但像那把“扩充”读成“广允”的先生，把《百家姓》上的“万俟”都读错了的，也还不少。他们乍一转入学校，对于各种科目都不熟悉，而乡村中又多是单级小学，只一名教师，不能分担其他课程。而他们所擅长的除经学以外（清代小学有经学一科），也只能教学生念什么“燕子汝又来乎……”或写些什么“上大人孔乙己……”这些国文习字之类的科目。甚至有的老师，连极简单的算数尚不明瞭。如新屯学校自命为秀才的马先生（名字忘了）连字码还不认识，竟以珠算代替算数。至于对体、音、美等科更无论矣。尽管你在课程表上，列有各科名称，洋洋大观，但实际上，等同虚设，敷衍塞责而已。有的干脆把一些科目放弃了，名为学校，其实只能说是私塾的变种。教育当局鉴于各地师资缺乏，就不得不造就速成教师以应急需，因而在省立两级师范学校增设了简易科和教员补习班。奉天府也设立了简易师范学校，沈阳县也设立了师范讲习所，都在短期毕业；加之以后各中小学也有相继毕业的学生，本县得以采用一些新的教员，代替某些不克胜任的教师，师资乃逐渐好转。……1919年五四运动以后，由大专或中等学校毕业的学生，因找不到职业，为免失业计，当教员者不乏其人，被分配到四乡农村学校充任教师。其中尤以五年制师范毕业的学生为教育当局所欢迎，均优先采用。随着教员的增多，又淘汰了一些不称职的教员，因而教学质量逐渐好转。[①]

① 崔良璧：《“九·一八”事变前沈阳县的乡村教育》，《沈阳文史资料》，第6辑，第156—157页。

我们也可以通过分析法库地区师资力量的变化，从中窥出东北乡村地区师资力量方面的变化。法库县设治时，全厅的小学堂只有教员14人。随着新式教育的不断发展，法库地区的教师队伍不断壮大，接受新式教育的教员数量也不断增多。光绪三十四年（1908年），全县的学堂教员增至84人（包括简易师范学校教员1人），另外还有职员64人。宣统元年（1909年），全厅普通学堂教员资格调查记载：全厅有教学人员100人，其中师范毕业的教员13人，占教师总数的13%；其他科毕业的教员82人，占教师总数的82%；未入过学堂的教员5人，占教师总数的5%。民国时期，随着各类学堂数量的迅速增长，法库县的教员数量增加到了218人（其中中学教员5人），教员总数中接受新式教育的教员所占的比例也逐渐增大。表4.7是民国期间法库县教师资料的调查表，在一定程度上反映出民国时期法库县师资构成状况改善的概况。

表4.7　中华民国期间法库县教师资历调查表①

年份	教员总数	高师毕业	大专毕业	师范毕业	师讲毕业	中学毕业	其他
民国十五年	243	2	4	77	78	66	16
民国十七年	369	13	5	70	126	76	79

从表中的数字可以看出，民国十五年（1926年），法库县教师构成情况是：师范教育出身的教员占教员总数的64.6%，其他学堂出身的教员占教员总数的28.7%，非学堂毕业的教员占教员总数的6.5%；民国十七年（1928年），法库县的教师构成情况是：师范教育出身的教员占教员总数的51.2.%，其他学堂出身的教员占教员总数的21.9%，非学堂毕业的教员占教员总数的21.4%。可见，在师资的构成中，接受过新式教育的教师占有较大的比例，反映出民国时期法库地区师资力量的改善。

东北易帜后，东北地区遵循国民政府制定的"三民主义"教育宗旨，在东北乡村地区继续发展学校教育。随着新式教育的深入，学校教育的触角已经深入东北地区乡村领域。特别是随着大批新式学堂毕业生和部分留学学生投身于乡村教育事业，不仅促进了东北乡村地区教育事业的发展，也改善了东北乡村地区的师资力量。下面一组数据是民国中期东北乡村地区师资力量的概况，从中我们可以看出东北乡村地区师资力量改进之一斑。

① 法库县地方志编纂委员会:《法库县志》，沈阳出版社1990年10月版，第448页。

（桦甸）1929年，随着学校的增多，全县小学教职员增加到52人，师范讲习所专职教员1人，共53人。其中后期师范、师范讲习所毕业25人，占47%，大专学历2人，专业研究所毕业2人；初中毕业11人，余为初中、师范讲习所或后期师范肄业。①

（永吉）1930年，全县教师667人，其中城区小学教员多系师范本科毕业，县师及中学毕业仅有6人；乡村教员师范本科毕业只占10%。县师毕业占70%，中学及农从职业学校毕业占20%。②

（康平）1931年，有100名师范毕业生大部外在康平任教，全县212名小学教师中，师范毕业生就占60%。当时高等小学堂毕业生中有力升学者主要是报考奉天师范或县师范学校，毕业后投身于康平教育事业。如费振羽、王悦海、张鹏万、马西林、李宜春、王赞庭、杨文郁、宋克贤、刘慧等分别担任男女师范、初中、职业学校或小学校长，为家乡培育人材。③

此外，我们还可以从一些学校具体师资力量的统计中窥见东北乡村地区师资力量改善的现象。民国时期，有人做了辉南县各小学的师资力量调查表，共调查了县立第一小学，县立第一中学，第三区立第一小学，第三区立第二小学，第四区立第一小学，第四区立第二小学，第五区立第一小学等7所学校。据调查：这7所学校共有教员29人，师范类学堂毕业的教员23人，其他学堂毕业的教员有6人。④ 其中，教授过师范教育的教员占教员总数的79.3%，其他学堂毕业的学生仅占20.7%，没有尚未接受新式教育的教员。可见，当时辉南地区师资力量的强大。此外，还有一点，这些教员不仅都是新式学堂出身，还有过一段时间的的教育经历，有一定的教学经验。因此，对于提高教学质量，推动乡村地区教育事业的发展具有重要的作用。

20世纪初，在社会各界“育才兴学”的呼声和努力中，东北乡村地区的

---

① 桦甸县地方志编纂委员会:《桦甸县志》，吉林人民出版社1995年2月版，第689页。

② 永吉县志编纂委员会:《永吉县志》，长春出版社1991年6月版，第672页。

③ 康平县地方志编纂委员会:《康平县志》，沈阳：东北大学出版社1995年版，第574页。

④ 文中相关数字是参考《奉天省辉南县各级学校、文化机构教职员情况调查表》的数字，见吉林省辉南县县志编委会:《辉南县志·教育志》，吉林人民出版社2000年9月版，第59—61页。

学堂教育迅速兴起，随之在东北乡村大地上形成了一股办学热潮。在兴学过程中，拥有不同社会身份和教育背景的社会成员以教育体制转轨为契机纷纷投身于新式学堂。由于当时东北地区师资紧缺的问题相当严重，虽然东北当局制定了相应的解决办法，如鼓励各地选派留学生出国学习师范专业，并规定归国留学生有充任教员的义务；在各省大力倡导兴办师范学堂、师范传习所等教员培养机构；从外省高薪聘请，等等。然而，与迅速兴起的新式学堂教育相比，那些接受近代知识教育、受到师范专业训练的新型教师远远不敷需求，所以一些传统文人士子和私塾学究就成了合格教员的替代品，成为新式学堂中的“过渡型”教员。可见，当时东北乡村地区学堂师资构成是十分复杂的，既有接受过近代教育的知识分子，又有因科举废除、私塾改良而被迫涌入学堂的传统士子，还有一些少量的留学生和外国教习。这种现象在东北乡村持续了一段较长的时间，直到东北地区新式学校的发展形成了一定的规模，新式学堂的毕业学生基本满足学校教育教学的需要，从师范以及专门学堂毕业的教员才逐渐成为各级各类学堂师资力量的主体。这也充分说明，在任何地区新、旧教育体制的转轨并不能一蹴而就，而是一个十分缓慢的过程。这种现象在较为落后的广大乡村地区更为明显，特别是那些交通闭塞、环境恶劣的落后山区，这种学堂教员的新、旧过渡与交替的特点一直延续到新中国成立以后。

三、性别结构

教员的性别结构，也称为教员的性别比，是指在一定范围内和一定时期内，男女两性教员在教员总数中所占的比例关系。近代东北乡村地区的教员性别构成比较单一，性别比例严重失调。这时期，东北乡村地区教员性别构成的总体特征为：教员以男性教员为主，女性教员为辅，男性教员人数远远大于女性教员人数。

晚清时期，笔者并没有发现东北地区教员性别结构方面的统计资料。但是我们仍能从一些零散的资料中了解到东北地区教员性别比例的情况。晚清时期东北地区女学教育发展缓慢，不仅建立的学堂数量有限，而且办学规模也很小。这可以说明两点：其一，学堂数量的有限表明东北地区新式学堂教员的数量相应地有限；其二，学堂培养出的女性学生数量有限，造成女性教员的数量更为有限。龙江地区“最初从教人员均为男性。清光绪末期出现幼女学校，黑龙江教育先驱林传甲的母亲刘盛、妻子祝宗梁，是龙江地区最早的女教师”①。为了发展女子教育，黑龙江地方当局还特地从内地聘请一批优秀人才。其中，男教员数十人之多，而女教员仅3人，即1906年调用桂林第一女学教员祝宗梁女士担任女学堂校长；1907年咨调北洋女子师范生淑女严充幼女学堂教员。1910年咨调奉天留学日本师范生马淑桓为女子师范正教员。②

此外，我们还可以通过清末东北地区人口性别比的考察，来考察这时期东北地区教员性别比的问题。表4.8是清末黑龙江地区人口的性别比，表中的统计数据明确显示出晚清时期东北地区人口男女比例失调的现象。

表4.8 黑龙江地区人口性别比

年度	男	女	占总人口百分比（%）		性别比
			男	女	
光绪三十三年	726672	546719	57.07	42.93	132.9
光绪三十四年	810466	642916	55.76	44.24	126.1
宣统元年	879789	689831	56.05	43.95	127.5
宣统二年	913592	742812	55.16	44.84	123.0
宣统三年	110206	852586	59.51	40.49	129.7

资料来源：《黑龙江省第二次统计报告》，黑龙江档案馆藏，转自赵英兰：《清代东北人口与群体社会研究》，129页。

综上，晚清时期，东北乡村地区新式教育事业开始起步，不同身份的教员纷纷投身新式教育事业。在这些教员的性别比方面存在着明显的失调，即男性教员所占的比重远远大于女性教员的比重。一方面是女学发展严重滞后，导致了学校中聘请的教员数量有限和新式学堂毕业女学生数量有限，造成了男性教员众多、女性教员稀缺的畸形发展。另一方面是东北人口性别比本身就存在者比例失调的问题，再加上传统重男轻女观念的限制，东北地区进入新式女子学堂的学生数量有限，直接导致女子学堂教员数量的有限。这种现象的直接的后果就是男女教员性别比的严重失调。

① 黑龙江省龙江县地方志编纂委员会：《龙江县志》，中国城市经济社会出版社1991年10月版，第577页。

② 黑龙江省地方志编纂委员会：《黑龙江省志·教育志》，黑龙江人民出版社1996年12月版，第901页。

民国时期，随着东北乡村地区女子教育的发展，特别是女子师范教育和留学教育的进步，一些女学生纷纷投身于女子教育事业之中，随之东北乡村地区教员性别比失调的问题得到了一定程度的好转。“民国初年，龙江县境内计有女子学校8所，女教师10余人。提倡男女同校以后，各校女教师数量大增。”[1] 表4.9是民国时期东北地区初中等教育各类学堂教员的性别统计表，从中可以看出当时东北地区教员性别结构的现状。

表 4.9 民国时期东北地区初等、中等学堂教员统计表

学事 省别、学校类别				公			私			总		
				男	女	总	男	女	总	男	女	总
奉天地区	初等教育	国民学校		5596	340	5936	1102	21	1123	6698	361	7059
		高等小学		923	83	1006	40		40	963	83	1046
		乙种实业	农业	10		10				10		10
			工业									
			商业	11		11				11		11
		其他		5	2	7				5	2	7
		总计		6545	425	6970	1142	21	1163	7687	446	8133
	中等教育	中学		108		108				108		108
		师范		193	64	257				193	64	257
		甲种实业	农业	10		10				10		10
			工业	23		23				23		23
			商业	17		17				17		17
		其他		11	2	13				11	2	13
		总计		362	66	428				362	66	428
吉林地区	初等教育	国民学校		808	86	894	408	3	471	1276	89	1365
		高等小学		216	34	250	13		13	229	34	263
		乙种实业	农业	5		5				5		5
			工业	2		2				2		2
			商业	2		2				2		2
		其他		5		5				5		5
		总计		1038	120	1158	481	3	484	1519	123	1642

① 黑龙江省龙江县地方志编纂委员会:《龙江县志》，中国城市经济社会出版社1991年10月版，第577页。

续表

<table>
<tr><th colspan="4" rowspan="2">学事
省别、学校类别</th><th colspan="3">公</th><th colspan="3">私</th><th colspan="3">总</th></tr>
<tr><th>男</th><th>女</th><th>总</th><th>男</th><th>女</th><th>总</th><th>男</th><th>女</th><th>总</th></tr>
<tr><td rowspan="7">吉林地区</td><td rowspan="7">中等教育</td><td colspan="2">中学</td><td>59</td><td></td><td>59</td><td>9</td><td></td><td>9</td><td>68</td><td></td><td>68</td></tr>
<tr><td colspan="2">师范</td><td>57</td><td>18</td><td>75</td><td></td><td></td><td></td><td>57</td><td>18</td><td>75</td></tr>
<tr><td rowspan="3">甲实种业</td><td>农业</td><td>6</td><td></td><td>6</td><td></td><td></td><td></td><td>6</td><td></td><td>6</td></tr>
<tr><td>工业</td><td>6</td><td></td><td>6</td><td></td><td></td><td></td><td>6</td><td></td><td>6</td></tr>
<tr><td>商业</td><td>6</td><td></td><td>6</td><td></td><td></td><td></td><td>6</td><td></td><td>6</td></tr>
<tr><td colspan="2">其他</td><td>17</td><td></td><td>17</td><td></td><td></td><td></td><td>17</td><td></td><td>17</td></tr>
<tr><td colspan="2">总计</td><td>151</td><td>18</td><td>169</td><td>9</td><td></td><td>9</td><td>160</td><td>18</td><td>178</td></tr>
<tr><td rowspan="14">黑龙江地区</td><td rowspan="7">初等教育</td><td colspan="2">国民学校</td><td>572</td><td>93</td><td>665</td><td>669</td><td>4</td><td>673</td><td>1241</td><td>97</td><td>1338</td></tr>
<tr><td colspan="2">高等小学</td><td>134</td><td>22</td><td>156</td><td>6</td><td>2</td><td>8</td><td>140</td><td>24</td><td>164</td></tr>
<tr><td rowspan="3">乙种实业</td><td>农业</td><td>17</td><td></td><td>17</td><td></td><td></td><td></td><td>17</td><td></td><td>17</td></tr>
<tr><td>工业</td><td></td><td>2</td><td>2</td><td></td><td></td><td></td><td></td><td>2</td><td>2</td></tr>
<tr><td>商业</td><td>5</td><td></td><td>5</td><td>2</td><td></td><td>2</td><td>7</td><td></td><td>7</td></tr>
<tr><td colspan="2">其他</td><td></td><td></td><td></td><td></td><td></td><td></td><td></td><td></td><td></td></tr>
<tr><td colspan="2">总计</td><td>728</td><td>117</td><td>845</td><td>677</td><td>6</td><td>683</td><td>1405</td><td>123</td><td>1528</td></tr>
<tr><td rowspan="7">中等教育</td><td colspan="2">中学</td><td>22</td><td>7</td><td>29</td><td></td><td></td><td></td><td>22</td><td>7</td><td>29</td></tr>
<tr><td colspan="2">师范</td><td>18</td><td>8</td><td>26</td><td></td><td></td><td></td><td>18</td><td>8</td><td>26</td></tr>
<tr><td rowspan="3">甲实种业</td><td>农业</td><td>11</td><td></td><td>11</td><td></td><td></td><td></td><td>11</td><td></td><td>11</td></tr>
<tr><td>工业</td><td>10</td><td></td><td>10</td><td></td><td></td><td></td><td>10</td><td></td><td>10</td></tr>
<tr><td>商业</td><td></td><td></td><td></td><td></td><td></td><td></td><td></td><td></td><td></td></tr>
<tr><td colspan="2">其他</td><td>1</td><td>2</td><td>3</td><td></td><td></td><td></td><td>1</td><td>2</td><td>3</td></tr>
<tr><td colspan="2">总计</td><td>62</td><td>17</td><td>79</td><td></td><td></td><td></td><td>62</td><td>17</td><td>79</td></tr>
<tr><td colspan="4">合计</td><td>8886</td><td>763</td><td>9649</td><td>2299</td><td>30</td><td>2339</td><td>11195</td><td>793</td><td>11988</td></tr>
</table>

资料来源：本表中数字参考《奉天省学务统计表续》《吉林省学务统计表续》《黑龙江省学务统计表续》中统计数字制成，载教育部总务厅统计科编：《中华民国第五次教育统计图表（五年八月至六年七月）》，第53页，第73页，第93页。

从表4.9的统计数据可以明显地看出，民国时期东北地区教员性别结构不合理的状况。东北地区教员总数为11988人，其中，男教员11195人，占教员总数的93.4%，女教员793人，占教员总数6.6%。

从初等教育来看，东北地区初等教育教员总数11303人，男教员10611人，占初等教员总数的93.9%，女教员694人，占初等教员总数的6.1%；辽宁地区初等教育教员总数8133人，男教员7684人，占初等教员总数的94.5%，女教员446人，占初等教员总数的5.5%；吉林地区初等教育教员总数1642人，男教员1519人，占初等教员总数的92.5%，女教员123人，占初等教员总数的7.5%；黑龙江地区初等教育教员总数1529人，男教员1405人，占初等教员总数的91.9%，女教员123人，占初等教员总数的8.1%。

从中等教育来看，东北地区中等教育教员总数685人，男教员584人，占中等教员总数的85.3%，女教员101人，占中等教员总数的14.7%；辽宁省中等教育教员总数428人，男教员362人，占中等教员总数的84.6%，女教员66人，占中等教员总数的15.4%；吉林省中等教育教员总数178人，男教员160人，占中等教员总数的89.9%，女教员18人，占中等教员总数的10.1%；黑龙江省中等教育教员总数79人，男教员62人，占中等教员总数的78.5%，女教员17人，占中等教员总数的21.5%。

从国民学校教员来看，东北地区国民学校教员总数9762人，男教员9215人，占教员总数的94.4%，女教员547人，占教员总数的5.6%；辽宁地区国民学校教员总数7059人，男教员6698人，占教员总数的94.9%，女教员361人，占教员总数的5.1%；吉林地区国民学校教员总数1365人，男教员1276人，占教员总数的93.5%，女教员89人，占教员总数的6.5%；黑龙江地区国民学校教员总数1338人，男教员1241人，占教员总数的92.8%，女教员97人，占教员总数的7.2%。

从高等小学教员来看，辽东北地区高等小学教员总数1473人，男教员1332人，占教员总数的90.4%，女教员141人，占教员总数的9.6%；辽宁地区高等小学教员总数1046人，男教员963人，占教员总数的92.1%，女教员83人，占教员总数的7.9%；吉林地区高等小学教员总数263人，男教员229人，占教员总数的87.1%，女教员34人，占教员总数的12.9%；黑龙江地区高等小学教员总数164人，男教员140人，占教员总数的85.4%，女教员24人，占教员总数的14.6%。

从上面的数据分析来看，东北地区教员性格比的明显特征是男教员占有绝对的优势，女教员所占的比例最大，占教员总数的21.5%，最小仅占5.1%，其他大多数是在10%上下波动。可见，当时东北地区教员性别比例严重失衡，这也在一定程度上反映出东北地区女子教育的落后。随着东北地区学堂教育的进一步发展，东北地区男女教员比例失衡的状况略有好转，据《吉林省志·教育志》记载：1931年统计，吉林地区高级小学教职员895名，其中男782名，女113名；初级小学教职员3522名，其中男3203名，女319名；[①] 女教员分别占教职员总数的12.6%和9.1%，与前面统计的12.9%和6.5%相比，初级小学的女教员的比重有所增加，从某种程度上反映出了这时期吉林地区女子教育事业的进步。

四、年龄构成

教师的年龄结构是指各年龄阶段的教师在全体教师队伍中所占的比重。通过对教师年龄结构的分析，从一个侧面了解近代东北乡村地区师资力量发展的年龄分布状况。

晚清时期，关于东北地区教师群体年龄结构方面缺乏详细准确的调查统计，只是散见一些档案资料和回忆录中有些相关的记载。当时，东北地区的师资力量主要分为两大部分，一部分是旧式文人和经过改良的乡村塾师，另一部分是经过师范师范学堂、传习所等师范教育机构培训和他类新式学堂培训的教员。一般来说，传统旧式文人和经过改良的塾师年龄结构比较大，是以中年为主，青年和老年为辅的格局。接受新式教育的学生多数年龄比较年轻，是主要以青年为主，成年为辅的格局。新学教育兴起后，依兰地区的师资力量比较缺乏，只得启用一些具有传统功名的“老学究”来担任：

> 一九一〇年（宣统二年）以后，（依兰）相继又增设了三所学堂，其中有一所是女子小学堂，此外并于农村设立了太平镇的东乡小学和钓鱼台的南乡小学。学堂的教师是由国家任命的教谕或教习，多是有功名的老学究。[②]
>
> 又城南，某村小学教员李某（村名及名字忘记了），是位老贡生，因“怀才不遇”，竟效起刘伶来，经常痛饮而醉之，还说什么“一醉解千愁”。后来听说他在一次醉酒之后，失足落井而游了黄泉。[③]

---

① 吉林省地方志编纂委员会：《吉林省志·教育志》，吉林人民出版社1992年8月版，第465页。

② 赵国信：《民国时期的依兰学校教育》，《黑龙江文史资料》，第16辑，第86页。

③ 崔良璧：《“九·一八”事变前沈阳县的乡村教育》，《沈阳文史资料》，第6辑，第157页。

当然，也有一些具有传统功名的士绅年龄并不大。如辽中县劝学所所长李植嘉投身教育事业时正值壮年。清光绪二年（1876年），李植嘉生于辽中县六间房乡长岗子村。幼年时天资聪明，一心向学。入私塾后悉心学习《百家姓》《三字经》《千字文》，刻苦钻研四书五经，学习成绩一直名列前茅。清光绪二十二年（1896年）获得优附生的功名，在当地很有名气。光绪三十二年（1906年）辽中县公署奉令设立劝学所，李植嘉受邀出任辽中县学务总董一职，旋又出任劝学所长。在任职期间，李植嘉不畏艰难险阻，想尽各种办法积极兴学，在城乡地区共建59所小学，培养学生2348名。[①] 我们从年龄上来推算，光绪三十二年（ 1906年），李植嘉的年龄为30岁，即便是宣统三年（1911年），他的年龄也是身强体壮的35岁。可见，虽然一些旧式文士投身新式教育事业，但是当时东北乡村地区教师的年龄结构并不老化。

相反，一些新式学堂毕业生的年龄都比较年轻，海龙府的师范传习所毕业生郎恩凯还不满18岁就投身于当地的小学教育工作：

> 郎恩凯1889年生于辽宁省盖平县熊岳镇一个贫农家里，后随父迁居到围子里海龙府九龙口落户。七岁入私塾，后考入海龙府立高等小学堂，1902年毕业，因成绩优秀被选送到新成立的师范讲习科。1906年毕业后被分配到杨木林子小学工作。[②]

我们依据郎恩凯的出生年月进行推算，当1906年从教时郎恩凯的年龄才仅仅17岁。可见，当时东北地区由于师资力量严重缺乏，一些老师接受过新式教育或仅仅是短期的传习所培训就走上了教育的工作岗位。

民国时期，随着大批接受新式学堂教育的新式教员和国外留学归来的海归派人士相继投身教育事业，传统的旧式文人逐渐退出教育领域。因此，东北地区的师资力量的年龄结构发生了一个明显的变化，即年龄结构日趋年轻化。

民国时期，一些学者曾对全国部分中等学校的教师年龄进行调查研究，

① 杨振坤:《开创辽中教育的李植嘉》,《 辽中文史资料》，第5辑，第135—137页。

② 贾振刚、任岳山:《艰难的开拓者 丰收的硕果——记郎恩凯先生平事略》,《东丰文史资料》，第8辑，第1页。

并制作了一些相关的统计表格，笔者截取表格中东北部分的相关数据制成了下面的表格，从中我们可以了解东北地区教师年龄结构的一个概况：

表 4.10　东北地区中等学校教师的年龄构成表

年龄 \ 人数 \ 省别	奉天	吉林	黑龙江	合计
23 ~ 24.99	2	1	3	6
25 ~ 26.99	3	6		9
27 ~ 28.99	7	7	3	17
29 ~ 30.99	8	4	1	13
31 ~ 32.99	9	3	2	14
33 ~ 34.99	5	3	2	10
35 ~ 36.99	2	2	1	5
37 ~ 38.99	3	1		4
39 ~ 40.99	6	3	1	10
41 ~ 42.99		1		1
43 ~ 44.99	3	3		6
45 ~ 46.99	1		1	2
47 ~ 48.99			1	1
49 ~ 50.99	2		2	4
51 ~ 52.99	2	1		3
53 ~ 54.99	1	1		2
55 ~ 56.99				
57 ~ 58.99	1	1		2
总计	55	37	20	112
中数	32.6	31.3	30.6	31．5

资料来源：本表根据《全国地区中等学校教师的年龄分配》中数字制成，其中，合计一栏的数字是笔者增加的内容。参看李文海主编:《民国时期社会调查丛编》(文教事业卷)，福建教育出版社2003年12月版，302—第304页。

从上表的统计数据来看，民国时期东北地区教师的年龄结构趋于合理化。具体而言，教师的年龄范围是23岁至59岁，东北地区教师年龄的中数是31.5岁。其中奉天地区教师年龄的中数是32.6岁，吉林地区教师年龄的中数是31.3岁，黑龙江地区教师年龄的中数是30.6岁。那么，从各个年龄段的教师所占教师总数的比例来看，23—24.99岁占教员总数的5.4%，25—26.99岁占教员总数的8.0%，27—28.99岁占教员总数的15.2%，29—30.99岁占教员总数的11.6%，31—32.99岁占教员总数的12.5%，33—34.99岁占教员总数的8.9%，35—36.99岁占教员总数的4.5%，37—38.99岁占教员总数的3.6%，39—40.99岁占教员总数的8.9%，41—42.99岁占教员总数的0.9%，43—44.99岁占教员总数的5.4%，45—46.99岁占教员总数的1.8%，47—48.99岁占教员总数的0.8%，49—50.99岁占教员总数的3.6%，51—52.99岁占教员总数的2.7%，53—54.99岁占教员总数的1.8%，57—58.99岁占教员总数的1.8%。通过对比可以看出，25岁至34岁年龄段的教师所占的比重达到了56.2%，超过了教员总数的一半。就三省而论，23岁至35岁之间也是教员年龄所占比重较大的阶段，奉天地区的比重是61.8%，吉林地区是64.9%，黑龙江地区是60.0%，都超过了教员总数的半数。可见，当时东北地区的教师年龄结构比较年轻，这从另一方面也表明东北地区新式教育事业取得了长足的发展。

为了深入地了解东北地区教师年龄结构的问题，我们还可以利用相关数据对具体地区的教员年龄结构进行分析。表4.11是辉南县各级学校教职员的调查表，我们主要以表格中的年龄一栏分析一下当时辉南地区教职员的年龄结构情况。

表4.11　民国时期奉天省辉南县各级学校教职员情况调查表

单位名称	职称	姓名	别号	籍贯	年龄	出身	履历	备考
县立第一小学	校长	高景荣	桂森	辉南	42	海龙县立初级师范毕业	曾任师中学校校长	
县立第一小学	正教员	王有春	孟諏	辉南	33	海龙县立教员讲习所毕业	曾任小学教员	
县立第一小学	高级教员	王保麟	趾祥	辉南	37	开源县立初级师范毕业	曾任辉南县立女师讲教员	
县立第一小学	高级教员	王国彦	文昱	辉南	28	东北大学文科预科毕业	曾任师中校史地教员	
县立第一小学	高级教员	于贵中	允齐	辉南	不详	海龙县立初级师范毕业	曾任师中校理化教员	
县立第一小学	初级教员	王尽相	良弼	辉南	28	奉天省立第五师范毕业	曾任师中校理化教员	
县立第一小学	初级教员	郭庆云	景卿	辉南	26	辉南县立师范讲习科毕业	任小学校长	

续表

单位名称	职称	姓名	别号	籍贯	年龄	出身	履历	备考
县立第一中学	初级教员	杨治厚	伯宽	辉南	不详	奉天省立第二工科毕业	曾任中学体育教员	
县立第一中学	初级教员	董秀琨	蕴璞	辉南	29	奉天省立第五师范毕业	曾任小学教员，教育局委员	
县立第一中学	初级教员	王金铠	擐身	辉南	23	辉南县立师讲毕业	曾任小学校教员	
县立第一中学	初级教员	刘选文	藜青	辉南	30	奉天省立第五师范毕业	曾任小学教员教育员委员	
县立第一中学	初级教员	沈长兴	然勃	辉南	28	奉天省立第一高中文科毕业	任小学教员	
县立第一中学	校长	张恩	润民	辉南	44	海龙县初级师范毕业	女师讲校长	
县立第一中学	高级教员	刘清源	静泉	辉南	35	海龙县旧制中学毕业，文教部教员讲习所毕业	曾任女师讲校训育主任	
县立第一中学	初级正教员	于贵纯	宪文	辉南	22	辉南县立女师讲毕业		
县立第一中学	初级教员	刘清贞	洁珊	辉南	18	辉南县立女师讲毕业		
县立第一中学	初级教员	郑淑德	绍欧	辉南	19	辉南县立女师讲毕业	曾任小学教员	
县立第一中学	初级教员	林淑英	儒杰	辉南	22	辉南县立女师讲毕业	曾任小学教员	
县立第一中学	校长	刘德录	乃封	辉南	37	奉天省立第五师范毕业	曾任师中校长	
县立第一中学	初级教员	王永成	化久	辉南	28	辉南县立师讲毕业	曾任小学教员	
第三区立第一小学	正教员	李景清	静涛	辉南	36	海龙县旧制中学毕业	曾任小学教员	
第三区立第二小学	正教员	张四维	国纪	辉南	27	辉南县立师讲毕业	曾任小学校长	
第四区立第一小学	校长	刘安忱	敬之	辉南	44	辉南县立师讲毕业	曾任小学校长	
第四区立第一小学	初级教员	张子良		辉南	43	奉天省立第四中学毕业		

续表

单位名称	职称	姓名	别号	籍贯	年龄	出身	履历	备考
第四区立第一小学	正教员	李玺玉	宝忱	辉南	33	奉天省立第五师范毕业	任师中校长，教育委员	
第四区立第二小学	正教员	赵振南	振辰	辉南	39	辉南县立师讲毕业	曾任小学校长	
第五区立第一小学	校长	许守业	承先	辉南	不详	山东省广饶县立师讲毕业	曾任小学教员	
第五区立第一小学	初级教员	荆文焕	树人	辉南	24	辉南县立师讲毕业	曾任小学教员	
第五区立第一小学	正教员	盖蕴贵	淑琳	辉南	39	辉南县立师讲毕业	曾任小学教员	

说明：此表根据《奉天省辉南县各级学校、文化机构教职员情况调查表》制成，资料来源于《辉南县志·教育志》，第59—61页。

表格中共列出29名职教员，除了3名教员年龄不详外，其他26名教员都明确地标出了年龄。这些教员最小的年龄为18岁，最大的年龄为44岁，年龄的中数为31.3岁。其中，20岁以下的教员2名，占教员总数的7.7%，20岁至30岁之间的教员11人，占教员总数的42.3%，30岁至40岁之间的教员9人，占教员总数的34.6%，40岁以上的教员4人，占教员总数的15.4%。其中，20岁至30岁年龄段的教师成了队伍中的主体，这也反映了民国时期东北地区教师年龄结构的年轻化的一个趋向。

此外，我们还可以从当时一些学堂学生的回忆中得到印证。据张玉英女士回忆，1928年，她进入明水女校读书时，当时的教师有5名，分别是“王俊然，女，校长兼音体课，拜泉师范毕业；宋凤义，女，王俊然走后任校长，拜泉师范毕业生；宋凤书，女，拜泉师范毕业生，后任校长；那淑云，女，语文教师，拜泉师范毕业；徐俊卿，女，记不清她的学历，后任就、校长。”“这些女老师都是大姑娘，年龄在20岁左右。看上去都端庄文静，但在课堂上却十分严肃，学生对她们是又敬又怕。”[①]可见，当时东北地区教师年龄结构的构成情况。

总之，清末民初时期，东北乡村地区师资年龄结构比较年轻，绝大多数为青壮年。这种现象出现的原因主要有两点。其一，东北地区经济文化一直

① 张玉英：《我在明水女校读书的那些年》，《明水文史资料》，第3辑，第5—6页。

相对比较落后，文化人才十分匮乏。东北新式教育兴起后，在一穷二白文化基础上教育发展的程度有限，旧式文人进入教育领域的比重也相对较少。即使进入教育领域的旧式文人，也要接受相应的培训才能上岗。其二，东北地方当局积极兴办师资培养和改良机构，并从外地聘请一些新式学堂毕业生担任教学和管理工作。后来，各类新式学堂培养出来的毕业生和留学归来的留学生积极投身教育事业，淘汰了一批管教不太合法的旧式教员，这也在一定程度上改善了东北地区教员的年龄结构。因此，在清末民初时期，东北地区师资年龄结构相对比较年轻。

五、地域结构

教师的地域结构，也就是教师来源地的构成。通过对清末民初时期东北地区师资的地域结构的分析，有助于更深入地了解东北地区师资力量的构成情况。当时东北地区教员地域结构的分布主要包括本地教员、外省教员和外籍教员三部分。民国初年，宝清小学教师多用辽吉二省外来的知识分子。据伪康德《宝清县志》记载："在宝清一校任教的28名教师中，辽宁籍有16人，吉林籍12人。这些人多是辽吉二省师范学校毕业生，随其家人移来宝清后被招聘任用为小学教师和塾师。"[①]下面一段资料反映了当时东北地区教员地域结构的概况，从中可以了解东北地区教师地域结构的情况：

（同泽中学）为了提高学生的学习素质，慎选师资，讲究教法。国文课聘选国内宿儒尚节之（著有《辛寅春秋》）、路之淦、孙吉阶、王廷思等任教；英文课改聘南开大学毕业生王慕柳、刘涤凡等任教，并聘请基督教青年会牧师华茂山（丹麦人）担任兼职教员；数学课由崔明飏（兼舍监长，北京师范大学数学系毕业）、孙鹏、贾文韬（兼学监主任，沈阳高师数理化科毕业）担任；高中数学课改用英文原本；理化课由李国凤（兼教务，沈阳高师数理化科毕业）担任，后改为留学生担任，李国凤改任数学教员；史地课由卢书勋（北京高师毕业）任教；博物课由李学海、李法清（兼学监，沈阳高师博物科毕业）任教；美术课由徐延年担任；体育课由徐国祥（兼处长）担任；校医由

① 宝清县地方志编纂委员会:《宝清县志》，南京：宝清县志编纂委员会1993年12月版，第532页。

矫又新、宁秀峰担任。教员阵容强，教学质量好，学生学习成绩好，特别是英文更好。[①]

从上段资料可以看出东北地区师资地域结构的情况。总体来说，近代东北乡村地区的教师主要以本地教员为主，再辅之以省外教员和国外教员。

（一）本地教员

新式教育运动兴起后，东北地方当局为了培养教员，因地制宜地采取各种措施满足新式学堂的发展需要。特别是随着师范学堂、师范传习所和私塾改良会等机构的建立，大批教员纷纷走上教学岗位。长春地区“兴学首重师范，卑县偏隅僻处，教授乏人，拟于两等小学校东边基址内添盖讲堂、寝室十余椽，设立初级师范学堂一处，开办简易科，选录各私塾蒙师之文理明通者四十名入堂听讲，授以教授、管理各法及师范必要学科，定期八个月，卒业后分派各镇充当蒙学教师，以达无地无人不学之目的。其管理员、教员即以高等小学堂之教员暂行兼充，略加津贴以省经费”[②]。可见，这些新式学堂培养的教员毕业后纷纷投身教育领域，在一定程度上构成了东北地区教师队伍的主体。宣统二年，奉天省的提学使就派师范学堂的毕业生分赴各地担任教学工作：“苏正冕改高等学堂监学兼国文法政教员，廷栋改派高等学堂监学兼博物教员，李奠唐改派高等学堂图画教员兼任高等实业图画教员，唐治派充凤凰厅八旗两等小学堂校长兼任教科，郭钟秀派充凤凰厅两等小学堂兼师范简易科校长兼任教科，李贤廷派充辽阳州师范学堂国文教员，孟庆荣派充高等实业学堂理化教员，钟庆派充两级师范学堂监学兼图画手工教员，郭绍汾派充广宁县劝学所总董，孙耀祖派充维城小学副教员，李敝增派充内务府小学堂体操兼图画教员，李宗棠、廷献、宗英均派充南路模范小学副教员，杨学派充□路体操图画教员，万嘉荫派充兴京八旗两等小学堂教员。”[③] 黑龙江地区不仅采取本地培养的办法，还派遣一些学生分赴外省新式学堂学习，毕业后回省担任教员工作。“1905年（光绪三十一年），黑龙江省立师范学堂毕业

① 安泉溥、张玉璇、张鸿翮：《张学良再办同泽中学》，方正、俞光茂、纪红民：《张学良和东北军》（1901—1936），中国文史出版社1986年12月版，第279—284页。

② 《专件：署农安县李司马季康上朱抚军条陈（一）》，《盛京时报》，1907年6月25日。

③ 《提学司分派师范生》，《盛京时报》，1910年1月27日 。

生50人，1906年（光绪三十二年），师范毕业生100人，分别派赴全省各地担任初、高等小学教员。同年，北洋师范6名黑龙江省籍毕业生回省担任教员。以后，又陆续有初级简易师范生30人、优级理化选科20人以及优级数学选科、优级博物选科毕业生，被分配担任中小学教员。”①

（二）外省教员

由于师资力量的缺乏，东北地方当局采取从外省调用和聘请教员的办法加以解决。晚清时期，由于黑龙江地区经济文化发展水平比较落后，在兴学之初师资力量缺乏的程度较为严重，本地的培养时间上又来不及。因此，黑龙江地方当局不得不采取从内地调用和聘请的办法。这样，在其师资地域结构中就增加了外省教员的比重。在《黑龙江省志·教育志》中有着详细的的记载：

> 清末时期，黑龙江省的师范毕业生不敷分配。1905年（光绪三十一年），调北洋师范毕业生2人担任高小教员。1906年（光绪三十二年），第一次调用师范大学生4人；1908年（光绪三十四年），第二次调用大学师范生10人；不久，第三次续派大学师范生4人，担任中等学堂教员。同年，学部又指派5名教员，担任中学教员。
>
> 从外省调用女教员：1905年（光绪三十一年），调桂林女学教员，1906年（光绪三十二年），调北洋女子师范生，次年，又调奉天留学日本师范生，调上海爱国女学校师范生，调北京女子师范生和苏州女子师范生共6人，来龙江担任女子学校教员。
>
> 从外省调用专门人员：调用法政人员4人，调用农业人员7人，调用工业人员5人等共16人，担任专门学校和中等实业学堂教员。②

此外，我们还可以从当时一些新闻报道中了解到相关情况的记载。晚清时期，双城女子师范学堂就聘请了一些外省的教员："女子师范学堂教员王文秀北京人，顾修浙江人。因内省风云俶□，家室堪忧，于日前禀请回籍，如大

① 黑龙江省地方志编纂委员会:《黑龙江省志·教育志》，黑龙江人民出版社1996年12月版，第904页。

② 黑龙江省地方志编纂委员会:《黑龙江省志·教育志》，黑龙江人民出版社1996年12月版，第904页。

局底定即行回堂上课。荣太守以其去志甚艰，爰即批准。于日昨搭乘火车南旋云。”①

民国时期，东北地方当局继续采取从外聘请教员的办法补充师资力量。民国时期，瑷珲地区的小学有了较大的发展。除了新式学堂的教学工作由本地教员担任外，还于1912年（民国元年）选送陈连悦、何兴亚等6名学生到省第一师范学校学习本科5年。第二期又选送孟昭德、王精一、冯宪章等学生学习。1916年（民国五年）第一期师范毕业生回县，在两等小学校任史地、理化、数学等科教学，使教学内容有了很大改变。②此外，学校还聘请黑河道立师范学堂（后改为黑河师范传习所）毕业生，呼兰、齐齐哈尔等地师范毕业生和瑷珲、黑河两地中学毕业生担任教员。1922年（民国十一年）有小学教员74人，中学教员由北京第一师范和齐齐哈尔师范毕业生担任。③下面的表格是1931年东省特区小学校长的籍贯统计情况。

表4.12 1931年东省特别区立（道里地区部分）小学校长一览表

学校	校长姓名	次章	性别	年龄	籍贯	资格	到校年月	备注
第一小学校	谢树	晓山	男	31	吉林	山海职业教育专修科卒业	1929年11月	今东风校
第三小学校	关卓然	屹若	男	34	吉林	吉林省立一师本科卒业	1931年1月	今安广校
第七小学校	锺国勋	允庵	男	38	吉林永吉	北平朝阳大学卒业	1930年7月	今顾乡校
第九小学校	赵廷萱	春生	男	36	辽宁本溪	辽宁省立第二师范卒业	1930年10月	原新阳校
第十小学校	王子仁	霭如	男	35	吉林宁安	国立北京高等师范卒业	1929年11月	今抚顺校
第十一小学校	高朝宗	智川	男	30	凤城	沈阳高中附中毕业	1931年1月	今工程校
第十二小学校	米春沛	膏如	男	25	吉林	吉林省立三师卒业	1931年1月	1938年并入安广校
第十三小学校	金熙	少宁	女	35	沈阳	北京女子高师卒业	1931年1月	

① 《女教员请假回家》，《盛京时报》，1911年10月1日。

② 爱辉县修志办公室：《爱辉县志》，北方文物杂志社出版1986年10月版，第648页。

③ 爱辉县修志办公室：《爱辉县志》，北方文物杂志社出版1986年10月版，第645页。

续表

学校	校长姓名	次章	性别	年龄	籍贯	资格	到校年月	备注
第十四小学校	郭涛光		男	35	凌源	热河师范学校卒业	1926年7月	今民和校
第十六小学校	王延宾	觐秋	男	34	凤城	辽宁省立二师卒业	1931年1月	今尚志校
第十八小学校	王明侯	次公	男	38	双城	吉林双城县师范卒业	1930年7月	
第十八小学附属幼稚园	于季兰	晴霞	女	27	双城	吉林省立女师幼稚班卒业	1924年12月	今尚志校

资料来源：哈尔滨市道里区志编纂委员会：《道里区志》，黑龙江将人民出版社1993年11月版，第441页。

在上表中，共有校长12人，其中辽宁地区5人，凤城2人，凌源1人，沈阳1人；吉林地区5人，吉林3人，永吉1人，宁安1人；黑龙江地区2人，双城2人。可见，道里区学校的校长来自东北3个省，7个县。因此，当时东北地区一些学堂存在着聘请外省教员的情况。

（三）外籍教员

在东北地区学堂中，还存在一些外籍教习。晚清时期，东北地区存在一些外籍教员。如复州学堂聘请的“日员野村君温厚笃实，学问渊博，熟谙西学兼善中国语。前年，由复州官绅延聘来复州学堂某某科讲演训育有方，生徒孟晋复与官商极意联络，以资助风教之开发，曾未有倦怠之一日，官商等群谓复州今日之开明，以野村君之力为多云。兹间住期以满，将回国，官商子弟敬恭不置，皆惜君之去而冀其留任，并禀呈学堂监督，谓学堂预算需款若有不敷，予等原担其责，以充野村君留职之用云云，师弟间感情如此，亦罕有之盛事也”[①]。根据光绪三十三年、光绪三十四年、宣统元年三年教育统计图表的统计，晚清时期东北地区共有外籍教员72人，其中高等学堂4人，优级师范学堂10人，初级师范学堂8人，师范传习所5人，专门学堂16人，实业学堂29人。分布情况如下表：

① 《学生挽留日教员》，《盛京时报》，1908年11月13日。

表 4.13 东三省乡村地区日本教习的分布表

地区	校名	教习姓名	备考
营口	商业学堂	三田村 源次	
		上野 正则	
		小田原 寅吉	
		太谷 宪	原陆军通译官
安东	岫岩州师范学堂	永尾 龙造	
新民	新民府公学师范学堂	石川 宗雄	
		泷本 洁	北京东文社出身
复州	师范传习班	野村 正	教务长，教日、英语、算术、格致
康平	蒙古博王府立学校	小川 庄藏	陆军步兵曹长（上士），教日文、算术、体操
		桂 德治	陆军步兵曹长（上士），教体操、生理、算术
长春	中等实业学堂	中村 速一	数学·图画工科专门科目
		加知 贞一郎	东京高等师范学校毕业，理科教授
	农业实业学堂	莅井 善三郎	
	两级师范学堂	峰簇 良充	教教育学、理科、数学、日语
	女子师范学堂	峰簇 操子	教理科、体操、音乐、手工、图画

说明：此表根据汪向荣《日本教习》及南里知树《日中关系史料》整理。

民国时期，东北地区仍然存在一些外籍教习。由于东北地区新式教育的逐渐的发展，东北地区培养的教员基本上能够满足当地中小学堂和师范类学堂的需要，只是在实业学堂、高等学堂和外语类学堂中还存在一些外籍教习。

第二节 乡村新型教师群体的收支状况

清末民初时期，东北乡村地区教员的收入与支出问题是一个比较复杂的问题，这不仅与地方政府的重视程度有关，还与当地的经济、文化、教育事业的发展程度有密切的关系。通过对教员的收入与支出情况的分析，对于了解这时期东北地区师资状况有一定的借鉴的意义。

一、收入状况

为了规范教员的薪水问题，清政府于1911年颁布《小学经费暂行章程》，其规定："每一堂如只学生一班，初等小学每年经费定额以一百八十元为中数，至多不得过二百四十元，高等小学经费以四百元为中数，至多不得过六百元。以上额定经费，当以十分之七或十分之八作为教员薪金。"[①]当然，这种规定并不能在全国各地取得整齐划一的效果。因此，全国各地学堂教员的待遇基本上是地方当局根据本地经济文化发展水平而决定待遇的高低。对于东北地区教师的薪水问题，我们可以根据晚清政府所做的相关的统计进行考察。下面两个表是笔者自己根据相关规定制成的东北各类学堂教员的年薪数目表，从中可以了解东北地区学堂教员的待遇的高低。

表 4.14　1907 年东三省各类学堂每名教员年薪数目表　单位：元

各学堂教员薪水 / 省别	实业学堂	专门学堂	师范学堂	中学堂	小学堂	平均值
奉天	600		372	425	106	376
吉林	269	1036	507	374	147	466
黑龙江	232	497	257	260	199	285

资料来源：根据学部总务司编《光绪三十三年第一次教育统计图表》相关数据制成，载沈云龙《近代中国史料丛刊》第三篇，第十辑之九十三—九十五册，台湾文海出版社1986年版，第63—936页。

表 4.15　1907 年教员年薪占各学堂学务岁出比例表

教员薪水占学堂学务岁出比例 / 省别	实业学堂	专门学堂	师范学堂	中学堂	小学堂	平均值
奉天	34%		25%	40%	39%	35%
吉林	3%	31%	22%	9%	29%	19%
黑龙江	55%	20%		26%	33%	34%

资料来源：根据学部总务司编《光绪三十三年第一次教育统计图表》相关数据制成，载沈云龙《近代中国史料丛刊》第三篇，第十辑之九十三—九十五册，台湾文海出版社1986年版，第63—936页。

从上表来看，工资待遇最好的是专门学堂教员，依次是实业学堂和师范学堂教员的薪水，小学教员的薪水最低。这种情况出现的原因，一方面是因为专门学堂、实业学堂和师范学堂一般需要具有新式知识和一定资历的人员

① 《1911年学部奏定小学经费暂行章程折》，李桂林、戚名琇、钱曼倩编《中国近代教育史资料·普通教育》，上海教育出版社1995年版，第69页。

担任，这几类学堂还有一些外籍教员，所以这些学堂的教员薪水相对较高。小学教员的标准不高，师资来源的渠道也较多，因此教员的待遇十分低。

此外，不仅不同地区、不同类型的学堂的教员薪水待遇存在差别，即使在同一地区的教员工资待遇也有所差异。宣统三年（1911年），安东县高等小学正教员月薪分为9级，最高月薪为大洋38元，最低10元；专科正教员和副教员分为8级，从高32元，最低6元；初等小学正教员月薪为6级，最高18元，最低8元；副教员分为5级，最高14元，最低6元。1927年，安东县教职员月平均薪俸是大洋70元左右。[①] 即使是在同一所学堂，教授不同课程的教员的薪水也是多寡不一，这与教员自身的资历、教授科目、授课时间长短有关。此外，教员的薪水还与东北地区局势稳定情况和经济发展状态有关。黑龙江地区教员"薪水的实际收入，以银价的涨落为准。江省实银缺乏，市上通用以广信公司钱帖作价，1906年（光绪三十二年），每银1两，值钱帖3吊余。次年，银价涨至6吊、7吊，教员薪水也随之每两以6吊、7吊作价，但实际银价已涨至13吊、17吊。各县高等小学教职员，名为月薪20两，所入不及10两，初等小学教员月薪10余两，实际收入已赶不不上一工人的收入。导致师范毕业的教员纷纷外流他就，成为教育界的一大难题。此种现象一直延续到民国3年，改订地方附加税征收办法后才有所改变"[②]。

奉系军阀统治基本稳固后，东北地区的经济文化事业进入一个短暂的发展阶段。加之东北当局的主政者对于教育事业的重视，这时期东北地区教员的待遇有所改善。下面是民国时期一些学者对东北地区教员待遇的调查，从中可以看出当时东北地区教员待遇的情况。

表 4.16 东北地区中等学校教师全年薪俸表 单位：元

省别 / 人数 / 元数	奉天	吉林	黑龙江	总计
150		1		1
200			1	1
250		2		2

① 丹东市地方志办公室:《丹东市志》，辽宁科学技术出版社1993年4月版，第51页。

② 黑龙江省地方志编纂委员会:《黑龙江省志·教育志》，黑龙江人民出版社1996年12月版，第912—913页。

续表

省别 / 人数 / 元数	奉天	吉林	黑龙江	总计
300				
350	1	1	3	5
400	1		1	2
450	1			1
500	4		3	7
550	2		1	3
600	7	2		9
650	4		1	5
700	11	2	2	15
750	6	3		9
800		3		3
850	4	5	1	10
900	4	1	1	6
950	5	3	1	9
1000	1	6	3	10
1050	2			2
1100		3		3
1150				
1200		3		3
1250				
1300			1	1
1350				
1400	1	1		2
1400 以上			1	1
合计	54	36	20	110
中数	731.82	890.00	675.00	

资料来源:《全国中等学校教师全年薪俸表》，李文海主编:《民国时期社会调查丛编》（文教事业卷），福建教育出版2004年12月版，第318—320页。总计一栏为笔者所加。

从表中的统计来看，当时东北地区教员的待遇比晚清时期有了明显的提高，总体趋势呈金字塔形结构，即年工资为500元以下和1000元以上的教员比重较少，分别占10.9%和10.9%，而年薪在500—1000元之间的教员比重较大，占到了78.2%。从三个省教员工资的中数来看，吉林地区教员工资待遇最高，为890元，其次是奉天地区，为731.82元，最低是黑龙江地区，为675元。如果按12月计算，三个省教员的月工资的中数：奉天为61元，吉林为74元，黑龙江为56.2元。

从各县教员的工资待遇来看，不同地区，不同的学堂，教师的待遇也存在一定的差异。岫岩地区教师的薪俸十分低微："1917年（民国6年）中学教师月薪50至60元（奉小洋，下同），县立小学的高小教师月薪28元至36元，其薪金由县开支。区立小学教师及县立小学的初小教师薪金靠学费支付，薪金数额视所在学校学生及学费多寡而定，因农民生活贫困，儿童入学者少，月薪仅14至18元，相当于县衙科长的十分之一。"[①] 另外，教员职称的不同也会带来工资待遇上的差异。西安地区："男女师范教员60月（月薪）；中学校教员58元，城内高小正教员44元，副教员42元；县立高小教员40元；初小正教员38元；副教员32元。"[②] 可见，当时东北地区教员的工资待遇存在一定的差异。

另外，我们还可以通过对一个学堂教员待遇的考察，来分析教育待遇的差距问题。李建树先生根据1930年5月敦化县视学赵鼎舜对敖东中学调查所记教职工情况制成下表，从中可以了解当时学校教员的待遇问题。

表 4.17 敖东中学教职员一览表表

姓名	职务	资格	担任钟点	到校时间	月薪	服务状况
张成之	校长	北京高等师范毕业	1小时	民国十六年三月	87元	热心办理毅力可佳
刘廷芝	训育主任兼教员	山东省立第四师范毕业	9小时	民国十九年三月	95.5元	管理训练均有可取
王芷升	教员	前清贡生	21小时	民国十九年三月	100元	管教颇能尽心
赵树人	体育主任兼教员	辽宁东北体育专门毕业	9小时	民国十九年三月	56元	管教合理
杜占杰	教员	天津北洋大学毕业	28小时	民国十九年三月	138元	管教可取
吴恒颐	教员	北京平民大学毕业	11小时	民国十九年三月	53元	管教尚可

① 岫岩县志编辑部:《岫岩县志》，辽宁大学出版社1989年6月版，第528页。

② 《教育所会议学务》,《盛京时报》，1926年7月16日。

续表

姓名	职务	资格	担任钟点	到校时间	月薪	服务状况
刘廷如	教员	吉林省立第一师范毕业	1小时	民国十九年三月	4元	管教颇佳

资料来源：李建树《敦化县敖东中学始末》，《敦化文史资料》，第6辑，第39页。

从上面的统计中，我们可以发现有两个显著的特点：一是教员的工资待遇与授课时间直接挂钩，授课时间越长，工资待遇就越高，这就能极大地调动教员教学的主动性和积极性，提高学校管理和教学工作的质量；二是教员的教育程度较高，多为当时各地著名学校的高材生。由于地方当局和校方的重视，学校不惜高薪聘请一些外省的优秀人才来校任教，有利于改善学堂的管理和教学工作。

针对东北地区教员工资待遇低廉的情况，东北地方当局采取一些加薪举措。1925年初，奉天省长公署曾三次通令各县整顿亩杂各捐，增加小学教师薪俸。虽然有安东、洮南、义县、铁岭、沈阳等40余县遵照办理，但“拟有具体办法者甚属寥寥，多半空言搪塞，不务实际”。各县的具体做法也有所不同，有的县将所属小学教师的薪俸增加数元，有的县实行年功加俸，有的县则实行奖励，更有一面全部增薪，一面奖励有功教师等县份。省长公署还确定了从亩杂各捐陈欠、尚未举办的各项杂捐中、村会收入中、学田收入素未列入其他用途的款项作为补助增薪的底款。

此外，东北地方当局还推出了一些福利措施。1919年奉天省教育厅颁布《各校职员恤金章程》，限定现时在校职员因劳病故者，恤金金额依该员任职时间暂为标准。任职1校继续10年以上卓著成绩者以4个月薪金；继续5年以上卓著成绩者以2个月薪金；任职历2校或3校，中间并无间断接算至10年以上卓著成绩者以1个月薪金。1920年，奉天省教育厅在训令《给予小学教员慰劳金及退隐金规程》中规定：①小学教员任职1校在1年以上，经教育厅考核认为成绩优良者适用此规程；②慰劳金给予于学年终行之；③慰劳金等级标准为3个月薪金、2个月薪金、一个月薪金；④给予慰劳金员额，不得超过全校职教员数1／3以上；⑤此项慰劳金给予，以本年度为限；⑥受有年功加俸者不得援以为例。关于退隐金规定：小学校长、教员年逾50岁在职10年以上荣誉休职，经教育厅认为必须维持其生计者，给予退隐金。退隐金分三种：

在职10年以上著有劳绩者，年给休职时薪金额1／4，以3年为限；在职15年以上著有劳绩者，年给休职时薪金额1／3，以4年为限；在职20年以上著有劳绩者，年给休职时薪金额1／2，以5年为限。退职后未逾给予退隐金年限死亡者，仍按照年限准其后嗣承领。[①]慰劳仪和退隐金是奉天省首创和推行的，它的推行行对于激励和刺激小学教员勤奋工作具有重要的作用。

从总体来说，清末民初时期东北乡村地区教师的待遇稳步提高，有一定的增长。如："民国初年，安东中学教师的平均薪俸为每月大洋60元。民国20年（1931年），安东县中学教师平均月薪为大洋90元。"[②]当然，东北地区教员的待遇高低只是一个相对的数字，与其他地区教员的相关待遇相比存在一定的差距。国外教员的待遇好于国内教员的待遇，外省教员的待遇好于本地教员的待遇，县城地区教师待遇明显好于乡村教员的待遇。"（奉天）小学教员俸给多寡殊不一致，各县小学教员月俸不超10元，甚至有3、4元者。"[③]此外，教员的待遇还随时会受到当地政局和经济发展情况的影响，一旦出现经济不景气或政局动荡的局面，教员的工资就会相应地下滑。"（辽阳地区）小学教员工资约在小洋二十元上下。军阀时代，奉系军阀参加军阀战争，练兵筹饷，致使通货膨胀，物价高涨，小学教员工资折合现大洋仅七、八元，且积压不发，小学教员的生活，困难已极。"[④]长岭县"小学教员每月薪俸只18元，本已过微，且积压数月未发"[⑤]，甚至一些小学教员，"他们的收入甚至不如理发师和人力车夫（理发师和人力车夫每月皆可赚四五十元现大洋，而小学教员的收入均在20 ~ 30元现大洋之间），实不足以维持生活"。

二、支出状况

对于清末民初时期东北乡村地区教员支出的问题，目前还缺乏一些详细的统计资料，只是在一些方志资料中有些零星的记载。笔者就依据所查到的资料分析一下当时东北地区学堂教员的支出情况。

① 辽宁省地方志编纂委员会：《辽宁省志·教育志》，辽宁大学出版社2001年11月版，第697—698页。

② 丹东市地方志办公室：《丹东市志》，辽宁科学技术出版社1993年4月版，第71页。

③ 辽宁省地方志编纂委员会：《辽宁省志·教育志》，辽宁大学出版社2001年11月版，第473页。

④ 杨效震：《解放前辽阳教育概况（1904—1946年）》，《辽宁文史资料》，第12辑，第159页。

⑤ 辽宁省地方志编纂委员会：《辽宁省志·教育志》，辽宁大学出版社2001年11月版，第474页。

一般来说，教员的正常开支应当包括生活开支和社交开支两个部分。生活开支主要用于如衣食住行方面的日常生活的花销；社交开支主要指在如请客吃饭、礼尚往来等社会交往中的花销。下面有两个表格，一个是民国时期东北地区中等学校教员全年个人消费的统计，另一个是民国时期东北地区中等学校教师全年家庭用度表，了解这时期东北地区中等学堂教员个人和家庭的全年开支问题。

表 4.18 民国时期东北地区中等学校教师全年个人用度表单位：元

省别 人数 元数	奉天	吉林	黑龙江	合计
51 ~ 100			3	3
101 ~ 150	1		5	6
151 ~ 200	8	4	2	14
201 ~ 250	2	4		6
251 ~ 300	18	5	2	25
301 ~ 350	2	3	1	6
351 ~ 400	13	6	3	22
401 ~ 450	1	2		3
451 ~ 500	6	4	2	12
501 ~ 550	1			1
551 ~ 600	3	4		7
601 ~ 650		1		1
651 ~ 700		1	1	2
701 ~ 750				
751 ~ 800				
801 ~ 850				
851 ~ 900				
901 ~ 950				
951 ~ 1000			1	1
1000 以上	1			1
合计	56	34	20	110
中数	298.22	359.34	225.00	

资料来源：《全国中等学校教师全年个人用度表》，李文海主编：《民国时期社会调查丛

编》，福建教育出版社2004年12月版，第320—322页。“合计”一栏中数字为笔者所加。

从上表中的统计可以看出，当时东北地区中等学校教员的个人全年开支在50至1000元之间不等，中数为294.19元。具体来说，51—100元的3人，占教员总数的2.7%；101—150元的6人，占教员总数的5.5%；151—200元的14人，占教员总数的12.7%；201—250元的6人，占教员总数的5.5%；251—300元的25人，占教员总数的22.7%；301—350元的6人，占教员总数的5.5%；351—400元的22人，占教员总数的20%；401—450元的3人，占教员总数的2.7%；451—500元的12人，占教员总数的10.9%；501—550元的1人，占教员总数的0.91%；551—600元的7人，占教员总数的6.4%；601—650元的1人，占教员总数的0.91%；651—700元的2人，占教员总数的1.8%；951—1000元的1人，占教员总数的0.91%；1000元以上的1人，占教员总数的0.91%。其中，151—200元、451—500元、351—400元、251—300元共有73人，占教员总数的66.4%，超过了教员总数的一半。

表4.19 全国中等学校教师全年家用度表 单位：元

省别 / 人数 / 元数	奉天	吉林	黑龙江	合计
51 ~ 100	1			1
101 ~ 150		1	1	2
151 ~ 200	6	1	2	9
201 ~ 250	1			1
251 ~ 300	10	1	1	12
301 ~ 350			1	1
351 ~ 400	8	6		14
401 ~ 450	2		2	4
451 ~ 500	9	7	4	20
501 ~ 550	4	2		6
551 ~ 600	5	3	4	12
601 ~ 650		2		2
651 ~ 700	2	1		3
701 ~ 750				
751 ~ 800		1		1

续表

元数 \ 人数 \ 省别	奉天	吉林	黑龙江	合计
801 ~ 850				
851 ~ 900			1	1
901 ~ 950				
951 ~ 1000	1	2	1	4
1000 以上		1	1	2
合计	49	29（28）	20（18）	98（96）
中数	391.93	490.29	452.00	

资料来源:《全国中等学校教师全年家用度表》，李文海主编:《民国时期社会调查丛编》，福建教育出版社2004年12月版，第322—324页。“合计”一栏数字为笔者所加。

从上表中的统计可以看出，当时东北地区中等学校教员的家用全年开支在51至1000元以上之间不等，中数为444.74元。其中51—100元的1人，占教员总数的1.0%；101—150元的2人，占教员总数的2.0%；151—200元的9人，占教员总数的9.4%；201—250元的1人，占教员总数的1.0%；251—300元的12人，占教员总数的12.5%；301—350元的1人，占教员总数的1.0%；351—400元的14人，占教员总数的14.5%；401—450元的4人，占教员总数的4.2%；451—500元的20人，占教员总数的20.4%；501—550元的6人，占教员总数的6.2%；551—600元的12人，占教员总数的12.5%；601—650元的2人，占教员总数的2.1%；651—700元的3人，占教员总数的3.1%；751—800元的1人，占教员总数的1.0%；851—900元的1人，占教员总数的1.0%；951—1000元的4人，占教员总数的4.2%；1000元以上的2人，占教员总数的2.0%。

对于这些开支的去向，在上述的统计中并没有详细的统计。当然，这些开支主要的流向应该是正常的生活开支，而娱乐性的开支所占的比重不大。原因有两个。一是当时东北地区教员的待遇不高，除了个别教员的待遇较好外，大部分的教员的待遇都很低，特别是乡村地区的小学教员仅能维持温饱的程度。崔良璧先生回忆了“九一八事变”前沈阳县乡村教育时指出:“在那物价不断上涨的社会里，教师们以有限的工薪维持数口之家的生活，其困难情形可想而知。所以当时的小学教师多是些贫苦而又无甚出路的穷书生，其较为富有者，是不肯干的。"[1]在台安地区，"民国初年教师的工资是每个学生提供的柴米，只能维持乡村一般生活水平。民国中叶，中学教员工资一般在60元左右；小学教员工资只在18元至20元之间，可维持2—3口人的一般生活"[2]。而经济文化更为落后的抚顺地区的"某些村屯轻视教员，不垫借口粮，常使教员朝无晨炊之米，夕无晚焚之柴；一般教员薪水微薄，大都在二、三十元左右，难免饥馁"[3]。可见，当时教员生活水平之一斑。既然收入仅能糊口，除了满足日常的衣食住行等家庭日常支出外，根本谈不上什么娱乐消费。其二是当时东北地区文化娱乐事业并不发达，特别是广大的乡村地区，基本上没有什么娱乐事业。这些教员除了能光顾一些饭店、戏院、酒馆、茶楼等小型消费场所外，并没有什么其他大型的娱乐活动。

当然，这时期的教员还有一些非正常的开支。有些富有爱心的教员积极帮助学习有困难的学生完成学业，抚松县的教育家史先生的家里，长年有两三位学生在那儿吃住，而且分文不取。魏超群、冯国本、邢茂有、崔曦、马公利、金树奎等十几位学生，都在史先生家吃住过。[4]有些教员为了维持学校正常运转，积极解决学校的困难。延边东兴中学的"教师们尽管一连几个月领不到薪金，仍倾注精力坚持授课，有的教师连身上的大衣也拿去押当，买来了粉笔"。[5]他们对于社会公益事业也是极具热心。"阿城自创办国民捐以来，各界互相观望，乐捐者殊属寥寥。日前高小学堂监学金柴圃君于课余登台演说，痛陈时病，学生咸被感动，一时职员学生等集有八十余元，当即注册备资送至县议会云。"[6]此外，还有一些思想腐败的教员，他们经常喝花酒、逛妓院、抽大烟、赌大钱等，这在某种意义上也是个人或家庭开支的一部分。如八面城官立两等小学堂校长张秀三向以吸食鸦片流连花赌为事："近来竟将学堂功课置之漠外，故暑假后该堂学生十余人恐误光阴欲往他校就业，当经张

① 崔良璧：《"九·一八"事变前沈阳县的乡村教育》，《沈阳文史资料》，第6辑，第157—158页。

② 张翠：《民国初期的台安中小学教育》，《台安文史资料》，第2辑，第48页

③ 房守志：《新宾教育概略》，《抚顺文史资料》，第7辑，第167页。

④ 李元东、杨万久整理：《老百姓怀念史先生——记抚松县教育事业奠基人 史春泰》，《抚松县文史资料》，第4辑，第3—4页。

⑤ 李钟兴：《坎坷曲折的办学历程——东兴中学》，《延边文史资料》，第6辑，第6页。

⑥《高等小学校热心国民捐》，《盛京时报》，1917年9月8日。

某闻知大为震怒，即施压制手段，阖堂学生甚为不平，现在已有解散之势。”①

总之，清末民初东北乡村地区的教员待遇有限，虽然有些福利性的补助，但也仅能维持日常的生计，没有多余的资金进行娱乐性消费。

第三节　乡村新型教师群体的思想动态

清末民初是近代的东北社会转型的时期，新旧思想交替、中西文化碰撞的文化氛围对于新式学堂的教员群体也产生了直接或间接的影响。从教员的构成情况分析，既有科举时代的保守人物，也有留学归国的激情青年，还有一些外国教习。他们在教育背景、知识结构上的差异，带来的是对传统的孔孟之道、改良学说、民主革命思想的认同和接受程度也有所差异。

一、新旧杂糅

关于近代东北乡村新型教师群体的思想状况，有人进行过专门的研究。赵国信在文章中对清末民初依兰地区教员的思想状况做过专门的评述：

> 辛亥革命后，民主革命思想在教育界引起强烈地反映，长期存在的新旧两种对立思想的斗争，更加尖锐和激化。由于依兰当时在东北地处冲要，受国家政局的变化、国外斗争的影响，特别是“五四”反帝反封建爱国学生运动的影响都比较深刻。“五四”新文化运动中，东西方文化相继引进我国，无论自然科学、社会科学，还是哲学等各科学派都蓬勃发展，学术界出现了百家争鸣的新局面。这种形势对我县发生了深刻的影响。“五四”运动前，教育界中的年长者，大多是科举时代的旧知识分子，他们中有许多人保持着浓厚的封建意识，思想守旧，坚持“遵孔读经”，厚古薄今，反对学习和吸收外国的东西，对新思想、新事物持否定态度。而受业于新式学校的青壮年教师，则大多数接受维新思潮，主张吸收与鉴借国外的经验，立足改革，主张实施新学制，学习欧美的办学方式，拥护民

① 《校长之腐败》,《盛京时报》，1917年8月30日。

主革命运动。但当时封建思想基础很牢，新思想冲不破旧的思想堡垒，有时新旧思潮交织在一起，融合在一起，形成错综复杂的局面，其实质还是新旧思想的对立。“五四”运动后，我县教育界基本卷入论战的漩涡之中，虽然没有达到大都市那样白热化，但也针锋相对，争辩得面红耳赤。在课外和会议前后，常常听到他们争论。其中有守旧派和维新派的争论；还有多数语文教师参加的新文学与旧文学的论战；更有大多数教师关心的进步思想与改良思想的争论。在这时有些教师主动阅读李大钊、陈独秀主编的《新青年》杂志，积极拥护民主与科学两面旗帜。①

从上面资料可以看出，清末民初的东北地区教员的思想状况存在着新旧不同的分歧，反映到实践层面就是教员群体在政治倾向上存在着严重的分歧。这新旧交替、中西杂糅的思想文化局面的出现，在一定程度上反映出清末民初东北乡村地区教育发展的过渡性特征。

二、趋新明显

清末民初东北学堂兴起的过程，是与清末资产阶级立宪运动兴起和革命运动的酝酿过程同步的。因此，在立宪思潮和革命思潮的影响下，一些教员思想趋向进步，积极宣传和投身立宪和革命运动。

随着东北地区立宪运动的兴起，一些进步教师逐渐接受资产阶级立宪思想，积极投身于立宪运动的宣传工作和实施运作活动中。当东北各地的谘议局相继成立后，一部分教员凭借自己的资历和学识被选举为议员，在谘议局中发挥评议时政、参政议政的作用。对于这一方面的例证，我们可以从谘议局议员的构成中查到。认清政府立宪的骗局后，这些教员立即投身于国会请愿运动的大潮之中，率领学生发动多次以游行示威、街头宣传、请愿等形式的国会请愿运动。当东北地区“和平独立”运动流产后，东北地方当局立即组建“保安会”以维持原有的统治秩序。当时，咨议局议长庆康率先表示“绅界极赞成”。只有学界人士极力反对，倡言“非独立不可”，最终因为孤掌难

① 赵国信:《民国时期的依兰学校教育》,《黑龙江文史资料》，第14辑，第95—96页。

鸣而失败。[①]

还有一些思想激进的教员加入革命组织和团体，投身革命工作、宣传革命思想。这些进步人人士以学堂教员身份为掩护，进行革命活动，对学堂教员的政治思想倾向发生了潜在的影响。当时东北地区有林伯渠、楚图南、马骏、傅立鱼、陈德麟、包时墉、刘旷达、宫璧成、周建标、武芳林、葛季英、恽代贤等一批进步人士在教育界活动。如著名革命党人楚图南曾在吉林长春省立第二师范学校但任三年级班主任兼国文课教师。在工作期间，楚图南以二师的课堂为阵地，向学生们讲解鲁迅的《秋夜》《过客》等文章，以此来宣传革命道理，达到启发学生革命觉悟的目的。在他的积极帮助下，学生创办了校刊《秋声》《灿星》，并发表了《火的龙》《追风曲》等优秀作品。此外，他还为二师创作了一首饱含激情的校歌，歌词为：大地吹拂着腥风血雨，时代的炮烙炙灼人肤肌。我们的校友，我们的兄弟。锻炼就火一样的热情，酬偿了历史的债累！将新生与自由付与新的人类，这责任要我们担负起。努力砥砺，努力砥砺，新世界大自由全握在创造的我们的手里。[②]还有一些教员现身革命活动，东园小学教员杨某被俘后，面对敌人的审讯"怒目直视，厉声抗辩，陈说革命救国的道理，并言自己是志愿革命，不是盲从，为主义牺牲是光荣的"，最后慷慨赴死。[③]当日本帝国主义发动一系列的侵略东北的活动时，一大批教员纷纷放弃学业，弃文从武，投入抵抗日本帝国主义侵略的斗争洪流之中，实现了他们在课堂上常常呼吁的"天下兴亡，人人有责"的豪言壮语。

此外，一些进步教员对于当时的办女学、改良社会风俗等社会公益事业也是极其关注。当长春地区开展筹还国债大会之际，"(长春)女子学堂总教习充该会干事员，当时登台演说，提出中国最重要者三件事：(一)为普行家庭教育；(二)为齐力抵御外侮；(三)为筹还国债，抵抗外债。其提演之三大要件着着中肯，听者咸为之动容。虽其声音细微，似不如俯伏号泣者之惊人，

① 中国史学会：《中国近代史资料丛刊·辛亥革命》(七)，上海：上海人民出版社1981年版，第399—400页。

②《林伯渠与楚图南在吉林的留诗》，载杨子忱：《老长春》(中)，延边人民出版社2000年版，第989页。

③ 中国人民政治协商会议全国委员会文史资料研究委员会：《辛亥革命回忆录》，第5集，中华书局1983年版，第570页。

然玩索其理，有过之无不及也。”[①]“（辽中）本邑官立两等小学校教员徐子静热心公益，锐意维新。前值国庆纪念日会，该员向诸生苦口劝导剪发，谓国民成立已阅经年，即宜发辫剪除以符民国体制，况我学界非如他们一般农民顽固可比，该诸生闻言之下，即将发辫纷纷剪除，现闻该校中未薙发者仅一二人矣。”[②]这些教员对社会风俗改革的宣传和倡导，加速了近代东北地区社会风俗的变革进程。

总之，清末民初，东北地区新式学堂的课程设置具有了一种明显的西学色彩，既有本土的修身、读经、国文等课程，又有引自西方的声光化电、外语、体操、博物等科目；师范学堂、专门学堂和实业学堂还加入了教育原理、国际商法、地质测绘等内容。对于这些新式的教学内容，那些具有西学知识背景的新派教员在教学上要比旧派教员更为得心应手。有的学者就明确指出：“中国中等教育所以没有什么多大的成绩，教师问题也是一个最大的原因。”[③]此外，由于接受了西方近代的文化观念，这些教员在政治态度和思想倾向上都较为激进。作为文化知识和思想观念的传播者，他们在课堂上积极倡导和宣传西方思想和文化，并在实践中以身作则，这给学生带来了一种潜移默化的影响。

三、守旧顽固

在清末民初东北乡村学堂的教员中还存在一些思想保守的老学究。这部分教员一般出身旧式教育机构，从小深受传统儒家文化的熏陶，形成了一种鄙视近代文化知识和礼俗、反对社会变革和革命的心态。在这些守旧派人士所把持的学堂，旧学出身的教员则往往拥有更大的活动空间，在教学内容安排上侧重于中学或旧学。当时社会评论就曾指出：“今日各学堂之总办，非迂谬之老翰林，即庸昏之候补道，平日自大自是，于新学实未尝问津，适逢有学堂之设，乃钻营请托，而谋一总办之差。……及其到学堂也，则大摆其官

① 《女教习提演三大要件》，《盛京时报》，1909年11月17日，第5版，载长春社会科学院编、杨洪友编校：《〈盛京时报〉长春资料选编》，清朝宣统卷（1909—1911），下册，长春出版社2005年版，第283页。

② 《教员提倡剪发》，《盛京时报》，1917年10月30日。

③ 周予同：《中国现代教育史》，上海良友图书公司1934年版，第175页。

之排场，大吐其官之气焰，或则禁购新译书籍，或则禁阅文明报章”，对西学毫无所知，“其宗旨在仅欲袭取其皮毛，而不深求其精义”[①]。这种新旧教员在学堂中所占势力的不同，直接影响到学堂的知识传授和学生的接受效果，在很大程度上影响了新式教学的质量。当然，这种现象只是在新式教育发展的初期比较明显。

民国时期，随着东北地区新式教育事业的推广和普及，越来越多的新式人才走上了工作岗位，这些持守旧思想的教员逐渐被替换，即使仍然在教学岗位上工作，由于多次的改良和培训，他们的思想观念也发生了细微的变化，由原来的强烈抵制到慢慢的理解、认识和接受。有人专门描述过科举废除前后旧式读书人对于学堂态度的这种变化，文中称：“自变科举为学堂之议起，于是视科举为衣钵之学究，咸哗然诋学堂为革命之薮；自改书院为学堂之说起，于是依书院为性命之学究，咸哗然斥学堂为异端之徒。二三年前犹日日希望收回学堂之成命，至去年始知其绝望。于是翻然变计曰：今日吾辈噉饭处其在学堂乎。乃东则演说劝人开学堂，西则设学社劝人入学堂”，以至于“愿担任教员经理之职任者，异常踊跃”，“昔日深恶学堂诋诽学堂者，今忽一变而为兴学堂办学堂热心教育之人”。[②]

当然，任何事情都不是绝对的，出身学堂或留学归国充任教员也是良莠不齐，不乏滥竽充数之辈，而传统教育机构培养出来的士子童生也不是各个迂腐，其中也有一些塾师能够积极调整自己的教学方法和手段，从而适应了新式教育发展的趋势。但总体而言，在清末民初东北乡村教育变革的背景下，学堂教员这一职业人群中既存在知识方面的新与旧的差异，又有政治立场与思想观念上的开放与守旧、激进与顽固的对抗。这种教员群体思想观念的差异，与其教育背景和出身背景有着直接的关系。

总之，近代东北地区新旧教育体制的更替是一个长期缓慢的过程。在这一转变的过程中，教师队伍往往会起到一种极其关键的作用。学堂教员是清末民初东北地区教育改革运动的产物，也是这场教育改革运动的直接参与者，其教育理念、知识结构、执教能力的高低直接影响着这场改革运动的成效。“师资所存在的问题，凸现了学堂教育事业艰难成长的过程，也是中国教育现

---

① 《论学务不见起色之二大原因》，《大公报》，1903年12月8日。

② 《论今日开学堂之注意》，《申报》，1905年4月28日。

代化过程中新旧交替的表现。”[①]

第四节　乡村新型教师队伍的基本特征

由于教师群体构成的复杂性，反映到思想文化观念方面就是相互冲突。随着大量新式学堂毕业生投身教育领域，教师队伍的思想观念呈现出一种趋新的特点。这时期，东北地区教师群体的思想观念的趋新性主要表现在三个方面。

一、思想趋新

近代中国的民族意识的增强与中国近代民族危机的日益严重是息息相关的。鸦片战争以来，随着帝国主义列强争相入侵，中华民族的民族危机日益加重，救亡和启蒙逐渐成为近代中国的时代主题。这种危机意识和救亡意识在身临其境的东北地区更为强烈，因此一些新式学堂的教师逐渐形成救亡图存的民族意识。下面是长春地区李湘云的一段关于唤醒民族意识的演说词：

> （上略）女子身材亦负国家责任，而不容放弃人权之外，以卸分子之肩。尝论中国所以不竞，而日受外人之欺侮者，皆由一般人民徒有个人主义而无国家思想。故社会亡其公理，即土地失其团体，此势之所必矣。中国自宪政消灭专制日久，人民屈于压力。彼丈夫以昂然七尺之躯，犹且性成奴隶，绝口不谈国是，况于女子□弱不出国门，又何敢与知国家之事乎？每览古来秦国妇女勇于敌忾，木兰女子敢于从戎，晋代有“夫人城”，唐时号有娘子军，声属在巾帼，岂不英雄？而千百年来，其人乃绝而无仅有，岂中国女子绝无聪明之无赋哉？女教不兴，失其人格，坐使二万万裙钗尽成一种奴隶性质，靡弱而不能自振。呜呼，女界之黑暗尤为积极。中国种族焉得而不弱？以此思之，可为痛哭流涕，而深长叹息也久矣。
>
> 今自圣朝宣布立宪，开张议会，一时众人民勃发其国家观念，

① 张东霞:《清末学堂师资研究》，天津师范大学硕士论文，2007年4月，第34页。

即我女流之辈闻风而起，亦动其爱国之心。此次诸君乃于长春地方发起国债会，开东省之先声，造中邦之幸福，以挽回利权，强我族种，逕达其国民目的，在此一举。此湘云不胜欢欣鼓舞，而为中国前途庆幸者也。凡属女界同人，所宜奋其热心，合其群力，赞成此举，破旧时之黑暗，振今日之文明。偕我同胞共造夫国民资格，何尊荣如之？以中国之人四百兆人数，使岁出一吊之费，即有四万万吊；倍其数而捐之，何不足以立偿此款？就令赤贫不能出此，以富者兼补其数，要亦无难于担任。众擎易举，事必有成。且此可以化其散沙，联为团体。而我中国洵为可富，可强，可大，可久之国矣，岂不美哉？合群幸甚，保种幸甚，全国幸甚。

谨祝。湘云[①]

还有一些进步教师往往利用学校这个天然的革命活动场所，或在师生中进行爱国主义以及革命思想的宣传，或以教师身份为掩护，组织联络发动师生进行军事训练，为即将到来的革命高潮做准备。吉林地区就有一批如马骏、张青岱、李光汉、王葆曾、王希天、穆木天、谢雨天、郭桐轩、徐玉诺等先进知识分子。“五四”期间，常把《新青年》《新潮》《创造》等杂志和李大钊、鲁迅等人的著作从外地寄往吉林，在毓文中学、吉林省立第一中学校、吉林省立第一师范学校、吉林省立女子师范学校等学校许多师生中传阅，启迪与开阔了青年知识分子的思想与视野；有些人则在吉林各校任教，在毓文中学、吉林省立第一中学校、吉林省立第一师范学校、吉林省立女子师范学校创办的《春鸟秋虫》《毓文周刊》和其他校刊，登载白话诗文，揭露旧社会，批判旧礼教，宣传新文化，提倡新道德。并在各校先后办起图书馆，组织读书会，讨论阅读书刊的体会，活跃了师生的思想。[②]当然，在一些反抗军阀统治和列强欺辱的斗争中教师群体并没有广泛参加，很多教师在行为上也表现出对革命的拥护与同情，积极支持学生反对专制、争取民主的各种行动。

① 《李女士湘云演说词》，《盛京时报》，1910年11月26日，第5版，载长春社会科学院编辑，杨洪友编校：《〈盛京时报〉长春资料选编》，清朝宣统卷（1909—1911），下册，长春出版社2005年版，第294—295页。

② 徐庆林：《五四时期的吉林学生爱国运动》，《吉林市史志资料》，第2辑，第5—6页。

二、构成复杂

清末民初，东北乡村地区新式学堂教师群体构成方面呈现出一种新旧并存、中西结合的特点。这场新式教育的兴起是统治者为了扭转内忧外患的统治危机而被迫发起的一场教育变革。因此，当时东北地区的文化环境根本无法为新式学堂提供合适的师资力量。东北地方当局只有聘请一些具有传统功名的士子童生担任过渡性教员，“当科举初废之时，正兴举学校之始。故所需教员多于旧日文士中求之”①。其次，先后建立一些师范学堂、师范传习所、私塾改良所、小学教育研究会等教育培养和培训的机构培养新式学堂所需的教员，还派遣一些留学生出国深造，以资学成回归后为己所用。此外，东北当局还不惜花费高薪从外省或外国聘请一些新式人才担任教学和管理工作。民国时期，东北地区的师资力量有所增强，大部分旧式教员也接受过相关的培训，他们仍在教师队伍中占有一定的比例（虽然所占的比例逐渐下降）。由于东北地区师资缺乏的局面一直没有得到很好的解决，教师队伍中新旧杂糅的格局仍然长期存在。总之，在东北地方当局积极筹措下，清末民初东北地区新式教师群体由小到大，由弱到强，并逐渐形成一个群体。在这个群体的构成中，师范毕业生、新式学堂毕业生、归国留学生、旧式文人和外国教习成为这个群体的主体。可见，这种师资来源的多样性塑造了东北地区教师群体新旧杂糅的构成特征，在一定程度上反映了近代东北乡村社会转型过程的长期性和复杂性。随着东北各地新式教育的普及和推广，教师队伍中的传统教员的势力逐渐地由强变弱，直至教师队伍内部“新陈代谢”过程的终结，东北地区的教师群体才最终完成了自身从传统到近代的艰难转型。

三、知识多元

从上面的分析可知，清末民初东北地区教师队伍的构成成分是一种新旧杂糅的格局。那么，在教师的知识结构方面也呈现出一种新旧交织的多元化的特点。从教师群体的构成中可知，师范毕业生和新学堂毕业生是教师群体中重要组成部分。这些毕业生是新学制下的产物，在新式学堂接受到的是一种全新的教学内容。在师范类课程设置方面，所授科目包括修身、教育、中

① 沈颐:《普及教育议》,《教育杂志》，1912年4期，第4页。

国文学、历史、地理、算学、格致、图画、体操等科目，基本上体现了中西学并重的特点。下表是师范简易科的课程设置情况：

表 4.20 师范简易科学科及内容表

学科	内容
修身	摘讲陈宏谟五种遗规
教育	讲教育原理、教授法、管理法、教育制度、教育力之详细且于附设小学以使练习
中国文学	读本易雅训古文、作日用记事文、作谕说、习官话
历史	讲中外历史之大略
地理	讲中外地理之大略
算学	加、减、乘、除、分数、比例、开方
格致	讲理化示教、博物示教
图画	讲自在画及用器画之大略
体操	教授普通体操、兵式体操

资料来源：辽宁省地方志编纂委员会编：《辽宁省志·教育志》，辽宁大学出版社2001年11月版，第621页。

可以说，上表显示的课程设置内容基本上反映了新旧学并重的特点。学生通过几年的学习，就会接受并形成这种中西并重的知识结构。即使那些曾经接受过旧式教育的学子，在经过一段时间的教育后，他们的原有的知识结构会发生一种潜移默化的变化。那些出国留学的学生虽然已经具备了一定的中学根基，在国外接受一段新式教育后也会形成这种新式的知识结构。当然，在教师队伍中还有一部分旧式士子童生，他们不仅旧学功底深厚，对新学也是采取一种漠视、敌视的态度。然而，随着科举制度的废除，原有的升迁之路已经断绝，只有顺应社会形势的发展才能寻求出路。因此，大批传统文人开始自觉不自觉地舍弃孔孟之学在接受近代文化知识之后进入教育领域。此外，就职前后所经过的不间断的新学知识的洗礼和不合适就被淘汰的措施，鞭策着他们不断通过学习新知识来改善自己的知识储备以满足学堂教学的需要。可见，不论是新式学堂培养出来的师资还是传统文人，他们的知识结构都发生着由一元向多元的转化的现象，基本上具有了一种新旧文化兼备的知识结构特征。

四、地位世俗

在传统社会，教官属于官僚系统的一部分，是专门从事教育、教化的官吏，因而具有一定的社会地位。即使是在乡村地区任教的私塾塾师，在当地也是受人尊重的，是当地的"万事通"和"有求必应"。据王学曾回忆，这时期葫芦岛地区的塾师在当地就有很高的威望：

> 一个村中谁家办红、白喜事和春节的对联，买卖房地产的文契打官司的诉讼状子，凡动笔作文的事情，都得求塾师代劳。一切不明了的封建礼节等，也都向塾师请教，塾师就是一个村中的圣人。应付好了，村中人也都对塾师特别尊敬，逢年遇节，有事来客，也都请塾师前去吃饭陪客。[①]

清末东北兴学运动兴起后，各类学堂的教员数量迅速增长。为了加强对教师队伍的管理，清政府于1903年颁布《新定学务纲要》，其中对教员身份进行了专门的规定：学堂教员宜列做职官，任期或三年或二年一任，或视该学堂毕业之期为一任。[②]1907年，清政府颁布《优级师范学堂毕业奖励》《初级师范学堂毕业奖励》等文件，进一步明确了教员享受职官待遇的地位。宣统年间，《学部奏优待小学教员章程》和《优待初级师范学堂、中学堂教员章程》规定："现充小学教员、初级师范学堂、中学堂教员者，地方官应待以职绅之礼。"[③]可见，晚清时期教员依旧具有出身，实质上已经由官的身份转变为绅的身份。1912年1月19日，教育部颁布了《普通教育暂行办法》，其中规定"旧时奖励出身一律废止，中学校、师范学校毕业者，称中学校、师范学校毕业生"。[④]至此，学校毕业生奖励出身制度废除，只能靠一张毕业文凭打天下。《盘锦县志》对当地教师的社会地位的变化有所论及：

> 封建社会，尊师视为封建礼法之一，因此"天地君亲师"并称，

① 王学曾：《清末民初的乡村私塾》，《锦西文史资料》，第2辑，第27页。

② 《学堂教员亦列作职官以便节制并定年限》，《东方杂志》，1904年3期，第105页。

③ 《教育法令》，《教育杂志》，1910年，2（1）；1911年，3（3）。

④ 白光耀：《中国近代学校教育》，北京：北京科学技术出版社1995年版，第110页。

对学生强调“师道尊严”。1912年（民国元年），奉天省教育总会在改组私塾为私立小学的一项决议中提出“凡充私立小学教员，地方官及学务人员均加以士绅之礼待遇。”但实际上教员社会地位远不如从政从商者，经济待遇更低。小学教员月薪平均25元（奉小洋）左右，勉强养家糊口。[①]

可见，民国时期，教师群体逐渐从政界分离出来，脱离了官僚体系，转而成为教育界中的一部分，变成了一个自谋职业的近代知识分子群体。教师群体地位的变化，不仅标志着东北地区教育事业发展和进步，也是东北乡村社会向近代化演进的一个标志。

总之，近代东北乡村地区教师群体具有思想趋新、构成复杂、知识多元和地位世俗等四大特点，这些特点紧密相联，密切相关。在清末民初东北乡村社会转型的时期，教师群体也呈现出一种新旧杂糅的特点。这种特点不仅表现在群体来源结构方面，也反映到群体观念中进步与落后并存、和群体行为的互相冲突。然而，在教育近代化大潮的冲击下，教师群体又从总体上表现出一种趋向进步的特点。教师群体的这种趋新行为和活动，促使教师群体在社会变革中充当了前驱和宣传鼓动者的角色。因此，教师群体的宣传和活动不仅导致群体本身内部结构实现了从传统向近代的转化过程，在一定意义上也推动了近代东北地区教育乃至整个社会的转型。

① 盘锦市人民政府地方志办公室：《盘锦市志》，科教文化卷，方志出版社2000年12月版，第69页。

第五章　趋新避俗：近代东北乡村新型学生群体研究

清末民初，随着东北地区各地新式学堂的建立和一些留学生的学成归国，东北地区逐渐出现了一个新式学生群体。这个群体从晚清时期开始出现，在民国初期逐步发展壮大，五四时期正式登上历史舞台，成为近代东北社会上一支具有举足轻重的力量。正如一些西方学者所称，“他们不再因为是支持同一政治制度，或一致信仰儒家思想，或维护共同的合法特权，而团结在一起了”。[①] 可见，近代学生群体已完全不同于传统的士绅群体了，而是近代社会衍生出来的一个新式的社会群体。

第一节　乡村新型学生群体的构成特点

近代东北地区的新式学生群体是随着东北地区新式教育的普及过程逐渐形成和壮大的。这些新式学生群体或从新式学校毕业，或是留洋海外归来，都接受过一定的现代科学方法的训练，掌握了大量的近代西方的科学文化知识，已是一个具有近代知识结构的群体。

---

① 何小明:《百年忧患——知识分子命运与中国现代化进程》，东方出版社中心，1997年版，第18页。

一、来源构成

总体来说，新式学生群体构成包括三个部分：一是传统文人转化而来的学生，一是毕业于新式学堂的学生，还有一部分是国外留学生，其中新式学堂学生成为学生群体构成中的主体部分。

第一，传统文人转化而来的学生。东北地区兴学之初，由于符合学堂招生资格的人数有限，一些具有传统功名的文人士子纷纷进入学堂，成为近代东北学生群体的一个特殊组成部分。奉天地区在省城和各州县创办初级师范学堂时就招收“州、县部分贡廪增附监生及学力相当者，须品行端谨，文理优通，身体健全，完全科生年在18岁以上25岁以下入学，简易科生年在25岁以上30岁以下者入学”[①]。吉林地区“分斥府厅州县，于各学廪、贡、增、附中考取文行兼有者，为师范生，申送来省”[②]。可见，在当时学堂中的确存在一些曾经接受过传统教育的旧式文人士子。这些人从小就受到传统的儒家文化的熏染，对于近代新学教育并不是太感兴趣。由于科举制的废除，他们被迫进入新式学堂来寻求新的谋生之路。因此，这部分人的知识结构中残留着一定比例的旧学知识，在思想方面相对来说比较保守。当然，在接受新式教育的过程中，他们也耳濡目染地学习吸收了一些新学知识，打破了旧式知识在头脑中根深蒂固的局面。特别是随着新式教育的逐渐普及和推广，这部分人中的绝大多数都转变了原有的思想观念，成为新式学生群体的一个组成部分。

第二，国内新式学堂毕业生。对于新式学堂的招生，东北地方当局基本上按照部章相关规定办理。清末，奉天省实业学堂均按学部的有关规定招生。中等商业、农业、森林等各实业学堂招收15岁以上、已毕业于高等小学堂者；初等实业学堂招收13岁以上、已毕业于初等小学堂者；实业补习学堂招收在高等小学校修业2年以上、年龄在15岁以上，并在外操作实业者；艺徒学堂招收15岁以上、已毕业于初等小学堂者。凡欲入各实业学堂者，均须品行端谨，体质强健，并须取妥实保人具结，始准考选入学。[③]下面是1923年2

① 辽宁省地方志编纂委员会：《辽宁省志·教育志》，辽宁大学出版社2001年11月版，第647页。

② 《吉林将军达桂奏为省城开办师范学堂折》，光绪三十二年五月二十日，载吉林省档案馆：《清代吉林档案史料选编·上谕奏折》，吉林省社会科学院历史所1981年9月版（内部发行），第380页。

③ 辽宁省地方志编纂委员会：《辽宁省志·教育志》，辽宁大学出版社2001年11月版，第437页。

月24日《盛京时报》上刊登的营口商业学校的一则招生广告：

营口商业学校

一、程度：甲种商业

一、年限：四年毕业

一、入学资格：高等小学毕业者得免考入学

公科堂高等科毕业者编入本科一年

一、报名日期：阳历三月廿五日为止

一、考期：阳历三月廿八、九两日①

从招生的入学资格中可以看出，接受过新式教育的学堂学生是一些中等学校的招生对象。

随着东北各地新式学堂的广泛建立，新式学堂培养的学生队伍也开始逐渐壮大。据统计：光绪三十四年（1908年），奉天共有专门学堂3所，学生602人；实习学堂8所，学生534人；师范学堂31所，学生1634人；普通学堂达2071所，学生82745人。宣统元年（1909年），吉林地区有专门学堂2所，学生299人；实业学堂6所，学生362人；师范学堂1所，学生130人；普通学堂179所，学生8375人。光绪三十四年（1908年）黑龙江地区专门学堂1所，学生21人；实业学堂5所，学生432人；师范学堂8所，学生359人；普通学堂144所，学生6137人。②民国时期，学生队伍的规模更加壮大。至“九一八”事变前夕，东北地区共有初等学校13722所，学生913193人，中等学校362所，学生总数43883人，③这些新式学堂培养出来的学生，由于接受了较为系统的新式教育，成为具有新思想和新观念的社会群体，甚至成为当时社会上的佼佼者。《宾县志略》就记载：“邑中子弟之秀者，多肄业于该县初等小学。”④可见，

① 《招生广告》，《盛京时报》，1923年2月24日。

② 徐世昌编，李澍田等点校：《东三省政略》，卷九，学务，吉林文史出版社1986年版，第1393—1394页，第1414—1415页，第1425页。

③ 教育部（主任编撰周邦道）：《第一次中国教育年鉴》，下册，丁编“学校教育统计”，开明书店1934年5月版，第104页，第165页。

④ 赵汝楳、德寿修：《宾县县志·教育略》，民国18年（1929年）铅印本，转自黑龙江区域社会史研究，第483页。

新式学堂的学生一经出现就崛起为当时社会上一股很有影响力的新势力。

第三，各国留学生。为了培养本地发展教育事业的师资力量，东北地方当局还采取派遣留学生出国深造。在社会各界人士的努力下，晚清时期东北地区的留学教育迅速发展。据《各省自费/官费学生毕业姓名表》统计，宣统元年（1909年）七月至宣统二年（1910年）六月，奉天省留日学生共52人，其中官费生42人，津贴生1人，自费生7人，不详1人[①]。吉林地区也"选派学生二十名赴日本留学，闻以学师范、警察者为多"[②]。黑龙江地区最初在外省选10人派往俄国留学，随后"出洋留学之人数，亦逐渐增加。最近留学俄、日之学生，其数目超过晋、豫各省"[③]。民国时期，东北地区的留学生增长的趋势有增无减，甚至在一些乡村地区的留学生派遣工作迅速展开。据《东北年鉴》统计，从一九二〇年到一九二九年的九年间，辽阳的出国留学生有二十三人。其中，一九二〇年，一人；一九二五年，二人；一九二六年，五人；一九二七年，二人；一九二八年，三人；一九二九年，十人。[④]这些留学人员的学成归来，由于获得了近代文化知识，必然会对地方事务管理问题有所帮助。

总之，传统士子童生、新式学堂学生和留学生是学生群体中组成部分。当然，这三个部分的构成比例处于不断的变动之中。但是，有一点可以肯定，那就是新式学堂毕业学生在学生群体中所占的比重逐渐增大，曾经接受过传统文化教育的学生所占的比重越来越小。

为了进一步分析学生群体来源的构成情况，我们根据一些资料对学生学生的家庭出身做一分析，从中深入探讨东北乡村地区学生群体的构成情况。下表是民国时期同泽学校学生家庭出身的统计。

表5.1 同泽学生家长职业统计

	文科二	理科二	文科一	理科一	三年一	三年二	二年一	二年二	一年一	一年二	补习一	补习二	合计
商业	1	1	3	3	4	2	2		6	9	10	1	42

① 徐世昌编、李澍田等点校：《东三省政略》，卷九，学务，吉林文史出版社1986年版，第1419页。

② 《各省游学汇志》，《东方杂志》第3卷，第13期。

③ 万福麟监修，张伯英总纂，崔成庆等整理：黑水丛书第二集《黑龙江志稿·学校志》，中，卷二十五，黑龙江人民出版社1992年8月版，第104页。

④ 卢秀彬：《二十年代辽阳留学生》，《辽阳文史资料》，第1辑，第91页。

续表

	文科二	理科二	文科一	理科一	三年一	三年二	二年一	二年二	一年一	一年二	补习一	补习二	合计
农业	1	2	4	7	6	4	2	5	1	4	11		47
医业	1				1		2	1	2	1		1	9
粮业		1					2			1		1	5
纸业								1					1
漆业		1											1
酱业								1					1
帽业					1								1
制革业	1	2									1		4
银行业						1		1	1	1			4
工业		1	2			1					1		5
实业			1	1							2	1	5
钱业		1								1			2
律师					1								1
团长	1							1					2
交通界	1	1			2					3			8
参议官										1			1
承审官								1	1				2

说明：此表根据《学生家长正保人暨副保证人职业统计表》中相关数字制成，载《同泽学校教育实施统计概况》，（Printed in Moukden at The Tung Chai School Press）民国十九年夏季编订，第54页。合计一栏为笔者所加。

从表中可以看出，同泽学校学生家庭出身共有141人，其中商界出身的占学生总数的29.8%，农户出身的占学生总数的33.3%，政界出身的占学生总数的3.5%，其他行业出身的占学生总数的33.3%。可见，商界和农户家庭出身学生占多数。

长春私立学校是东北地区一所比较出名的私立学校，下表是民国十年长春私立自强学校学生家庭出身的相关统计，从中可以看出当时长春私立学校学生家庭出身的状况。

从表5.2统计中学生家庭出身共258人，农界88人，占学生总数的34.1%；商界86人，占学生总数的33.3%；学界24人，占学生总数的9.3%；工界19人，占学生总数的7.4%；政界10人，占学生总数的3.9%；军界9人，占学生总数的3.5%；艺界6人，占学生总数的2.3%；法界6人，占学生总数的2.3%；警界5人，占学生总数的1.9%；差役5人，占学生总数的1.9%。

表 5.2　长春私立自强学校学生家族职业览表

各級學生家族職業一覽表　民國十年十二月調製

班次	高等			國民				合計	說明
級別	三年級	二年級	一年級	四年級	三年級	二年級	一年級		
學界	一	四	五	四	五		五	二四	
法界	二			二		一	一	六	
政界	三	一	二	二	一	一		十	
軍界				二	一	一	五	九	
警界					二	一	二	五	
商界	五	六	一五	一五	一三	二十	一二	八六	
農界	七	一四	一十	三	二四	一七	一三	八八	
工界	三		三	二	四	三	四	一九	
藝界	一		二	一		一	一	六	
差役						一	四	五	

击

可见，从东北学堂学生的家庭背景来看，农界、商界是学堂学生的主要来源。这种现象从一方面反映了乡村地区农民家庭为主的社会现实。在广大乡村地区，人口的绝大部分都是靠辛苦劳作的农民家庭，从事商业的也大多是小商小贩，其他诸如巨商、富贾和官宦家庭所占的比例较少；另一方面反映了政府推行新式教育的宗旨，即在各地推广和普及学堂教育，努力解决广大乡村地区缺学少教的社会现象。农户家庭子女入学率的增高反映了东北地区学堂教育普及率的提高和广大乡村地区教育发展水平落后状况的好转。

二、年龄结构

关于各类学堂学生的入学年龄，清政府和民国政府都做出了详细的规定。笔者根据各类学堂章程中关于学生年龄的规定制成下表，从中可以看出当时学生的年龄结构的一个概况。

5.3　在各类学堂章程中关于学生入学年龄的相关规定

学堂类型	学生入学年龄	资料来源
蒙养院或幼稚园	3—7 岁	《奏定蒙养院章程及家庭教育法章程》，光绪二十九年（1903）
	3—6 岁	《国民学校令实施细则》，1916 年 1 月 8 日公布
初等小学堂或国民学校	7—10 岁	《钦定小学堂章程》，光绪二十八年（1902）
	6—10 岁	教育部公布小学校令 1912 年 9 月 451 页
	6—12 岁	《教育部公布国民学校令》，1915 年 7 月公布，1916 年 10 月修正
高等小学堂（校）	13—15 岁	《奏定高等小学堂章程》，光绪二十九年（1903）
	12 岁以上	教育部公布高等小学校令 1915 年 7 月公布　1916 年 10 月修正
中学堂（校）	14—25	《钦定中学堂章程》，光绪二十八年（1902）
	15—18 岁	《奏定中学堂章程》，光绪二十九年（1903）
	15 岁以上（高等小学毕业或同等学力）	《教育部公布中学校令施行规则》，1912 年 12 月公布，1914 年 1 月改正第十八条
师范学堂（校）	18—25 岁（完全科生） 25—30 岁（简易科生）	《奏定学堂章程・初级师范学堂章程》光绪二十九年（1903）
	14 岁以上（预科） 15 岁以上（本科第一部） 17 岁以上（本科第二部）	《教育公报》，第二年第十二期，1916 年 1 月
实业学堂（校）	20 岁以上（实业教员讲习所） 18 岁以上（高等农工商业学堂） 15 岁以上（中等农工商业学堂） 13 岁以上（初等农商业学堂） 15 岁以上（实业补习普通学堂） 13 岁以上（艺徒学堂）	《奏定实业学堂通则》，光绪二十九年（1903）
	14 岁以上（甲种预科） 12 岁以上（乙种实习） 12 岁以上（实业补习）	《实业学校令》《实业学校规程》1913 年 2 月
女子师范学堂（校）	13 岁—15 岁	《女子师范学堂章程》，《大清光绪新法令》，第十三册，商务印书馆版，第 35—40 页
女子学堂（校）	7—10 岁（初） 11—14 岁（高）	《学部奏定女子小学堂章程》，光绪三十三年（1907）
半日学堂（民众学校）	12—15 岁	《教育公报》第一册，1914 年 6 月

上表中的年龄统计只是一个大概的情形，政府对入学学生年龄的规定并不是固定不变的，各地可以根据本地的实际情况进行变通处理。如《奏定学堂章程》中对小学堂学生入学年龄明确规定："兹当创办之初，暂行从宽变通，年至九岁十岁者（即是满八岁满九岁）亦准人初等小学。但此例系暂时通融，候学堂开办合法五年后，即不行用，至七岁必须入学。"[①]在其他类学堂的章程中也有相似的规定。

在政府的各类学堂的章程颁布后，东北地方当局基本上按照政府的规章招生入学。以师范学校的招生为例："光绪三十一年（1905年）奉天筹设师范传习所，遴选部分蒙馆教师和学力相当者入学，年龄多在18—29岁之间，学习3个月毕业充任小学师资。……完全科生年在18岁以上25岁以下入学，简易科生年在25岁以上30岁以下者入学。"[②]民国初期，奉天省甲种实业学校学生的入学资格的规定也是基本生按照民国政府颁布的《实业学校令》办理，学生年龄"须年在14岁以上、高等小学校毕业或有同等学力者；本科入学资格，须预科毕业或有同等学历者。乙种实业学校入学资格，须年在12岁以上、有初等小学校毕业学历者。实业学校入学资格，须年在12岁以上、有初等小学校毕业学历，或初等小学校虽未毕业，而已过就学年龄者。民国12年（1923年），奉天省实施'新学制'，规定职业学校招收高级小学毕业生，入学考试内容以国文、数学为主。一般除招收正取生外，还有备取生，正取生逾期不入校，即由备取生依次替补"[③]。当然，由于学堂在招生经常遇到符合资格的学生人数有限，也存在一些变通办理的现象。

为了更能直观地再现学生年龄分布的概况，我们还可以利用上文中《热河阜新县立高小学校学生一览表》中学生年龄进行统计。当时全班共有学生31人，其中，最小的学生年龄13岁，最大的年龄为18岁，上下波动的幅度为5岁，而15岁和16岁学生最多，总数大17人，占学生总数的比重54.9%，超

① 《奏定学堂章程·初等小学堂章程》，湖北学务处本，第1—26页，见舒新城：《中国近代教育史资料》，第2卷，1981年版，第423页。

② 辽宁省地方志编纂委员会：《辽宁省志·教育志》，辽宁大学出版社2001年11月版，第646—647页。

③ 辽宁省地方志编纂委员会：《辽宁省志·教育志》，辽宁大学出版社2001年11月版，第437页。

过了学生总数的一半还多。学生年龄的具体构成情况如下：13岁的4人，占学生总数的11.8%；14岁的4人，占学生总数的11.8%；15岁的10人，占学生总数的32.3%；16岁的7人，占学生总数的22.6%；17岁的4人，占学生总数的11.8%；18岁的2人，占学生总数的6.5%。可见，除了17岁和18岁的学生年龄稍大一些外，其他学生的年龄还是符合部章的相关规定的。

从上面分析可以看出，清末民初东北地区各类学校学生年龄基本上符合部章的要求，但是由于各种条件的限制，学生的年龄还存在着一些明显的差距。其中，女子教育学校和民众学校学生的年龄差距最为明显。

就女子教育类的学校而言，当时东北地区虽然也出现一些女子学堂，但由于社会风气的相对闭塞，女子教育发展的历程十分艰难，不仅入学的学生有限，学生的年龄差距也很大。如当时的依兰地区国民学校学生入学年龄还难以达到要求：

> 民国时代初等学校实行国民义务教育，依据“学堂章程”规定，儿童六岁入学，但学生实际入学年龄都在十岁以上，而且劳动人民子女入学很少。所谓的“国民义务教育”是一纸空文、空招牌。据有关文献记载，那时儿童入学率为百分之二十左右，考入中学继续学习的为数更少，这种状况到“五四”新文化运动后才略有好转。[①]

民国初期敦化女校学生的年龄状况如下：甲级班有学生16名，最大的14岁，最小的9岁。乙级班有17名学生，年龄最大的14岁，最小的7岁。[②]而锦西英守堡女子小学校的学生年龄差距则更是悬殊。“开学后，女生就达到四十余人，是个年龄差别很大的班级。这所女学里，年龄最大的是两名孀妇（沈斐林大儿媳和沈永香的儿媳），她们三十左右。最小的赵继中，才十一岁。大多数的学生，都在十七八上下。”[③]从这些统计中可以看出当时女子学校学生年龄相差幅度之大。

就民众学校而言，民众学校主要是针对那些年长失学或无暇就学的民众

① 赵国信：《民国时期的依兰学校教育》，《黑龙江文史资料》，第14辑，第96页

② 李建树：《敦化女校创办始末》，《敦化文史资料》，第8辑，第12页。

③ 陈耿秋：《锦西农村第一所女学》，《锦西文史资料》，第2辑，第29页。

所设，因此学生的年龄相差更为悬殊。如宣统二年，长春东三道街半日学堂附设的简易识字学塾，招生将及两月，报名者甚属寥寥。“今仅学生二名，其年龄约均在三十以外云。”[①]民国时期，东北地区民众学校学生的年龄差距仍然很大。据相关资料记载：1929年（民国18年）5月，桦甸县私立第一民众学校开设的初级班中有学生38人。学生年龄最大的47岁，最小的12岁。同年11月举办的县立第一民众学校，共招收学生40名。其中学生年龄最大的28岁，最小的13岁。[②]可见，在当时东北地区的民众学校中也存在学生年龄差距十分悬殊的现象。

三、性别结构

清末民初，东北地区的新式学校是男女分校的制度。因此，我们可以通过对当时东北地区男女学校数量和男女学生的数量两个途径进行考察。

晚清时期，东北地区的教育事业逐步起步。社会各界的努力下，东北各地的男女学堂相继建立。据统计：1908年，奉天地区有男子学堂2087所，女子学堂26所，男生84199人，女生1238人；黑龙江地区男子学堂151所，女子学堂7所，男生6505人，女生244人。1909年，吉林地区有男学堂185所，女学堂3所，男生9008人，女生158人；[③]从这些数字的对比来看，当时女子教育的发展十分落后，女学生的数量也十分有限。

民国时期，东北地区的新式教育事业进一步发展，女子教育也得到了一定的发展。下面这个统计表格是民国时期东北地区初等、中等男女学校数量，通过这时期男女学校的数量对比来分析当时学生性别比例问题。

① 《简易识字学堂招生之难》，《盛京时报》，1910年4月23日，第5版，载长春社会科学院编辑、杨洪友编校:《〈盛京时报〉长春资料选编》清朝光绪卷（19096—1911），上册，长春出版社2005年版，第419页。

② 桦甸县地方志编纂委员会:《桦甸县志》，长春：吉林人民出版社1995年2月版，第684页。

③ 这些统计数字参看徐世昌编、李澍田等点校:《东三省政略》，卷九，学务，吉林文史出版社1986年版，第1395页，第1425页，第1414—1415页。

表 5.4 民国时期东北地区初等、中等学校比例统计表

省别、学校类别 \ 学事				公			私			总		
				男	女	总	男	女	总	男	女	总
奉天地区	初等教育	国民学校		4635	124	4759	1276	36	1312	5911	160	6071
		高等小学		297	19	316	12		12	309	19	328
		乙种实业	农业	5		5				5		5
			工业									
			商业	5		5				5		5
		其他		4	2	6				4	2	6
		计		4946	145	5091	1288	36	1324	6234	181	6415
	中等教育	中学		20		20				20		20
		师范		36	11	47				36	11	47
		甲实种业		1		1				1		1
				1		1				1		1
				2		2				2		2
		其他		6	2	8				6	2	8
		计		66	13	79				66	13	79
吉林地区	初等教育	国民学校		521	42	563	368	3	371	889	45	934
		高等小学		91	16	107	6		6	97	16	113
		乙种实业	农业	2		2				2		2
			工业	1		1				1		1
			商业	1		1				1		1
		其他		3		3				3		3
		计		619	58	677	374	3	377	993	61	1054
	中等教育	中学		6		6	2		2	8		8
		师范		8	3	11				8	3	11
		甲实种业	农业	1		1				1		1
			工业	1		1				1		1
			商业	1		1				1		1
		其他		4		4				4		4
		计		21	3	24	2		2	23	3	26

续表

省别、学校类别			学事	公			私			总		
				男	女	总	男	女	总	男	女	总
黑龙江地区	初等教育	国民学校		390	59	449	661	4	665	1051	63	1114
		高等小学		51	14	65	2	1	3	53	15	68
		乙种实业	农业	11		11				11		11
			工业		1	1					1	1
			商业	2		2	1		1	3		3
		其他										
		计		454	74	528	664	5	669	1118	79	1197
	中等教育	中学		3	1	4				3	1	4
		师范		2	1	3				2	1	3
		甲实种业	农业	1		1				1		1
			工业	1		1				1		1
			商业									
		其他		1	1	2				1	1	2
		计		8	3	11				8	3	11
合计				6114	296	6410	2328	44	2372	8442	340	8782

资料来源：本表中数字参考《奉天省学务统计表》《吉林省学务统计表》《黑龙江省学务统计表》中统计数字制成，载教育部总务厅统计科编:《中华民国第五次教育统计图表（五年八月至六年七月）》，第49页，第69页，第89页。

从上表的统计中可以看出，民国初期东北地区共有学校8782所，其中男子学校8442所，占学校总数的96.1%，女子学校340所，占学校总数的3.9%。可见，当时女子教育发展水平之落后。初等学校共8666所，男子学校8345所，占学堂总数的96.3%，女子321所，占学堂总数的3.7%；中等学校共116所，男子学校97所，占学堂总数的83.6%，女子19所，占学堂总数的16.4%。奉天地区初等学校6415所，男子学校6234所，占学堂总数的91.2%；女子学校181所，占学堂总数的2.8%；中等学校共79所，男子学校66所，占学堂总数的83.5%；女子学校13所，占学堂总数的16.5%；吉林地区初等学校1054所，男子学校993所，占学堂总数的94.2%；女子学校61所，占学堂总数的5.8%；中等学校共26所，男子学校23所，占学堂总数的88.5%；女子学校3所，占学堂总数的11.5%；黑龙江地区初等学校1197所，男子学校1118所，占学堂总数的93.4%；女子学校79所，占学堂总数的6.6%；中等学校共11所，男子学校8所，占学堂总数的72.7%；女子学校3所，占学堂总数的27.3%。从这些数据的对比来看，女学堂的数量十分稀少，初等教育的比重还不足为10%，最多的比重是中等教育，占学堂总数的11.5%—27.3%。实际上，这只是一个相对的数字，这时期中等学校的数量有限，女子学堂的相对比重就大一些，学堂内的学生数量的绝对值并不是太多。

下表是民国时期初等、中等学堂男女学生的统计表，表中详细列出了公立学堂、私立学堂中男女学生的数量，我们可以从中了解当时男女学生的性别比例问题。

表 5.5　民国时期东北地区初等、中等学堂男女学生比例统计表

省别、学校类别 \ 学事				公			私			总		
				男	女	总计	男	女	总计	男	女	总计
奉天地区	初等教育	国民学校		188110	13378	201485	27592	556	28148	215702	13934	229636
		高等小学		19557	1427	20984	1080		1080	20637	1427	22064
		乙种实业	农业	179		179				179		179
			工业									
			商业	230		230				230		230
		其他		221	263	484				221	263	484
		总计		208297	15068	223365	28672	556	29228	236969	15624	252593
	中等教育	中学		2748		2748				2748		2748
		师范		2979	624	2979				2979	624	2979
		甲实种业										
				221		221				221		221
				275		275				275		275
		其他		230	87	317				230	87	317
		总计		6546	711	7257				6546	711	7257
吉林地区	初等教育	国民学校		26675	4104	30779	12145	107	12252	38820	4211	43031
		高等小学		5199	554	5673	200		200	5319	554	5873
		乙种实业	农业	86		86				86		86
			工业	80		80				80		80
			商业	32		32				32		32
		其他		74	24	98				74	24	98
		总计		32066	4682	36748	12345	107	12452	44411	4789	49200

续表

吉林地区	中等教育	中学		991		991	96		96	1087		1087
		师范		749	200	949				749	200	949
		甲实种业	农业	38		38				38		38
			工业	42		42				42		42
			商业	84		84				84		84
		其他		150		150				150		150
		总计		2054	200	2254	96		96	2150	200	2350
黑龙江地区	初等教育	国民学校		18393	3516	21909	12087	112	12199	30480	3628	34108
		高等小学		2654	384	3038	55	19	74	2709	403	3112
		乙种实业	农业	297		297				297		297
			工业		70	70					70	70
			商业	90		90	16		16	106		106
		其他										
		总计		21434	3970	25404	12158	131	12289	33592	4101	37693
	中等教育	中学		400	42	442				400	42	442
		师范		343	166	509				343	166	509
		甲实种业	农业	115		115				115		115
			工业	130		130				130		130
			商业									
		其他		22	26	48				22	26	48
		总计		1010	234	1244				1010	234	1244
合计				271407	24865	296272	53271	794	54065	324678	25659	350337

资料来源：本表中数字参考《奉天省学务统计表》《吉林省学务统计表》《黑龙江省学务统计表》中统计数字制成，载教育部总务厅统计科编：《中华民国第五次教育统计图表（五年八月至六年七月）》，第50页，第70页，第90页。

从上表的统计中可以看出，民国初期东北地区共有学生350337人，其中男学生324678人，占学生总数的92.7%，女学生25659人，占学生总数的7.3%。可见，当时女子教育发展水平之落后。初等学校学生共339486人，男生314972人，占学生总数的92.8%，女生24514人，占学生总数的7.2%；中等学校共学生10851人，男生9706人，占学生总数的89.4%，女生1145人，占学生总数的10.6%；奉天地区初等学校学生共252593人，男生236969人，占学生总数的93.8%，女生15624人，占学生总数的6.2%；中等学校共学生7257人，男生6546人，占学生总数的90.2%，女生711人，占学生总数的9.8%；吉林地区初等学校学生共49200人，男生44411人，占学生总数的90.3%，女生4789人，占学生总数的9.7%；中等学校共学生2350人，男生2150人，占学生总数的91.5%，女生200人，占学生总数的8.5%；黑龙江地区初等学校学生共37693人，男生33592人，占学生总数的89.1%，女生4101人，占学生总数的10.9%；中等学校共学生1244人，男生1010人，占学生总数的81.2%，女生234人，占学生总数的18.8%。

民国后期，东北地区女子学堂的数量有了一定的增多，女子学生的学生数量也相应地增多。据统计，1929年辽宁各县完全小学（省城除外）共有学生89006人，男生73194人，女生15812人，占学生总数的17.8%；初级小学学生471865人，男生426903人，女生44962人，占学生总数的9.5%；县立高级小学31597人，男生28514人，女生3281人，占学生总数的10.4%；吉林地区完全小学有学生27141人，男生21355人，女生5786人，占学生总数的21.3%；初小有学生36889人，男生31014人，女生5875人，占学生总数的15.9%；黑龙江地区完全小学有学生22764人，男生18907人，女生3857人，占学生总数的16.9%；高等小学有学生1059人，男生721人，女生338人，占学生总数的31.9%；两等小学有学生15709人，男生11942人，女生3767人，占学生总数的24.0%；热河地区（辽宁部分）初级小学高级小学有学生1007人，男生969人，女生38人，占学生总数的3.8 %。[①] 从这些数字可以看出，学生性别比例的差距逐渐缩小，反映出东北地区女子教育事业的进步。

此外，我们还可以通过一些地区学生人数的统计看出当时男女性别比例的差距逐渐缩小的趋势。据1930年统计，昌图全境共有县立小学男校42所，女校9所，男22班，女20班，男生3903人，女生1674人；村立小学323所，349班，男生10246人，女生3081人；民立小学，男校31所，女校10所，男生844人，女生304人。[②] 县立小学女生人数占县立小学学生总数的30.2%，村立小学女生人数占村立小学学生总数的23.1%，民立小学女生人数占村立小学

① 文中关于学校和学生数量的统计数字主要参考《东北教育通史》中的相关统计数字，其中也有笔者根据书中数字计算所得。详见王鸿宾、向南、孙孝恩:《东北教育通史》，沈阳：辽宁教育出版社1992年8月版，第401—429页。

② 昌图县地方志编审委员会办公室:《昌图县志》，昌图县地方志编审委员出1988年12月版（内部发行），第544页。

学生总数的26.5%。学生总数为20052人，女生总数为5059人，女生人数占学生总数的25.2%。

在近代东北地区兴办的各类学堂中，民众学校是专为开通社会下民民众的智识而设立的社会教育机构，而广大女性成为这类学校教育的对象。因此，在民众学校中，女性学生在该类学校的学生总数总占有较大的比重。据《丹东市志》记载："民国18年（1929年）发展到121处，121级。其中公立112处，112级，私立9处，9级。共有学员3724人，其中公立3572人，私立152人；男3303人，女421人。……毕业人数共1626人，其中公立1528人、私立98人；男1439人，女187人。"① 从在校学员中男女比例方面来看，女学员占学员总数的11.8%；就毕业的学员男女比例来看，毕业女学员占毕业学员总数的11.5%。此外，东北地区也存在一些女生在学生总数中占有较大比例的学校。据吉林省档案馆藏《双阳县通俗教育讲演所附设民众学校新招学生一览表》统计，该校民国十九年五月招收学生中34名学生，男生仅3人，女生竟高达31人，占学生总数91.2%。②

民国后期，东北地区曾经一度推行男女合校的制度，社会上也出现了一些男女混合学校。在这方面的资料十分有限，笔者仅查到黑山地区相关学校的相关记载，据王洁珊女士回忆：

> 1922年我入黑山第一小学。当时黑山有六个小学，惟第一校有三年制的高等班和四年制的初等班，即后来所谓的完全小学。彼时之高等班毕业生可直接考奉天省高中、高职或师范。当时黑山尚无初中。黑山七年制之第一小学毕业生已具有初中生之同等学历。第一小学之教师多为奉天第一师范、高中毕业生；学生约三百多人。这个学校是当时黑山最大最高之一所小学（校址在原镇安乡政府处）。今以此校为例，略述黑山女子教育。高等班无女生。初等班也只有女生十四名，加上男生共有二十六名，是个混合班，女生还分甲、乙二组。1923年第一小学才正式有个女生初级班，而其他小学仍为混合班，每班只有几名女生。
>
> ……

---

① 丹东市地方志办公室：《丹东市志》（9），沈阳：辽宁科学技术出版社1991年11月版，第100页。

② 《双阳县通俗教育讲演所附设民众学校新招学生一览表》，吉林省档案馆藏，J110-5-1。

1926年第一小学有十五、十六两个高级班。我和郭鸿玉入十六班。此班包括男生共二十八名；仅月余，郭鸿玉出麻疹，全班只剩我一名女生，路上没伴，在班级又有时受男生欺侮，所以下学期我也不念了。[①]

从上面的这段资料的记载可以看出，当时黑山地区虽然出现了一些男女混合教学的情况，但由于当时社会风气的影响，这时男女学生比例的差距仍然十分悬殊。从这个例子中我们可以看出当时东北地区男女学生比例差距之大。

四、籍贯构成

东北地区各类学堂招收的学生基本以本地为主，兼收少量外地或外省的学生，这一点我们可以从这些学校的办学宗旨中就可以看出，如奉天："教育厅长祁彦树以奉省青年儿童失学者数已难计，实深浩叹，遂通令各县知事于本县境内凡达五十户以上之村屯均须设立初小学校一处，视其户数之多寡酌予增减级数，凡八岁以上之儿童均得入学以免有失学，仰即下学期一律举办。"[②]可见，各类学堂的创建基本上是为了解决本地区学龄儿童无学可上的问题。

在一些初等类教育机构中，基本上或是全部以本地学龄儿童为主，外地就学的学生比重不大。东北乡村地区的女子初级教育发展的水平也很有限。因此，在这些女子学堂中很少出现外地学生的身影。下面是民国九年农安县立女子高等小学校毕业学生名单[③]：

王惠贞	吉林农安县	赵永敏	同前	宋淑琠	同前	赵清翰	同前
赵淑全	同前	王玉芝	同前	王茹华	同前	张玉娥	同前
孙静安	同前	李毓珍	同前	王菁华	同前		

从资料中可以看出，民国九年农安县立女子高等小学共毕业学生12人，全为本地的学生，并没有外地学生入学。其中的原因一方面是东北地区的女

① 王洁珊：《从我的经历看黑山女子教育》，《黑山文史资料》，第10辑，第114—115页。

② 《令设立村屯小学》，《盛京时报》，1928年7月15日。

③ 教育厅编辑：《吉林教育公报》，第三年第三十期，吉林同行刷印局中华民国九年六月二十五日版，纪载，第2页。

子教育事业并不发达，另一方面与该校的办学规模和师资力量有限有关。因此，这种水平的学校还不能吸引外地学生前来就学。

在一些高小或中等以上学堂招收一定数量的外地学生。这些外地而来的学生可能是双方教育当局签订的一种互相培养的协议。如下面是吉林磐石县立高等小学校第八班学生毕业名单[①]，学生中就有9名来自山东曲阜县的学生：

章振起 吉林磐石　李舒春 同前　李长胜 同前　蔡永芳 同前
刁万祥 同前　陶圣林 同前　王兆庆 同前　腾兆福 同前
马宗岱 同前　齐福安 同前　李华棠 同前　张玉清 同前
刘永生 同前　张兆绅 同前　孙思伦 同前　杨逢春 同前
刘　棨 山东曲阜县　高锡奇 同前　杨士元 同前　刘玉书 同前
申景祥 同前　刁万良 同前　宗允魁 同前　王振玉 同前
狄振范 同前

从上面的统计来看，民国九年，磐石县立高等小学第八班毕业生共25名，其中本地学生16人，占学生总数的64%，山东曲阜县9人，占学生总数的36%。可见，当时该校高等小学学生籍贯情况之一斑。

在众多的学堂中，东北乡村地区的私立学校招收的外地学生相对较多。如辽宁省法库县平治学校是杨宇霆倡导创建的一所私立学校。由于办学条件优越，师资力量雄厚，许多外地学校的学生慕名而来，当时就有很多来自沈阳、辽阳、抚顺、新民、康平等市县的学生。[②]长春自强私立学校是吉林省一所远近闻名的私立学校，学校办学历史悠久，师资力量雄厚，因此有很多外地慕名而来的求学学生。下表是民国七年长春自强私立学校高等第一班毕业生的名单，从中可以看出自强学校高等班学生的履历情况：

表 5.6 本校高等第一班毕业学生履历一览表 民国七年（1918 年）十二月

姓名	年岁	籍贯	住址	毕业年月	毕业后之出处	通信处
王成智	17	长春	波黎岗	民国七年十二月	滨江信孚银行	长春新市场德隆店

① 教育厅编辑：《吉林教育公报》，第三年第二十五期，吉林同行刷印局中华民国九年一月二十五日版，纪载，第6页。

② 胡玉海主编，郭建平著：《奉系教育》，辽海出版社2000年6月版，第160—161页。

续表

姓名	年岁	籍贯	住址	毕业年月	毕业后之出处	通信处
郭守平	18	同上	新立屯	民国七年十二月	滨江汇丰银行	滨江汇丰银行
刘仰煜	19	京兆	中国站	民国七年十二月	滨江汇丰银行	滨江汇丰银行
刘万兆	16	长春	头道沟	民国七年十二月	本城道立中学肄业	道立中学
王殿尊	16	盖平	东门里	民国七年十二月	天津南开中学肄业	天津南开中学
田桂荣	19	天津	中国站	民国七年十二月	吉林省中学肄业	吉林省中学
孙宗达	16	长春	富河堡	民国七年十二月		
史守志	23	双阳	一面山	民国七年十二月		
凌士敏	18	磐石	烟筒山	民国七年十二月	吉林省立第二中学肄业	中学校
王文光	13	天津	中国站	民国七年十二月	上海青年会中学生	上海青年会
王秉信	13	长春	三马路	民国七年十二月		
于贵春	21	磐石	烟筒山	民国七年十二月		
刘永安	16	长春	福安山	民国七年十二月		
蒋鹤龄	16	沧县	六合屯	民国七年十二月		
吴迎春	16	长春	高家窝堡	民国七年十二月		
谢 炆	15	双阳	三家子	民国七年十二月		
李 英	17	长春	廿五里堡	民国七年十二月		
吕治中	17	长春	五大户	民国七年十二月		
刘广文	16	长春	五大户	民国七年十二月	吉林省立第二中学肄业	中学校
宋殿升	19	长春	山弯子	民国七年十二月	吉林省立第二师范肄业	师范学校
宋景春	16	长春	山弯子	民国七年十二月	吉林省立第二师范肄业	师范学校
谢 燧	19	双阳	三家子	民国七年十二月		
谢 炘	18	双阳	三家子	民国七年十二月		
李 俊	18	长春	山弯子	民国七年十二月		
王凤山	19	长春	东四道街	民国七年十二月	吉林县国民教员	
宋 金	18	长春	大房身	民国七年十二月	民国八年七月病故	
说明	1、年岁籍贯住址三栏系毕业时之调查 2、毕业后出处系现在之调查 3、凡不祥确者均暂付阙如					

资料来源：桢卿社编:《自强半月刊》，桢卿社（编校印）中华民国十一年六月出版，附录，第14—16页。

从统计可以看出，民国七年，自强学校高等第一班学生共毕业26人。其中，长春地区15人，占学生毕业总数的57.7%；双阳地区4人，占学生毕业总数的15.4%；磐石地区2人，占学生毕业总数的7.7%；天津地区2人，占学生毕业总数的7.7%；京兆地区1人，占学生毕业总数的3.8%；盖平地区1人，占学生毕业总数的3.8%；沧县地区1人，占学生毕业总数的3.8%。可见，当时自强学校学生来源地域结构的广泛。

在师资力量更为雄厚的同泽中学，学生的生源情况则更为广泛。下表是作者根据《同泽学生籍贯统计表》中的相关数字制成的简表。

表5.7 民国时期同泽学生籍贯统计表

县别	人数	县别	人数	县别	人数	县别	人数
沈阳	192	铁岭	22	辽阳	28	盖平	9
开原	9	海城	18	新民	6	辑安	3
海龙	9	台安	4	怀德	8	新宾	1
抚顺	17	金县	1	营口	8	岫岩	3
凤城	3	法库	3	兴城	1	本溪	11
昌图	12	北镇	2	辽中	6	复县	4
宽甸	3	西安	3	庄河	1	清源	1
临江	1	黑山	4	安东	1	辽源	—
柳河	1	锦西	3	通化	2	西丰	1
锦县	1	梨树	1	通辽	1	康平	1
临榆	3	热河阜新	1	吉林农安	2	武昌	2
武进	2	山东济宁	2	天津	2	密山	3
河南光山	1	河北隆平	1	山东福山	1	河北宁河	1
吉林依通	2	安徽桐城	1	广东中山	3	江苏上海	1
江苏丹徒	1	河北深县	1	江苏无锡	3	湖南长沙	1
河北沧县	1	河北抚宁	1	安徽巢县	1	吉林磐石	1
江苏松江	1	山西灵县	1	河北宛平	2	吉林扶余	2
安徽歙县	1	河北枣县	2	江苏呼兰	2	江苏嘉定	1
浙江绍兴	3	福建诏安	1	河北昌黎	2	浙江县嵊	2
江苏淮安	1	安徽六安	1	河北交河	1	湖北天门	2
福建闽侯	3	湖北江陵	1				

资料来源：《同泽学生籍贯统计表》，载《同泽学校教育实施统计概况》，（Printed in Moukden at The Tung Chai School Press）民国十九年夏季编订，第51—53页。

从上表的统计数字来看，同泽中学的学生来源不仅包括辽宁、吉林两省地区，还远至大江南北、黄河两岸的广大地区。可见，当时同泽中学生源地域分布的广泛性。

第二节 乡村新型学生群体的思想动态

新式学生群体作为一个近代社会兴起的一个新式群体，在知识结构方面更是中西兼具的复合式结构，因而在思想文化方面呈现出一种复杂的现象。随着新式教育事业的深入，在学生群体中这种思想混乱的局面有所改善。有的学者关于依兰地区学校教育的论述恰当地反映了这一时期学生思想变化的过程："在动乱的年代，学生的思想是复杂的。进步与落后，保守与维新，新旧两种思想交织在一起，斗争经常发生。民国时期较清末学科增多，知识领域在扩大，尤其是受到反帝反封建思潮的影响，学生接受了民主革命思想，爱憎分明，爱国主义思想在成长。"[①]可见，当然学生群体中还存在一些传统思想的因子。但从总体上来说，这些系统地接受近代知识文化新式学生群体身上传统思想文化的影子较弱，特别是民国时期新式教育的普及，学生群体在思想方面就更具有明显的趋新现象。

一、逐新性

新式学生群体在接受系统的近代文化知识的教育后，思想文化方面发生了一个明显的改变，即传统文化的影响逐渐较弱，近代文化知识逐渐占据了学生知识结构的主体。在知识结构中，学生群体缺乏传统文化的储备，因而对于传统文化的眷恋不深。他们的思想观念比较开放，易于接受近代社会出现的新思想和新观念，因此在思想文化方面呈现出一种趋新性。在清末民初东北社会风俗改革方面，学生群体也是走在时代前列的急先锋。在剪发、衣服、提倡文明婚礼宣传活动中，学生都表现出极强的趋新性。吉林省城各校学生在1917年9月8日午后在青年会院内开会，到会学生有300余名，"首由法政校生李紫垣君演说。财政为万事之母，生命相关，万不可浪费睹现下各

① 赵国信:《民国时期的依兰学校教育》,《黑龙江文史资料》，第14辑，第98页。

等社会大概习于浮华，种种浪费，不知节俭。若使此风日张，必致财政差趋于困难，下可以之家，上可以之国。兹拟先由学界实行崇俭，以为各界之模范。到会各生甚为赞成。当场有册簿，各书名号以为会籍，并拟定会章数条。凡一经入会，禁止新作绸缎衣服，并禁吸食纸烟、冶游、娼寮、宴会，以上数条如有违犯，当即行照章议罚”[①]。

在立宪和革命思想的宣传中，学生也是积极的参与者。当立宪运动兴起后，他们积极接受立宪派的思想和主张，积极投身于立宪思想的宣传工作之中，在其后掀起的历次国会请愿运动浪潮中也不乏热血青年泣血高呼的身影。立宪运动兴起后，东北地区部分青年学生集体奔赴城镇农村，宣传国会请愿的实际意义。[②]1919年5月，吉林省留学生就发表了一篇《吉林留日学生会自治意见》的文章，提出了实行东三省自治的规划。

> 东三省人民智识就省区域上的比较言，当以吉林为首屈一指，此殆为国内有识者所认同。兹者奉军战败，三省人民共挽留张氏实行联省自治，吉林省议会长之提案颇有见地，已志前报。昨日本社又接到吉林留日学生全体公函如下：
>
> （衔略）迩者奉直构兵，政权紊乱，国本已摇，民命无托，大祸之兴，正未有艾。吉省逼处强邻，危险尤甚。同人等以为非吉人急起自谋无以免危亡而期统一。百计思维除断行联省自治制外，别无良谋，惟吉林久呻吟于大东三省主义之下，政权操诸他人，深恐奸人弄策假联省自治之美，启将陷吉人于万劫不复之死地。凡是提出必先解决者三事胪陈于左：
>
> （一）为即时实行联省自治制起见，先由省议会选举本省公民为临时省长，维持全省治安，再由省议会推定，本省人组织省宪起草委员会速行制定宪法。
>
> （二）吉林之外交、军事、司法、交通、财政永归中央政府直辖。
>
> （三）东三省保安总司令不合联省自治制之根本精神，事不承认除已电促本省公民及各团体从速宣布实行外并希贵社鼎力声援共□斯举，

① 《学生团组织崇俭会》，《盛京时报》，1917年9月20日。

② 王魁喜：《近代东北史》，黑龙江人民出版社1984年7月版，第370页。

以解时局之纷纠而作统一之基础。则吉林幸甚，中国幸甚！[①]

当立宪运动的骗局被揭露后，学生们又毫不犹豫地投身于革命的浪潮之中，积极宣传革命思想。五四运动爆发后，吉林、长春、哈尔滨、齐齐哈尔各大城市和一些中小城市的青年学生和广大群众纷纷投入爱国运动。5月27日，长春第二师范、第二中学学生“到处演说，沿街散发广告”。“二十一条”签订的消息传来，一些青年学生纷纷集会、讲演、示威游行，“甚至小学校的儿童都表现出了排日气势”。[②] 中俄关系恶化后，“五常各学校学生热心爱国，抗俄赤化，于九月二十六日午前十时聚集男女各校学生四百余名，在街游行演说，散发传单，鼓励民气并满街粘贴‘打倒赤俄’之标语”[③]。在学生的倡导和宣传下，东北地区的立宪思想和革命思想得到了广泛的传播，在一定程度上推动了东北地区革命运动的发展。

二、革命性

晚清以来，在军阀统治和列强侵略的双重压迫下，东北人民过着一种水深火热的生活。在这种环境中生存广大学生，无时无刻都感受着这种日益强烈的切肤之痛。再加上些进步教员的引导和一些革命思想的熏陶，很多学生都形成了一种较为强烈的革命思想。在晚清时期，它们就有一部分人能够积极投身于革命运动之中，还有一些学生为之献出了宝贵的生命。五四运动后，随着革命思想的进一步传播，东北地区青年学生的革命觉悟日益高涨：“依兰地区中学堂在中学语文、史地课的思想性有所加强，再加上报纸杂志中的一些进步文章对学生的启迪，使其处于萌芽时期的爱国主义思想得到进一步发展，增强了他们对封建主义、帝国主义的憎恨，对祖国对中华民族的热爱。还有些思想较成熟的同学，开始意识到，挽救垂危祖国命运的重任已历史地落在青年一代的肩上。”[④] 这一点，在当时学生的一些作品中有所体现。下面是吉林省立第三中学的学生秉忱的一首诗《咏雪》，从中我们可以真切地触摸到

① 《吉林留日学生会自治意见》，《盛京时报》，1922年6月2日。

② 菊池秋次郎：《奉天二十年》，转自常诚等著：《现代东北史》，黑龙江教育出版社1986年8月版，第21页。

③ 《各学校发起抗俄运动》，《盛京时报》，1929年10月2日。

④ 赵国信：《民国时期的依兰学校教育》，《黑龙江文史资料》，第14辑，第99页。

作者当时内心由于迷惑、困惑、茫然、无奈而带来的痛苦挣扎。

咏雪
一个濛濛的天空，
落下来无数雪花，
把一个黑暗污浊的世界，
顿时变成了一个光明洁白的水晶宫。
老树
秀竹
草舍
瓦屋
都穿着洁白的缟衣
仿佛是笑送这个黑暗污浊的世界！
好玩的孩童们
三三两两地跑到院子里
塑成些雪人雪马
何等的好看好玩
只有那些可怜的小鸟
无处觅食
饿着肚子飞来飞去
哀哀地叫不成声
还有那猛恶的野兽
平时何等的凶暴
这时候也躲在林中洞里，
不敢出来了
他们是怕冷吗？
不然，……是怕光明吗？
太阳出来了
雪渐渐地溶化了
数日之间
依然是个污浊的世界了！
天道如此

诗人何必多事！[①]

在诗中，作者怀着一种强烈的感情批判了这样一个“污浊”世界。文中多次用到“濛濛”“黑暗”“污浊”“猛恶”“凶猛”等词汇来形容这个令人厌恶的世界；用“哀哀叫不成声”的“饿着肚子飞来飞去”的“可怜小鸟”来形容在这个“污浊”的世界中人们的生活的贫困和无助；而“雪花”“洁白”和“光明”与文中的“濛濛”“黑暗”“污浊”等词汇相对，表达诗人对于渴望推翻这个旧社会，建立一个新社会的一种向往。最后，诗人用“数日之间，依然是一个污浊的世界了！天道如此，诗人何必多事！”结尾，表达了诗人的一种无法改变现实的痛苦和无奈。从作品可以感受到作者完全是一种真情实感的流露，反映了作者本人痛恨黑暗、向往光明的内心世界的变化。

如果说上面的作品只是含蓄地反映出学生具有一定的革命倾向的话，那么，下面一段资料所反映出的学生反帝反封建思想是一目了然的。五卅运动发生后，呼兰县的学生纷纷行动起来，声援远在上海的爱国运动。6月19日，呼兰县学生联合会发表宣言，全文内容如下：

呜呼！自沪难发生后，举国震怒。慨工学被杀之人无数，又悲英日两国之野心无穷，是以上海学生有游行示威救助之举，各省学生有运动、绝交、抵制之行。可知我中国人心未死，纯义愤所激。学生等既同圆颅方趾，即非木偶可比，故对此英日之惨杀我工学同胞而不平也。盖天地间，事之不平者则必鸣。我学生等此次宣言之不平者，即英日之虐待。试问：我工人何罪？徒遭枪毙之冤，学生何辜？竟罹流血之痛，而复进凶兵于黄浦，监学生于租借？！此诚不共戴天之仇，誓不两立之恨，是可忍孰不可忍！彼内省则义团遍起，奔走号呼，吾东省则安乐弦歌，如哑如聋？谁无妻子，谁无产业，行将妻子作英日之奴隶，产业为英日所占领。盲人瞎马，夜半深池，垒卵不足喻其危，燕处燎堂火将及矣！此诚国家兴亡之秋，将人民流血之日，稍具人心，万难坐视。望我父母兄弟姊妹速表同情，敌忾同仇。不买英日之货，不做英日之工。既助烟酒之金钱，为彼学

① 秉忱：《咏雪》，吉林省立第三中学校学生自治会月刊：《吉林省立第三中学》，吉林双城县西大街路北精益印书局印刷，中华民国十二年十一月出版（第七八两期合刊），第51—52页。

生之后盾，众志成城，积微填海。猛醒，猛醒！速起，速起！庶将来交涉胜利之日，宜不在今日之举哉！[①]

在宣言中，学生联合会痛斥英日帝国主义列强的罪行，号召广大人民迅速行动起来，“猛醒，猛醒！速起，速起！”，“众志成城，积微填海”，学生群体的革命之情溢于言表。

三、责任感

中国传统文化中就有“天下兴亡，匹夫有责”的传统，新式学生群体更好地继承了这一传统，并在关心时事、热心地方事务方面身体力行，以身作则。近代以来，内外交困下的东北地区各项事务的发展仍然落后。这些新式学堂的学生怀着一种社会主人翁的责任感呼吁进行社会变革，并对于当时的政治、经济、文化教育、社会风俗等方面的变革提出了自己的看法。《吉林省立第三中学》第7—10期学生发表的作品，可以清楚地反映出当时该校学生关心社会、热心时政的思想。当时这四期相继刊载的有关民生的《我国当注重社会教育》、何景珊的《请看家庭专制和早婚的结果》、秉忱的《真正恋爱和人生幸福》、张琦书的《中学考试的我见》、王伯威的《男女合校的我见》、白庆珍的《纸烟的危害》、程肇桂《我对于双城城内交通之不满意》、马永吉《我对于双城城内交通之不满意》等作品。从这些作品中我们可以看出当时该校学生社会责任感十分强烈，怀着一种主人翁的责任感去关心现实、关心社会。下面以其中的两篇作品——关民生的《我国当该注重社会教育》和马永吉《我对于双城城内交通之不满意》为例进行分析。

我国当该注重社会教育

社会上儿童非常的多，也都很聪明。但是，上学的极为少数，其中沦为乞丐的，流为莠民的。

就是稍高一点的不是去同那个工人学手艺，就是进那个商号去学徒，把这些有为的青年，活活泼泼的青年，齐束缚住了？终身目不视丁，无智无识，再无发展的地步。这岂不是太可惜吗？

① 姜世忠著：《呼兰史话》，黑龙江人民出版社1990年12月版，第138页。

同胞们呀！你们要知道现在的求学，乃是求人生的普通常识，不是非专门不可，所以无论做何职业，皆当以求学为基础，补救他们的方法，最好是多设半日学校及贫民学校。虽不能强迫教育，也可略加限制。凡二十岁以下的国民，无论为何职业，至少须受半日教育，或者大工厂、大商店……里面具备一授课地方，工作完毕，还可以读书求知识，扫除普通青年发展的窒碍。[①]

关民生的作品从我国"缺学少教"社会现实入手，揭示广大民众文化知识匮乏的危局。为了解决这一问题，他提出了广设半日学堂和贫民学校的办法来"扫除普通青年发展的窒碍"。就全文结构来看，从提出命题到解决方法都安排得井然有序，区区三百字就把问题说的清清楚楚，明明白白，比较容易的让读者明白和接受。

还有一些学生的作品关注东北乡村地区的交通设施建设情况，在下面的作品中，马永吉谈了自己对于双城市内交通情况的看法。

我对于双城城内交通之不满意

我们尝听人说："我中国最大的商埠如北京、天津、上海等皆得交通之便利。"这是怎么原因呢？因为北京、天津、上海等处都有马路，所以不怕那阴雨连绵，也不至有道路险阻之患，这不是最幸的事吗？最可惜的，就是双城城内的交通。

怎么说呢？因为双城虽属一极小之区，然而邻于中东路线之傍，亦可为一个通商之所啊。假使双城的一般商政界人等能不惜巨资，无论大街小巷都筑以马路。于此，不但无道路险阻之患，而于商业之发达，亦有莫大的影响啦。

讵料他们都不如此打算，所以于阴雨连绵的日子，就是那大街之上，人犹以行路为艰，况说是小巷吗？咳！这就是我对双城不满意的地方[②]。

① 关民生:《我国当该注重社会教育》，吉林省立第三中学校学生自治会月刊:《吉林省立第三中学》，吉林双城县西大街路北精益印书局印刷，中华民国十二年十一月出版（第七八两期合刊）第，29—30页

② 马永吉:《我对于双城城内交通之不满意》，吉林省立第三中学校学生自治会月刊:《吉林省立第三中学》，吉林双城县西大街路北精益印书局印刷，中华民国十二年十二月出版（第九十两期合刊），第17—18页。

文章通过北京、天津、上海的交通便利入手，一针见血地指出交通便利的重要性。而双城地区虽然地处通商之所，正是由于交通条件的落后阻碍了其经济的发展，从而反映出作者呼吁改善双城地区交通条件的宗旨。作者把交通条件与经济发展联系起来，又通过与北京、天津、上海等大城市的对比，自然地突出了交通条件优劣的重要性。

第三节　乡村新型学生群体的基本特征

20世纪初近代东北地区新式教育大规模的兴起，促进了东北地区新知识分子群——学生群体的产生。在学生群体中，既有接受新式教育的新式学堂毕业生和留学生，还有由传统文人转化而来的学生。这种群体构成的复杂性和当时的社会环境造就了这样一批兼具中西文化的社会群体，具有显著的过渡性、趋新性、革命性的特征。

一、过渡性

过渡性是近代学生群体的一个显著的特征，它不仅表现在由最初的传统文人向近代知识分子的过渡，还表现在由知识分子向革命者的过渡。第一个过渡主要发生在晚清时期。随着新式教育的迅速崛起，东北地区文化事业的落后导致符合学生资格的生源有限，于是一批曾接受过传统儒家文化熏陶的士子童生走进新式学堂，成为东北地区新式学堂最早的一批学子。进入新式学堂之后，这些科举废除的牺牲品为了谋生的需要被迫接受近代文化知识的教育，从而开始了从传统文人向近代知识分子的过渡。随着新式教育事业的迅速发展，这些转化而来的学生群体逐渐适应新学的发展需要，在思想方面对于西学的态度也发生了细微的变化，由原来的排斥、抵制、不屑到现在的接受、尊崇和吸取，最终完成了这种社会角色的过渡。民国时期，新式学堂中早已不见了先前那些接受传统文化的士子童生，一些以宣传传统文化著称的传统私塾也先后被勒令停止或改良，并最终逐渐转化为各村的私立小学，并最终推出了历史的舞台。随着帝国主义列强的侵略和奉系军阀的残酷统治，东北社会处于一种动荡不安的处境之中。这时期，一些革命人士先后深入东北乡村地区，在学生群体中积极宣传革命思想。这些学生在耳濡目染之中接受了一些进步的思想，积极投身于社会革命的活动洪流之中。特别是中国共产党建立后，一些党员纷纷以教员身份为掩护深入东北地区发展革命力量，一些进步学生成为他们争取的首要对象。因此，学生群体又开始从知识分子向革命青年的转变。在一部分进步师生的引导和革命思想的熏染下，大批的学生积极投身于反帝反封的斗争之中，其中的一部分学生加入中国共产党，完成了由学生向革命志士的过渡。

二、趋新性

近代以来，在东北地区相继出现了一大批新式学堂。在新式学堂实行的是一种全新的教学内容。在课程设置方面包括修身、教育、中国文学、历史、地理、算学、格致、图画、体操等科目，基本上体现了一种中西学并重的特点。新式学生作为新学制下的产物，曾经系统地学习了近代文化知识，而与传统文化联系薄弱，在头脑中保存着较少的传统文化思想。所以，这些新式学生的思想一般来说比较开放，他们敢于抛弃传统的文化知识，易于接受一些新事物，知识结构的更新速度也比较快。清末时期，内地的洋务思潮、维新思潮、立宪思潮、革命思潮也波及到东北地区，在当时东北社会产生了一定的影响。兴学运动兴起后，一些具有进步思想的教员在学堂中宣传改革和革命思想，对当时的学堂学生的思想产生了一定的影响。例如，在清末立宪运动中，部分学生接受了宪政思想，并积极参加了历次国会请愿运动。当立宪的骗局暴露后，一些学生又转变思想观念积极投身于革命斗争的洪流之中。新文化运动以后，特别是中国共产党建立后，一些进步教员纷纷以教员身份为掩护在各地学堂积极宣传，革命思想在学生中迅速地蔓延开来。总之，在新式学堂的学习过程中，学生们逐渐接受了西方的科学文化知识，大批青年学生的思想逐渐由封闭的传统形态逐渐向开放的近代形态转化。这些学生不再停留在原有的科举老路上前仆后继，而是开始积极追求西方近代的新文化和新知识。“新式教育的兴起和发展，无疑对中国社会的近代化产生了重大的影响。但是，如果人们缺乏一种能够赋予这些制度以真实生命力的广泛的近代心理基础，如果执行和运用这些近代制度的人，自身还没有从心理、思想、态度和行为方式上都经历一个向近代化的转变，那么社会实质上的近代化就是不可能的。从晚清东北社会的一些精英阶层和知识分子可以看到心理转化的趋向，他们努力冲破传统的牢固束缚，逐渐形成近代的态度，价值观、思想和行为方式，并把这些熔铸在他们的基本人格之中。”①

三、进步性

近代学生群体与求取功名利禄的官僚政治绝缘，是清末民初兴学运动所孕育的一种新的社会力量。这些青年学生在接受新式学堂的文化教育的同时，他们也接受了西方文化和思想的影响，形成了一种崇尚自由、民主，提倡新文化的观念。近代以来，外有列强的逼迫和环伺，内有奉系军阀的残酷统治，因此，东北地区社会形势岌岌可危。在这种内外交困的局势下兴起的学生群体作为一种全新的社会力量，凭着一种社会责任感把个人命运和民族命运结合起来，积极投身于东北地区的革命活动之中。在一些进步师生的宣传和发动下，革命思想迅速在新式学生队伍中传播开来，许多进步青年相继加入共产党，东北地区学生群体的革命性的日益高涨。五四运动以后，随着全国各地革命运动的风起云涌，东北地区的学生运动也积极开展起来，相继发动了抗俄、反日、抵制洋货运动等爱国运动。例如，五卅运动发生后，东北各地学堂的学生纷纷举行各种活动进行声援，就连比较边远的样子哨地区的学生也积极行动起来。“本镇高初小学校校长张雨樵氏组织沪案后援会，十七日该校已赴街讲演，一般市民闻之颇具悲愤，计加入游行。讲演学校尚有初级女学，河南初级小学，故已改称样子哨学界沪案后援会矣。其内分讲演、募捐两部，讲演期唤醒国民，募捐以期实力补助沪上罢工云。不取过激主义办法，颇承和平。闻明日仍拟继续购演云。”②可见，当时学生群体革命性之一斑。

① 王笛：《跨出封闭的世界——长江上游区域社会研究，1644—1911》，中华书局1993年初版，2001年再版，第627页。

② 《高小沪案后援会》，《盛京时报》，1925年6月24日。

第六章　一体多元：乡村新型知识分子群体社会流向研究

近代东北乡村兴学运动的兴起和发展顺应了近代东北社会近代化趋势，为近代东北乡村社会的转型创造了必要条件。近代东北乡村兴学运动的发展过程既是一个新式学堂逐渐取代书院和私塾的教育现代化过程，也是传统士绅逐渐弱化、消亡和转化，近代新型知识分子群体逐渐形成、发展和壮大的交替过程。新型知识分子群体流向乡村政治、经济、文化、教育等诸多领域，在乡村舞台上“大秀拳脚”，在一定程度上加速了近代东北乡村社会近代化的历史进程。

第一节　政治流向与近代东北乡村政治革新

随着新式教育运动的形成和发展，近代东北乡村地区逐渐形成了一支数量相当、特点鲜明的新型知识分子群体。新型知识分子群体涌入近代东北乡村社会政治领域，以其活跃的思维活动于政治空间，深刻影响了乡村社会政治结构和治理机制，推动了近代东北乡村治理体系和治理能力的近代化。

一、新型知识分子与乡村治理结构的优化

传统乡村社会呈现的是一种“无为而治”的状态，国家政权基本上是不

干涉乡村社会治理的具体事务。虽然乡村地区出现过一些类似社甲、乡约等基层管理机构，这些基层机构的管理工作基本上依靠当地乡绅阶层或保甲长等基层管理人员进行维系。遍布广大东北乡村地区的是村屯组织，村屯组织是以传统家族制为基础，根据一脉相承的血缘和集团生活的同乡关系自然形成的村落生活共同体。村落实施村长或屯长为主的管理体制，专门负责对外联络和接待事宜，处理村落共同事业和诉讼等工作。近代东北乡村兴学以来，部分具有维新思想或接受过新式教育的新型知识分子群体纷纷进入乡村政权管理层，逐渐优化了东北传统乡村社会的治理结构，促进了东北乡村社会治理体系和治理能力的近代化。

进入乡、镇、村级的基层政权。清末时期，由于传统乡绅集团的分裂和蜕变，一些劣绅和恶棍霸占着乡村政权，极大地影响了乡村政权的正常运作和办事效率，甚至造成了乡村社会治理体系的非正常化。清末民初时期，部分接受新式教育或具有维新思想的新型知识分子进入乡村政权，为较为封闭落后的乡村社会带来一些鲜活的朝气。据《大连文史资料》记载：王殿甲先生"是个庄稼人，念过私塾，略知诗文，思想倾向维新。推翻帝制后，他在乡里带头剪发，倡办女学，并提供房舍，热心公益事业，深受乡里敬重。被举为村长多年，好为乡民排忧解难，济苦扶贫，以致任内散尽家产"①，成为近代东北乡村社会治理领域的典范。

民国时期，东北乡村地区实行了区村制度。为了改善传统乡村社会的治理结构，东北地方当局详细规定了村长村副的任职资格。延吉县明确规定村长村副的资格：(一)候选公务员考试、普通考试、高等考试及格者；(二)曾在中华民国服务者；(三)曾在国民政府属之机关充委任官者；(四)曾任小学职教员，或在中学毕业者；(五)曾办地方公益事务，著有成绩者；(六)乡镇公民年满二十五岁以上者。②黑龙江当局颁布的《黑龙江省乡镇闾邻长推举应暂行办法》规定：乡镇居民年在二十五岁以上，具有左列资格之一者，得推为乡长、副乡长、镇长、副镇长。甲、家道殷实办事素称公正者；乙、热心公益为民众所信仰者；丙、曾办地方自治满一年以上者；丁、在高小学校以

① 王黎：《东北爱国诗人王一叶》，《大连文史资料》，第6辑，第1页。

② 《规定村长副资格》，《盛京时报》，1930年3月15日。

上或与有同等程度之学校毕业者。[1] 从这些关于村正副、乡镇闾邻长的任职资格可以看出，民国时期对于乡村地区基层政权的办公人员，接受新式教育成为必备条件之一。部分接受新式教育的新型知识分子群体得以借机跻身于乡村政权的管理层。下表是民国时期东北部分地区的侦缉队、警察局、保甲所中一些新式知识分子统计概况，从表中的统计我们可以了解民国时期新式知识分子深入东北乡村基层政权的情况。

表 6.1 东北部分地区乡村政权新式人才人员构成一览表

类别	职务	姓名	次章	籍贯	资格	备注
安东警察厅	侦缉队长	王汉臣	汉臣	奉天锦县	锦县警察教练所毕业	
辽河水上警警察局	总务兼行政科长	姜纯厚	萃亭	奉天复县	复县简易师范学校毕业	
	法司兼卫生科长	栾宝昌	维三	奉天复县	复县师范学校毕业	
	第三分局长	王俊峰	云樵	奉天昌图县	洮辽镇守使军官团毕业	
安奉铁路警察局	第八分局长	陆荫森	春亭	奉天盘山县	辽河水警补习所毕业	
辽沈道沈阳县	县警察局局长	金德三	象乾			
辽沈道锦县	县警察局局长	刘鸿谟	敬典	奉天沈阳县	巡警教练所毕业	三年十月
辽沈道辽阳县	县警察局局长	王继伦	子岐	奉天海城县	高等巡警学堂毕业	十二年十月到差
辽沈道海城县	县警察局局长	衣学让	俊升	奉天庄河县	高等巡警学堂毕业	十二年十月到差
辽沈道盖平县	县警察局局长	陈繡文	彩章	奉天开原县	警察传习所毕业	十三年一月
辽沈道锦西县	县警察局局长	阎文彬	雅廷	奉天锦西县	警察教练所毕业	十四年九月到差
洮昌道辽源县	县警察所所长	萧治岐	辅廷	奉天辽中县	辽阳警务学堂毕业	十三年七月到差
北镇县	保甲所长	佟晋鋠	铸忱	奉天北镇县	初级师范毕业	十二年二月到差

① 《黑龙江省乡镇闾邻长推举应暂行办法》,《黑龙江省政府公报》，185号，1929年10月28日。

续表

类别	职务	姓名	次章	籍贯	资格	备注
辉南县	保甲所长	王毓璋	润璞	奉天辉南县	警察教练所毕业	十二年一月到差
桓仁县	保甲所长	张景超		奉天桓仁县	巡警教练所毕业	十二年二月到差
柳河县	保甲所长	宋殿魁	元忱	奉天柳河县	警察教练所毕业	十二年十一月到差
安广县	保甲所长	杨万川	作舟	奉天安广县	自治研究所毕业	十二年二月到差
突泉县	保甲所长	孟宪国		奉天突泉县	洮安简易师范毕业	十四年六月到差

资料来源:《奉天全省各县警察所长籍贯资格一览表》《奉天省各县保甲所长籍贯资格一览表》，载黄耀凤等编辑:《奉天省警甲报告书》，沈阳作新印刷局1925年版，第三篇，图表。

综上，随着近代东北地区乡村兴学运动的发展，一些受新式教育的新式知识分子逐步进入乡村政权。他们或跻身县级政权，或出任地方办事机构的公职人员，积极参与乡村社会的治理工作。由于他们接受过近代新式文化知识的熏陶，具有一定的近代乡村社会管理的实践能力和知识储备，对于改善乡村政权的办事效率和积极有效地开展乡村地区的各项事务具有一定的积极意义，进而推进了乡村社会治理体系和治理能力的近代化。

二、新型知识分子与乡村社会的政治革新

新型知识分子群体广泛吸取近代西方的各种思潮，积极参与近代社会的政治运动，直接引发了东北乡村地区的政治革新。这种政治革新主要包括两个方面：一是推动了近代东北乡村的立宪运动，二是引发了乡村社会的革命运动，带动了广大乡村地区政治意识和治理结构的趋新。

其一，推动了乡村社会的立宪运动。1906年，清政府颁布立宪诏书，宣布实行预备立宪。各省咨议局议员资格的规定是必须具有新式学堂毕业或举贡监生出身的条件。关于东北地区选举人的资格明确规定：“有本省籍贯年满二十五岁男子，并具下列条件之一：即（一）在本省地方办理学务及其他公益事务满三年著有成绩者；（二）在中外中等以上学堂毕业得有文凭者；（三）举员生员以上出身者；（四）曾任实缺职官文七品、武五品以上未被参革者；

（五）在本省拥有五千元以上营业资本或不动产者。”[①] 此外，被选举人必须是本省籍贯或寄居本省十年以上男子，年龄三十岁以上者。虽然在选举人资格中，妇女、普通民众、小学教师和一些学生被排斥在外，但也为一些接受新式教育的知识分子进入咨议局和地方自治机构提供了条件。东北三省谘议局称成为新型知识分子群体议论时政、指陈得失的政治平台。虽然谘议局还不能完全发挥“一省之舆论，莫不待谘议局为主持；一省之民权，莫不待谘议局而伸张”的作用，但对于广大乡村地区管理事务解决发挥了重要作用。宣统二年（1910年）公布的《谘议局专报》中，奉天谘议局讨论了34个议案，这些议案涉及教育类3项、司法类3项、自治类4项、捐税类5项、官制改革类4项、工商业类8项、警务类2项、航运1项、边垦1项、禁烟1项、救济1项。[②] 这些议案的提出和讨论说明部分新型知识分子能够运用谘议局的权力积极参与东北乡村地区各项事务的决策与执行。

“预备立宪”闹剧充分暴露了清政府立宪运动的虚伪性，东北立宪派发起了“速开国会”的请愿运动。1910年资政院成立时，东三省旅京学生赵振清、牛广生割臂血书:“请开国会”。几个大字，以是呼吁速开国会的决心。资政院开会期间，吉林省谘议局以“代表全体人民”的名义泣血上书，称:“所有东省危亡，悬于眉睫，吁请即开国会，以期号召人心，挽回大局。”[③] 1910年11月上旬，奉天谘议局邀集绅、商、学自治各界的代表召开会议，讨论召开国会的共同期限问题。在议会选举代表赴京发起的第四次国会请愿运动中，辽阳学生金毓黻断指血书，“至诚感人”，承德学生李法权更是持刀割股，以血书写“请速开国会”几个大字。[④]17日，在谘议局的呼吁下，奉天各界代表万余人齐至督署门前请求锡良代奏请愿书。请愿书上签名的有谘议局代表60人，教育会代表430人，农务总会代表1280人，商务总会代表4851人；惠工公司代表220人，承德自治会代表70人，清真教育代表120人，奉天请愿即开

① 《奉天全省谘议局呈准试办选举章程》，《盛京时报》，光绪三十四年（1908年），正月十五日、正月十八日、正月十九日、正月廿日。

② 焦润明等:《近代东北社会诸问题研究》，中国社会科学出版社2004年11月版，第46页。

③ 吉林省档案馆、吉林省社会科学院历史所:《清代吉林档案史料选编·辛亥革命》，吉林人民出版社1981年版，第103页。

④ 《第四次国会请愿之先声》，《盛京时报》，1910年11月3日。

国会同志会代表500人，海城、辽阳等46个州县代表3000多人。① 在这次请愿运动中，参与的社会群体广泛，体现出请愿运动具有一定的社会基础。正是在这种舆论的压力下，清政府被迫成立责任内阁。“皇族内阁”一经出台立即遭到了全国舆论的严厉的谴责。部分立宪派的思想逐渐发生了转变，最终认清了清政府假立宪的真面目，转而投身到革命的队伍之中。

其二，引发了近代东北乡村社会的革命运动。东北乡村兴学运动兴起后，一些思想激进的新型知识分子群体日益革命化。这些新型知识分子思想上较为开放，易于接受新思想新观念，对现实强烈不满，易于走上革命的道路。

辛亥革命时期，部分有志青年积极创办报纸，宣传革命思想。1906年冬天，留日学生朱霁青等人集资在奉天创办了《刍报》，以期达到“唤醒国人，以朝鲜将亡为借鉴，引出奋发革命的决心”。吉林省中学堂学生编印一部唱本鼓词《英雄泪国事悲》，书分为四小册，前有图象人物，叙述波兰和朝鲜的惨痛史②，以唤醒国人的危亡意识。同盟会远东支部首要的“发展对象首先是教育界”③。这些具有革命思想的青年学生以学堂为活动中心，经常召开会员会议，讨论时政。1911年10月10日，武昌起义爆发，东北地区的商震、张榕等发起的“和平革命”因顽固势力的反对而流产。随后东北各地掀起了一系列武装起义。各地武装起义队伍中，并不缺乏青年学子奋不顾身的身影。在辽阳高丽门起义的队伍中，除了有陆军小学学生外，还有师范学堂的学生张芝兰、尚奉先、李会芳、印永颐等人。在战斗中，他们有的脱了险；有的与敌人徒手肉搏，壮烈成仁；有的临刑不屈，慷慨就义。11月，党人赵中鹄谋在海城起义，以大石桥药王山为根据地，密遣学生数十人潜伏县城，届时起为内应。不意事机泄露，县吏先发制人，调兵进击，中鹄命王焕章率学生军百余迎战，为清军所败，伤亡十余人。同时，潜伏城内之学生亦被捕下狱④。徐景清发动边墙子村起义，一些青年学生自动剪去发辫，积极参加起义。

为了反抗军阀统治和帝国主义的侵略，东北地区出现多起以教育界（主

① 《奉天全省人民请锡督代奏明年即开国会呈稿》，《盛京时报》，1910年11月7日。

② 中国人民政治协商会议全国委员会文史资料研究委员会：《辛亥革命回忆录》（五），文史资料出版社1981年8月版，第578页。

③ 中国人民政治协商会议全国委员会文史资料研究委员会：《辛亥革命回忆录》（五），文史资料出版社1981年8月版，第537页。

④ 中国史学会主：《辛亥革命》（七），上海人民出版社1957年7月版，第391页。

要是爱国师生）为先锋的爱国运动。1915年5月，袁世凯与日本签订“二十一条”的消息传来，东北乡村地区的各大中小城市的学生、市民、商人等群众纷纷召集会议，举行示威游行、开展抵制日货、提倡国货的爱国活动。1918年7月，学生和工商团体，掀起反对北洋军阀政府与日本签订《吉黑两省金矿及森林借款合同》的斗争。学生们通过召开联合会议、向军阀当局发出反对通电、捣毁参与此项借款官员的住宅、开展抵制日货运动等，运动一直坚持了两个多月；1918年夏，东北的留日学生联合关内留日学生一起，掀起了发对段祺瑞与日本签订《中日共同防敌协定》的斗争。在斗争中留日学生纷纷回国，在东北各地通过集会、结社、游行示威、发通电、抵制日货等方式，开展爱国反日反封建军阀的斗争。据记载，当时留日学生在沈阳等地成立的就有“铁血团”“殉国团”等革命团体。[①]“五四”运动发生后，东北的青年学生纷纷起而响应，“在中国的政治斗争中扮演着领导者的角色”[②]。吉林、长春、哈尔滨、齐齐哈尔等各大中小城市的青年学生纷纷投入了这场爱国运动的洪流之中。5月24日，吉林省立二师和二中两校学生召开会议，列队游行，散发传单，并在公园、街口等处聚众演说，反对“巴黎和约”，主张“振兴国货，挽救灭亡”。[③]5月27日，省立二师、二中两校学生，身着白衣，联合召开“救国大会”。会后手执“提倡国货，挽救灭亡”的白旗，高呼口号，举行示威游行，一直持续到28日，这场学生运动才逐渐平息。[④]

1921年中国共产党成立后，东北学界在中国共产党的领导下，反帝反封建的斗争到了一个新阶段。五卅运动发生后，在进步教师和学生的领导下，东北各校的学生纷纷冲出校门，走上街头，抗议列强的侵略罪行。下面一段资料记录了当时宽甸中学师生发起的爱国反帝示威游行概况：

> 1925年，震惊中外的“五卅惨案”发生后，宽甸中学的进步教

---

① 佟冬:《中国东北史》，第六卷，吉林文史出版社1998年8月版，第3—4页。

② John Isreac：Student Nationalism in China 1927—1937.Published for the Hoover Institution on war, Revolution, and peace by Stanford University Press, Sanford, California 1966,pp2.

③ 中共长春市委党史研究室:《中国共产党在长春活动大事记》(上)，中共长春市委党史研究室出版，第1页。

④ 中共长春市委党史研究室:《中国共产党在长春活动大事记》(上)，中共长春市委党史研究室出版，第2页。

师栾敬如、关慧心等，经常为学生读报纸，宣讲“五卅惨案”实况。向学生进行爱国教育。鼓励学生组织起来，上街游行，以唤醒民众，掀起反帝怒潮，打倒帝国主义。

农历五月 × 日清晨，400余名学生在总指挥韩贻铭（学生干部）的带领下，打着上书“困兽犹斗”大字的大旗（教师曹静尘书写），手持五彩小旗和“睡狮猛醒”“打倒帝国主义”“为死难者报仇””抵制日货、爱护国货”等标语，高呼“打倒帝国主义”“释放上海工人和学生”等口号，唱着“……身虽死而名不死，骨虽朽而名不朽……”（教师洪翰书作词）等歌曲，敲锣打鼓，到大街上游行。

学生们的行动，吸引来很多城镇居民，学生们便利用这个机会，向群众进行爱国主义教育，进行抵制日货等方面的宣传和“五卅惨案”真实情况的演讲。群众越聚越多，纷纷表示“再不买日本货了”，有些人还随着游行队伍走。

学生们还在校外、街面、商店门口和胡同口等显眼的地方，张贴标语和漫画，派人检查，说服店主销毁日货，对不听劝告者。捣毁无论。共捣毁价佰百余元的日货化妆品和一个卖日货的小床子。商界20余名青年在学生的影响下，不顾掌柜反对，也砸碎了一些日货。此后街面商店在较长一段时间内。不敢贩卖日货。

游行进行了整整1天。第2天，学生们准备继续游行。但遭到县长、警察和校长的强行阻止。

这次游行，是宽甸历史上第1次学生公开起来反抗帝国主义侵略的游行，它揭露了帝国主义者屠杀中国人民的罪行，显示了青年学生在反帝斗争中的伟大力量。[①]

此外，辽阳、营口、大连、长春、哈尔滨、齐齐哈尔、新宾、呼兰等地学生也纷纷组织队伍，走上街头举行游行示威，积极捐款捐物，全力支援沪案，在东北地区形成了一股声援“五卅”运动的学生运动潮。

1931年，日本帝国主义策动了“万宝山事件”，呼兰特支及时组织了反

① 据中共宽甸县委地方党史编委会办公室1961年12月27日《综合报告材料》缩写。转引自丹东市地方志办公室：《丹东市志》（9），辽宁科学技术出版社1991年11月版，第128—129页。

对帝国主义造制“万宝山惨案”的示威游行。游行队伍在大街上不断高呼“打倒日本帝国主义！”“打倒日本鬼子！”等口号。一些学生还在呼兰大十字街和西岗公园进行讲演，有个学生激动地说：“今天日本鬼子在万宝山挖河，我们不起来和鬼子干，他们就会一步步挖到我们呼兰河来。我们决不能以为，天塌有大汉，过河有矬子，好象和我们无关，不是的！老乡们：国家兴亡，匹夫有责啊！”讲演者慷慨激昂，不少群众慨然落泪。游行后，学生们又进行了抵制日货的活动。①

总之，随着边疆危机的日益加剧，东北乡村地区的新型知识分子群体纷纷行动起来，掀起了一场又一场反帝反封的爱国运动。随着中国共产党的成立，一些共产党员走进校园，对学生的爱国运动加以指导和帮助，无疑扩大了这些学生运动的规模和影响力，在一定程度上提高了学生运动的社会效果。在学生运动潮流中，一些工商各界人士也积极参与，下层民众或投身运动之中，或给予极大的关注。可见，这些学生运动在一定程度上促进了下层民众觉悟的提高。总之，通过新型知识分子群体的宣传和学生运动的洗礼，保家卫国、反抗列强等民族意识和革命思想在东北乡村地区传播开来，对于东北乡村的地区革命运动的发生和发展起到了重要的推动作用。

第二节　经济流向与近代东北乡村经济的振兴

近代东北乡村兴学运动兴起，伴随农林牧为代表的实业教育的大力发展，逐渐培养出了一大批新型实业人才。这些经济人才毕业后部分流入东北乡村社会，他们或进入经济管理层，或加入经济研究机构，或投身实业教育，或下海经商，大搞实业救国，有力推动了近代东北乡村地区经济近代化进程。

一、谋划和制定乡村经济发展决策

经济近代化自然离不开经济管理机构和经济类人才的支撑。清末东北新政时期，为了管理和推动东北地区民族资本主义经济的发展，东北当局成立

① 姜世忠：《呼兰史话》，黑龙江人民出版社1990年12月版，第149页。

了一些专门的经济管理机构。在农业方面，东三省相继设立了农务总会，并在洮南府、东平县、铁岭县、开原县、康平县、怀仁县以及市镇八面城等地创办分所，该会“以演说有关农事各种新理、新法，提倡改良以及振兴农业为宗旨”[①]，积极推广与传播农业经验、农学教育工作，力求达到农业试验、教育、调查的全面进步。东北地区还设立了吉林林业总局、吉林长岭县天利农林蚕牧有限公司、黑龙江瑞丰农务公司等机构。在工业方面，东北地方当局通过设立专门的工艺试办机构，创办各种不同类型的工厂。另外，还设立专门的矿政管理机构——矿政调查总局，专门负责矿政事务。在商业方面，东北地区设立了商会及各地分会。仅奉天地区就成立商会50多处。当时奉天、营口、安东三地设立总会，其余各地设立38处分会，16处分所。商会以调查商业之盛衰、研究商学之新理、改良商品以推广销场、和协商情以调息商讼为宗旨，积极推动东北地区商业的发展。这些专业化管理机构的设立，一方面集聚了经济类专业性人才，另一方面引导东北乡村经济走上专业化道路，对于晚清东北乡村经济近代化起到了重要的推动作用。

民国时期，东北地区的经济管理机构科学化持续推进。以农业为例，东北地区除了原有农会组织外，1917年，吉林省已设立农会的县份有敦化、扶余、阿城、延吉、珲春、密山、伊通、农安、东宁、长岭、依兰、宾县、长春、方正、宁安、榆树、穆棱、双城、双阳、德惠、同宾、富锦、磐石等23个。还有拉林镇、乌拉镇、尚礼镇、密山西南乡等4处乡镇农会。对于这些经济管理机构，需要吸纳一批具有专业知识和管理才能的新型人才。而近代东北地区实业教育的发展和扩大，为这些机构提供了越来越多的实业人才。这些人才不仅从小接受系统的实业教育，还有些是出国深造归来的人才。如留日归国的张忠芳（吉林长白），历任滨江税捐总局长、长春商埠局长、吉林全省煤油特捐总局长等职[②]；毕业于早稻田大学经济科的丁鉴修（奉天）回国后，充任邮传部七品京官，历任奉天师范学堂法律、陆军和警察等各科教习[③]；毕业于奉天法政学堂的刘尚清（奉天海城人）宣统年间任奉天度支司及财政厅

① 《附农事演说会章程》，载（清）徐世昌编，李澍田等点校：《东三省政略》，卷十一，吉林文史出版社1989年版，第1549页。

② 《东北人物大辞典》编委会：《东北人物大辞典》，辽宁人民出版社1992年版，第409页。

③ 《东北人物大辞典》编委会：《东北人物大辞典》，辽宁人民出版社1992年版，第660页。

科员[①]。这些人才一经进入生产和管理领域，必然会极大地提高经济工作的办事效率，促进近代东北乡村地区经济近代化的发展。

二、优化农业试验机构和农业研究机构

清末，政府为了推进农业经济发展，奉天、吉林、黑龙江三地设立农业试验场，还在锦州、新民、农安、宾州、嫩江、大赉、瑷珲、木兰等地设立了试验场分场。这些机构专门从事东北地区农业生产的研究工作，在种植技术的改进、新品种的引进、新式农业机械的应用及先进农业技术的推广等方面起到了重要的作用。这时，东北乡村地区也出现了农业研究机构。如光绪三十三年（1907年），奉天地区设立的植物研究所，就研究棉花、蔬菜、水果、花木的种植和养护，然后向东北各府、州、县地区推广。宣统元年（1909年），附设于吉林、松花江两岸农事试验场内的农学研究会成立，进行土质化验、培养林木、研究农学等工作，并在各府、州、县设立分会。宣统二年（1910年），宾州农林试验场开办农林讲习所，“招选农民十六岁以上、三十岁以下，粗通文义者四十人入所讲习，并实地练习，学期为六个月，毕业生除派充本场助手外，其余令各回本地区教育农民，并办理农会及充当农业宣习所讲员等”。[②]

民国时期，政府废除文实分科制度，划分为甲、乙两大种类，规定“实业学校以教授农工商业必需之知识技能为目的”[③]，大力发展实业学校，培养实业人才。1930年11月，留美农科大学硕士张鸿钧曾称：“东三省近年来农民均购欧美垦犁、圆耙、铁磙等具，以资开垦。调查哈尔滨万国农具公司，每年所售农具款项不下哈洋数百万元之多。兴安屯垦区购买其他洋行之农具为数亦复甚多。”同年张鸿钧试制成功了车式一次两成上垅播种机、一次两垅下拢播种机和禽式锄地机等改良马拉农业机械，成效显著”。[④]并向东北当局提出维新农政建议，为东北农业近代化事业做出了贡献。

---

① 《东北人物大辞典》编委会：《东北人物大辞典》，辽宁人民出版社1992年版，第724页。

② 吉林行省档案，J（6—1）—285。转自石方：《黑龙江区域社会史研究1644—1911》，黑龙江人民出版社2002年4月版，第539页。

③ 舒新城：《中国近代教育史资料》（中册），人民教育出版社1961年版，第785页。

④ 奉天省公署档案，捐4481号，转引自衣保中：《东北农学研究：中国东北农业史》（长白丛书），吉林文史出版社1995年12月版，第466页。

三、参与实业教育培养实业型人才

晚清时期，东北地方当局为了培养经济人才先后创办森林大学堂、农业学堂、商业学堂等几所实业教育机构。光绪三十二年（1906年）七月，在安东设立奉天森林大学堂，并在松花江、嫩江邻近地区划出五十里林木山地作为森林大学堂试种林木的场地。学堂初招60名学生，以后逐年续招，以招满300人为限，学习年限5年。聘请几名日本林学专家，分科讲授相关课程。光绪三十二年（1906年）九月，奉天农业试验场开始招生。改为农业学堂后，农场技师兼任教习。光绪三十四年（1908年）增设预科及本科教学内容，改名为奉天官立中等农业学堂。光绪三十四年（1908年），奉天成立专门宣传农业知识和经验的农事演说会，分派农学、林学毕业生担任演说员，轮班讲解关于农林、养蚕、放牧、园艺、肥料、害虫、兽医以及农产制造、农业经济等内容，务求达到开通农智、振兴农业的目的，并把当时的演说内容刊印成白话文官报，广为散布。吉林省在农事试验场内附设农事传习所，后改为农业学堂，招选聪颖子弟入学，学习作物学、畜产学、蚕桑学、农业经济学、农政学、森林学、肥料学、农艺气象学、理化学、园艺学、土壤学、矿物学、气象观测法、动物学、植物学、算学、国文、体操等科目。学生毕业考试合格后发给文凭，多数回原籍以各种形式宣传传授农业知识，宣传农事思想；黑龙江地区农工商各实业学堂，都因为款项支绌而未能很好地切实创办。虽然后来在一些初等小学添购各种仪器标本，增加教授实业的内容，各学堂侧重的实业内容有所不同，发展程度十分有限。

民国时期，东北当局高度重视实业教育，不仅设立了一些专门的实业教育机构，在中等教育中也相应地增加了实业教育的教学内容。黑龙江省拜泉县1909年在三道镇初等小学校内附设初等农业小学校。1914年迁居县城两等小学校内，改为乙种农业学校，翌年因学生甚少，归并于县立高等小学校。青冈县乙种农业学校，设于1910年，翌年因无款停办，1914年重新组织，附设于两等学校院内，有教员1名，学生20名。一些接受实业教育的新式人才投身于实业教育机构，担负起培养实业人才的重任。下面一组数据是吉林省实业人才投身实业教育的资料。

李作舟 吉林县人 日本东京帝国大学部林科毕业

孙乃英 双阳县人 日本东京帝国大学部林科毕业

安庆澜 双城县人 日本北海道帝国大学农科毕业

陈景新 双阳县人 日本东京帝国大学农学部农科毕业生，曾充吉林省农事试验场农业学校校长

郎定远 依兰县人 北京农业专门学校农学本科毕业曾充吉林农业学校教员现充教育厅科员。

何祖昌 双阳县人 北京农业专门学校林学本科毕业，曾充吉林农业学校教员

何世昌 双阳县人 北京农业专门学校林学本科毕业，曾充吉林农业学校教员，实业厅技术员，现充省农会编辑员

陶师桓 延吉县人 北京农业专门学校林学本科毕业，曾充吉林农业学校教员

赵子清 长春县人 本京农业专门学校毕业，曾充吉林农业学堂教员

刘祚荣 榆树县人 北京农业专门学校毕业，曾充实业厅科员①

可见，由于当局主政者对于实业教育的重视，东北地区相继出现了一批实业教育机构。一些国内外的实业人才纷纷投身于东北地区的实业教育机构，积极培养实业人才，在一定程度上推动了东北地区经济的发展。

四、投身实业引领乡村经济的发展

随着新式教育的发展，一批批接受新式实业教育的人才纷纷投身实业，推动了东北乡村社会经济的发展。下面一段资料是1921年营口商业学堂学生毕业的去向统计：

第五次毕业学生吴麟等二十四名：徐瑞麟 大连新正洋行；陈俊声 大连日本棉花会社；夏尊贤 大连久保洋行；任香圃 奉天东洋拓

① 《吉林农业人才统计》，载吉林教育编辑：《吉林教育公报》第六年第六十八期，吉林图书馆发行，同行印刷局出版，中华民国十二年八月二十六日出版。

殖会社；李安、唐耀宗 奉天信托会社；翟景茂、蔡玉成 塍寸会社；王福海 营口满产公司；殷鸣儹、金凤鸣 营口正隆银行；唐恩敬 长春铃木商店；陈振友、马德成、田乃珍、李鸿、李长林、尹桂林、巴文贵、邱圣域、刘荫田以上九名 抚顺炭坑公司；宁金荣、于丕经欲考入上海同文书院一考取最优等第一名学生吴麟。①

部分学习实业的留学生归国后也积极投身实业。“我国瓷业泥于古法而不知进取，于是略货输入，利权坐失。倾闻外洋高等实业学堂窑瓷科毕业生姚金华者在西门外创办瓷器厂，一切制造均用新法，刻正筹划基础招集股本，日内即呈请实业司立案云。”② 不仅如此，就连一些女学生也做出了表率。“西安县师范讲习科附设初小学校级任教员王慧洁女士系前之奉天省立女子师范完全科毕业，在西安县男女各校充任教员已逾六载，教授成绩满经各省视学嘉奖在案。王女士因提倡实业起见，于去岁冬初纠集各学校男女教员合资创立一七实业社，其社址暂设北门里，今春开幕所有学校用品以及一般普通人应用之物品无不俱备，经众股东公推前充初级中学校会计员李化春为该社经理，曾在东北大学肄业之孙淑远为副经理。兼造牙粉、肥皂等货品。自开幕于今，营业异常发达，而原发起人之一即有王慧洁女士，因欲经营商业起见，于月之四日转向师中校长张毅然辞却教员之职，并说明去校就商，注重实业，以身作则之宗旨。闻该一七实业社（按该社系于十七年发起故曰一七）经理等近正另觅宽阔房间作为社址，以便将营业大加扩充，藉为经营实业者之倡云。”③ 这些实业人才有感于东北地区实业发展水平的落后，积极投身于振兴东北实业的运动中，对于在社会上倡导重商兴商的社会风气和推动东北地区经济的发展起到了重要的作用。

20世纪初期，东北乡村地区的经济得到了较快的发展。当然，这与西方近代科学技术与生产设备的传入和地方当局颁布兴商举措及当时社会实业救国思潮运动的推动作用是分不开的。同时，我们也应该看到，它与这时期东北乡村地区实业教育发展的促进作用也是密不可分的。新式教育的发展不仅

① 《实业生分途就职》，《盛京时报》，1921年4月12日。

② 《创办瓷器厂》，《盛京时报》，1914年2月24日。

③ 《王女士弃学就商》，《盛京时报》，1929年6月9日。

宣传了重商、兴商的观念，还为东北地区经济的发展培养了各类人才。正是在这些新式经济人才的积极努力和参与下，东北乡村地区经济得以迅速发展，社会生产力水平得以提高。

第三节 文化教育流向与近代东北乡村文教事业的革新

清末民初时期，在社会各界人士的努力下，特别是新型知识分子群体进入乡村教育领域，推动了东北乡村地区的教育事业的迅速发展，不仅建立了一套比较完备的教育管理系统，也形成了比较完备的从初等教育到高等教育的教育体系，进一步推动了东北乡村地区文化教育事业的发展。

一、加速乡村地区教育管理体系近代化

为了推动乡村教育事业，东北当局建立了一整套从省级的提学使司到各府州厅县的劝学所的近代教育管理机构，建立了小学总查所、教育会、视学机构、宣讲所、阅报社等教育辅助机构，乡村教育管理体系基本完备。随着这些新式教育机构的相继设立，部分接受过新式教育的知识分子逐渐跻身于教育管理机构。下表是辉南县教育机构中新式知识分子的统计，从中可以看出新式人才在教育管理机构中的地位。

表 6.2 奉天省辉南县教育管理人员情况调查表（康德元年）[①]

单位名称	职称	姓名	别号	籍贯	年龄	出身	略历	备考
辉南县公署	教育股股长	孙兆馨	光波	辉南	35	辉南县立师范讲习科毕业	曾任小学校长教育局课长	
辉南县公署	教育科员	刘永清	静波	义县	28	义县县立师范讲习科毕业	曾任小学教员，教育局课员	
辉南县公署	教育科员	石秉衡	子殊	辉南	31	奉天省立第五师范毕业	曾任小学教员，教育员，教育委员	
教育分会	会长	高景荣	桂森	辉南	42	海龙县立初级师范毕业	曾任师中学校校长	

① 吉林省辉南县县志编委会:《辉南县志·教育志》，吉林人民初版社2000年9月，第59页。

续表

单位名称	职称	姓名	别号	籍贯	年龄	出身	略历	备考
教育分会	副会长	张恩	润民	辉南	42	海龙县立初级师范毕业	曾任女师学校校长	
图书馆	馆长	高景荣				（兼）县立第一小学校长		

可见，一些地区的教育管理机构吸纳了一些新式知识分子。这些新式知识分子接受过系统的新式教育，对于新式教育的教学和管理工作有所了解。因此，对于制定和颁布适合东北乡村地区实际情况的政策和推广乡村地区的学务具有一定的积极作用。

二、推动乡村地区教育事业的加速发展

在各级政府的努力下，近代东北地区形成了比较健全的教育体系。一方面，东北乡村地区初步建立了门类比较齐全的教育体系。清末民初时期，东北乡村地区的学前教育、普通教育、师范教育、实业教育、成人教育、少数民族教育、高等教育都得到了很大的发展。尤其是学前教育、实业教育、师范教育、留学教育、少数民族教育基本上都是从无到有、从少到多，反映了东北乡村地区教育事业的近代化趋势。另一方面，优化了学堂管理、课程设置和教学方法。随着一些书院和私塾相继改良为“兼习中西”的新式学堂和大量新式学堂的相继建立，东北乡村地区各类学堂的课程设置、教学内容和教学方法都发生很大的变化。在课程设置和教学内容方面增加了一些近代化的知识和技能。如小学堂开设算学、格致、舆地、图画、体操等课程，中学堂开设外文、历史、地理、算学、博物、理化、法制、理财、图画、体操等课程，高等学堂课程设置方面出现了“艺科”和“政科”。师范和实业学校不仅重视课堂学习，还开设了一些实习课，以达到理论与实际的有机结合。这就在很大程度上改变了过去传统教育中存在的重文轻理、注入式教学、学生综合能力不强等缺陷，有助于培养一些有实际能力的符合社会发展需要的新式人才。

三、培养出大批乡村地区新型教师群体

清末时期，东北当局为了培养合格的教员，一方面通过广泛设立师范传习所和师范学堂进行培养；另一方面通过从外部招聘和派遣国内外留学的方式培养。如奉天的周从政，毕业于国立北京大学哲学系，获得文学学士学位，先后在省立第一师范学校、甲种商业学校、文学专门学校等校任教[①]。随着东北乡村地区师范类学堂的广泛建立，一批又一批的毕业学生纷纷涌向教育领域，极大地改善了东北乡村地区的学堂教学的质量。随着新式教育事业的迅速发展，一批批接受新式教育的学生相继走上教师的岗位，东北乡村地区的教员质量得到了明显的改善，以望奎县的师资力量的变化为例：

> 设治时，全县有官办教师23人，私立学校教师23人，塾师87人，计138人（应为133）。县立官办小学教师，多为受过中等教育的毕业生。私立小学教师多为读过《五经》《四书》的旧式门生，少数入过新学堂。而私塾学馆塾师一塾一师，以经书授学。废除科举后，形成新旧学结合的教师队伍。
>
> 民国十七年（1928），全县有县立中学教师8人，师范教师6人，小学教师79人。乡立小学教师115人，塾师73人，教师队伍扩大到281人。县立中、小学教员一般水平较高，教书认真，多数是受过官办中等教育的知识分子。其中：有3人为大学程度，余为中学或专科，含有102人为望奎师范毕业生或讲习所毕业的，教师队伍的新成分有所增加。[②]

由此可见，随着近代东北乡村兴学运动的发展，乡村学校的师资力量得到了一定的补充，教育质量也得到了一定程度的提高，从而进一步推动了东北乡村兴学运动的发展。

---

① 《东北人物大辞典》编委会：《东北人物大辞典》，辽宁人民出版社1992年版，第409页

② 望奎县地方志编纂委员会：《望奎县志》，望奎县人民政府，1989年11月版，第542页。

四、促进近代东北乡村文化事业的发展

晚清时期，东北地区推出了“废科举”“兴学堂”的一系列举措是一项具有“文化转型”意义的历史事件。特别是科举制度的废除不仅标志着中国传统社会的封建文化体系遭到了近代西方文明的有力冲击，也标志着传统儒学体系不再成为晚清社会指导人生的至高无上的唯一标准。因此，可以说“广兴文化教育”成为近代东北社会文化转型的重要标志之一。随着东北兴学运动兴起后，一些不同于传统文化知识体系和方法手段的思想文化观念在东北大地上蔓延开来。特别是一些接受过新式教育的知识阶层进入文化领域，直接或间接地推动了东北地区的文化事业的发展。具体来说，乡村兴学运动推动东北地区文化事业发展主要表现在以下几个方面：

其一，在校师生参与或者发行了一些文学作品，宣传了一些近代的文化思想观念。如，在一些地方志的编纂过程中，就有新式学堂师生的广泛参与。以《长寿县乡土志》为例，下面是《长寿县乡土志》的参编人员一览表：

监修

在任以同知遇缺尽先即补实授长寿县知县 刘清书

长寿县训导 于凤鸣

长寿县典史 谭 澄

编辑

长寿县劝学员兼宣讲员附生 王炳辰

长寿县两等官小学堂校长兼劝学员附生 张文衡

候选府经历长寿县劝学员 李荫墀

长寿县劝学员附生 李桂一

花翎同知衔长寿县劝学员 张炳南

编辑兼绘图

长寿县高等官小学堂教员直隶琛州传习毕业优廪生刘希唐

缮写

文童 赵辅臣

文童 张殿升

文童 王术惠

高等官小学堂学生 孙玉山[①]

从资料中可以看出，在《长寿县乡土志》的编纂过程中，一些新式学堂的师生或接收新式教育的乡绅积极参与其中。在其他一些方志的编写中，都不乏接受新式教育人才的参与。这些方志资料是关于本地政治、经济、文化、风俗的概括与总结，这种文化载体不仅有助于后人了解和认识本地的社会状况，还在一定程度上推动了当地文化事业的发展。

东北兴学运动兴起后，一些教育机构和进步师生创办了校刊校报和文学杂志。五四时期东北地区出现了一些用白话文编写，积极宣传新文化的刊物，如《一中周刊》《毓文周刊》《春鸟秋虫》等，还出现了发行出售进步书刊的“春雨书店”，它们作为宣传新文化的阵地，在当时发挥了重要作用。[②]一些学生筹办报纸，宣传新思想。“东洋留学生毕某日昨在东关高等小学堂演说，大旨谓开通民智，必须多设报馆。今某以纠集同人，拟创办长春民报一处，其经费由招股凑集，每股十元，以鼓舞人民爱国自强为宗旨，特请各界人民量为资助云。”[③]一些留日学生还积极地创办各种刊物，向国人宣传在日本所学到的先进思想：“容君晋阶名升者，为林凤子岐司马之哲嗣，博学多才，为吉林名下士，曾充奉天中学华文教习，现留学日本法政大学，君热心祖国，以开通民知为任，据在东创办东三省杂志，刻以刊行其起记，以申明宗旨。”[④]这些新式刊物纷纷发表文章号召民众解放思想，冲破固有的封建思想意识的束缚，以现实的变化不断修正自己的价值观念，体现了“五四”新文化运动所倡导和弘扬的自由、独立和科学的启蒙精神。

其二，新式学堂部分毕业生进入文化行业，从事文化宣传和创作事业。五四运动前后，王卓然、梅佛光、吴竹邨、卞宗孟等一批东北地区的知识分子以其作品大力提倡新文化运动。其中，杨晦创作的独幕剧《谁之罪》、四幕话剧《来客》、任国桢翻译的《苏俄文艺论战》、穆儒考在《盛经时报》上

① 《长寿县乡土志·编修人员》，载柳成栋：《清代黑龙江孤本方志四种》，黑龙江人民出版社1989年12月版，第465页。

② 刘国平：《历史·地域·现代化——以吉林文化为中心》，吉林文史出版社2006年12月版，第90页。

③ 《留学生拟创办民报》，《盛京时报》，1911年5月25日。

④ 《留学之热心祖国》，《盛京时报》，1907年2月17日。

连载的长篇白话小说《香粉夜叉》等作品在社会上尤为轰动。这些作品“都以现实生活为题材，或表现对现实社会的憎恶，或对封建礼教愤懑，对科学理想的追求，为‘万马齐喑’的社会氛围添了一股生气”[①]。东北地区一些留学“同人等负笈他邦，输入文明，义不容辞”[②]。他们回国后翻译了法律、文学、社会科学以及自然科学等方面的书籍，还根据留学笔记编写了一些新式学堂的讲义和教案。因此，一些日本词汇也随着传入，并渐渐地融入了汉语词汇中。据实藤惠秀的《中国人留学日本史》所载，共有人生观、工业、反映、方式等784个词汇都是通过留日学生的译著而进入汉语词汇当中。1923年1月，高崇民、赵锄非、苏子元、梅佛光、吴竹邨等人在奉天成立“启明书社”，创办《启明旬刊》，在社会上积极宣传新文学运动。1923年8月，吉林市出现了东北早期重要的新文学团体“白杨社”，初有郭桐轩、何霭人等社人14人，后陆续发展至二十余人。其刊物《白杨文坛》上多次刊载追求婚姻自由和强调个性解放的文章，对于传播新文学、宣传新文化等方面具有重要的作用。[③]1928年，沈阳成立“关外社”，出版《关外》杂志，宣传和提倡无产阶级文学思想；楚图南在哈尔滨建立文学团体“灿星社”，创办《灿星》半月刊。杂志上刊载的作品大多是批判封建制度和封建道德，描写知识分子，特别是青年知识分子的命运，宣传十月革命，翻译苏联文学作品，成为社会各界进步人士宣传进步思想的舆论阵地。[④]还有一些新式知识分子进入报界，在一定程度上推动了东北地区文化事业的发展。1927年，海城县立中学毕业生王一叶先后出任《新亚日报》《民众日报》的记者、编辑工作。由于阅读广泛，文笔出色，擅长新旧多种文体的创作，他创作的《征俄将士碑》和《上张学良将军书》被社会各界广为传颂。他还团结一批青年文艺工作者组织了“东北新文学研究会”，创作了大量的新诗、散文、小说和时论文章，对新文学发展起到较好的作用。他也因此成为“九一八”前夕在东北文学和新闻界很有影响力的青年诗人和作家。[⑤]我们还可以从一些报刊的办报人员履历中了解一

---

① 徐兴荣：《1840—1990辽宁文学概述》，春风文艺出版社1993年7月版，第3页。

② 王晓秋：《近代中日文化交流史》，中华书局，2000年版，第406页。

③ 蒋颂贤：《近代吉林人民革命斗争史》，吉林文史出版社1992年1月版，第148—149页。

④ 佟冬：《中国东北史》，第六卷，吉林文史出版社1998年8月版，第315页。

⑤ 王黎：《东北爱国诗人王一叶》，《大连文史资料》，第6辑，第1—3页。

些信息。

下面一段资料是《松江日报》人员履历，从中可以看出新式人才在报界中的作用：

郭大鸣，年二十九，奉天沈阳县人，国立北京大学法科法律门毕业，历充北京国民大学教授，北京中央新闻社总编辑，黑龙江督军署军法课一等课员课长，镇威军骑兵集团司令部军法处长，路警处技士，东省铁路督办公所咨议，现任本报发行人。

杨楷，年三十七岁，奉天铁岭县人，奉天方言学校毕业，历充前《远东报》编辑长，铁路管理局书记，现充本报编辑长。

王丕承年二十五岁，奉天铁岭县人，奉天省立第二中学毕业，历充商办抚顺瓢尔屯煤矿公司坑务主任，暂编奉天陆军第六混成旅司令部副官，哈尔滨《大北新报》编辑，现充本报编辑。

洪声，年三十一岁，奉天西丰县人，国立北京大学法科法律门毕业，历充北京中央新闻社编辑，承审书记官科长，现任本报编辑。

崔成韶，年仅二十八岁，奉天沈阳县人，奉天省立第二中学校毕业，历充北京中央新闻社印刷主任，奉天《醒时报》印刷主任，现充本报印刷主任。①

可见，清末民初时期，一些接受新式教育的知识分子积极投身于文化领域，通过办报、结社和参与文化事业等活动积极谋划发展东北地区的文化事业。这些文化界的人才不畏权贵，敢于以笔为武器抨击社会的现实和积极宣传新思想，对于推动东北地区文化的发展起到了重要的作用。

第四节　风俗引领与近代东北乡村风俗的趋新

社会风俗作为一种文化现象世代传承，相沿成风，相习成俗，具有一定的地域性、民族性和传承性。在历史发展的长河中，人们逐渐习惯了遵循固

① 黑龙江省档案馆：《黑龙江报刊》，黑龙江民族研究所，1985年版，第262页。

有的社会习俗，习惯了模仿前辈的举动，又具有极强的从众心理。因此，任何社会进行移风易俗都是一件不容易的事情。当然，社会风俗不是一成不变的，它会随着时代的变迁、社会环境的变化及思想观念的更新而发生相应的变化。清末民初以来，由于民族资本主义经济的发展，政治民主化进程的加速，尤其是乡村兴学运动兴起以后，在一些具有近代知识的新型知识分子群体的提倡和示范下，近代西方资产阶级的价值观和风俗礼仪逐渐开始传播，加速了东北乡村地区社会风俗变迁的进程。

一、推动乡村婚俗的革新

婚俗是一个地区社会风俗的重要组成部分，是人类繁衍后代和家族延续的重要途径。清末新政以前东北乡村地区婚俗总体特征有三。一、早婚早育。东北地区的婚俗崇尚早婚，特别是"满洲之早婚，在全国可居第一"[①]。据《柳边纪略》记载，宁古塔地区"结婚多在十岁内，过则以为晚"汉族的结婚年龄也基本停留在17—21岁之间。[②]民国时期东北部分乡村地区还存在着十五六岁订婚，十七八岁结婚的现象。[③]二、婚礼多是父母包办和依靠媒妁之言，婚礼仪式繁琐而冗长。由于"受封建制度约束，婚俗基本在封建主义范畴内运用"，"男女婚聘嫁娶繁俗礼仪较多，有些伴以迷信色彩，严重地影响妇女的解放"。[④]三、存在收继婚、童养媳、表亲婚、多妻制等守旧习俗。赫哲族在清末还存在这种"弟妻兄嫂，兄妻弟媳、甚至翁媳相配"[⑤]的落后婚俗。

随着近代学校教育的兴起，那些毕业于新式学校的新型知识分子群体在思想中逐渐接受了近代自由恋爱、文明婚礼的观念，对于新式婚姻十分迷恋，而对于传统婚姻中的父母包办、童养媳、早婚等陋习进行了有力的抨击，甚至为了争取生活的幸福不惜采取极端方式与传统婚俗相对抗。

其一，积极宣传倡导自由恋爱、文明婚礼观念。新型知识分子经常把一些近代西方的文明在课堂上灌输到学生的头脑中，关于近代文明婚俗的观念

① 胡朴安:《中华全国风俗志》(下编)，河北人民出版社1986年版，第60页。

② (清)杨宾:《柳边纪略》(辽海丛书本)，辽沈书社1985年影印本，第4卷，第258页。

③ 关荣珍:《回忆我结婚时的情景》，载孙邦:《吉林满族》，吉林人民出版社1991年版，第242页。

④ 桓仁县地方志编纂委员会:《桓仁县志》，方志出版社1996年10月版，第793页。

⑤ 丛佩远、赵鸣岐:《曹廷杰集》，上册，中华书局1985年11月版，第119页。

在学生的头脑中慢慢滋生。吉林省立第三中学学生何景珊撰写《请看家庭专制和早婚的结果》，介绍了他的同学金祥接受封建专制婚姻："金祥将亲娶了仅过一年，就生了一个很孱弱的孩子，但是从此以后，金祥也孱弱的了不得，常常有病。未过半年，金祥病死了。他生那孱弱不堪的小孩子也死了。"[①]在文中，作者并没有抽象地大谈特谈旧式婚俗有哪些危害，而是从讲述自己同学的真实案例入手。通过对自己同学亲身遭遇的讲述，旧式早婚的恶果十分自然地彰显出来，最后以"你们想想我们中国的婚姻制度是不是仅此一家？"引起读者的共鸣和反思，较好地表达了作者内心那种对于旧式婚俗厌恶的态度。在吉林毓文中学，学生们自编自演了新剧《洋车夫的婚姻》，在此影响下，吉林市东局子农工学校、省立第一师范学校等校的教职员工、学生以及吉林市基督教青年会所属的"青年新剧社"，纷纷编演话剧，揭露社会的黑暗，批判旧礼教的残酷，提倡新的道德观念。[②]可见，在当时东北社会上，一批新式学堂的学生已经接受了近代婚俗观念。他们不仅在课堂上和同学间经常讨论社会婚俗问题，还能在学校创办的刊物中奋笔疾书，表达作者心中对于这两种婚俗制度的真实感受。

其二，以身作则，争做新婚恋观的表率。为了倡导新式文明婚俗，一些新式知识分子更是以身作则，举行新式婚礼以资倡导。"现在文明日启，婚制亦颇改良，城镇士绅及学界多有采取最新文明结婚仪式者，然乡间则犹沿旧习也。"[③]奉天大南关的老福顺堂的少财东与某女士就举行了一场新式婚礼，可谓开启了东北地区提倡近代文明婚俗的先河。[④]学界中也出现了一些举办新式婚礼的现象。1913年5月18日，安东审判厅厅长萧渥均（留东早稻田法政大学得业）与女子师范学校教员韩女士（女子师范最优等第一卒业）在奉天省城大南关军械厂胡同寓所举行了一场别开生面的文明婚礼。"首由证婚人莫君贵恒读婚书，次新人互相签押，再□（次）两送之主婚人签押。由女来宾崔女士可言（南关女模范教习）演说文明结婚之理由，并女子须专重道德，言

① 何景珊：《请看家庭专制和早婚的结果》，吉林省立第三中学校学生自治会月刊：《吉林省立第三中学校》，吉林双城县西大街路北精益印书局印刷，中华民国十二年十一月出版，第七八两期合刊，第32—33页。

② 吉林市地方志编纂委员会：《吉林市志·文化志》，吉林人民出版社2001年8月版，第114页。

③ 丁世良、赵方：《中国地方志民俗资料汇编》（东北卷），北京图书馆出版社1989年，第278页。

④ 《过渡时代之婚礼》，《盛京时报》，1912年10月1日。

词激昂，颇有学理。又次女子师范学校预科毕业生聂女士春祥演说女子出嫁有分教授之精神，然又迫于父母之命，不得□（不）引经据典，意旨高尚，并有北关模范学校学生前往奏乐，一时杯盘交错，至傍午始散云。”[①]部分学生还积极废除由父母包办的婚约。民国四年，长春地区的女学生王玉春对于父母包办婚姻的态度十分强硬，“誓死不归夫家，兹闻有娄文会等多人出面调处，退还祖万才聘礼两千七百吊，当众订定离婚书，永无瓜葛，而王玉春即改嫁高台子屯徐某。”[②]在商界和学界人士倡导下，东北地区的婚俗出现了一种由传统逐渐向近代转化的趋势。

其三，采取拒婚、逃婚与抗婚方式抵制传统婚姻。新式学堂的学生在接受新式教育后，思想比较开放，在生活上追求自由恋爱和婚姻自主。在双方互不退让的情况下，就产生了在新旧婚俗的冲突。面对一些无法改变的局面，部分学生勇敢地选择了拒婚、离婚和以死抗婚的方式进行抗争。新民警察四区辖界达子营村住户韩文魁的妹妹韩素玉早年经媒人仲三许配给常升为妻。韩素玉考入新民女子学校学习，毕业后韩素玉佯称等候文凭在邑街租赁房屋居住，与何某密结不解之缘。当岫韩氏闻知来县询问，不料韩素玉竟然恋情难割，以媒人抗债为借口赖婚。[③]延吉县县立女子学校卒业刘淑媛，“幼年曾许配给本街孙姓为妻。在上月孙家纳彩迎取时，刘淑媛窥见孙某面貌丑陋，而且流露出一种粗俗之气。孙郎还污称刘女并非处女，非要查看。刘女一气之下夺门而出，并禀告其父速作退婚决定”。[④]

在新型知识分子群体的呼吁和倡导下，东北乡村地区的婚俗发生了两点变化。一是社会上比较繁琐的传统婚姻仪式逐渐简约化，各地出现了一些文明婚礼。民国时期义县文明婚礼仪式如下。一、司礼人入席。二、奏乐。三、男女宾入席。四、男女主婚人入席，面外立。五、证婚人、介绍人入席，左右对立。六、新人入席，面内立。七、奏乐。八、证婚人读证书。九、证婚人用印。十、介绍人用印。十一、新郎、新妇用印。十二、证婚人为新郎、新妇交换饰物。十三、新郎新妇对立，行三鞠躬礼。十四、新人致谢证

① 《文明结婚之热闹观》，《盛京时报》，1913年5月20日。

② 《女生改嫁》，《盛京时报》，1915年2月7日。

③ 《女生赖婚》，《盛京时报》，1915年6月17日。

④ 《自由之罪恶》，《盛京时报》，1913年11月15日。

婚人、介绍人，行三鞠躬礼。十五、奏乐。十六、新人向男女族尊长行三鞠躬礼。十七、新人向男女宾致谢，行一鞠躬礼。十八、男女宾致贺，行一鞠躬礼。十九、新人退。二十、奏乐。二十一、男女宾退。二十二、司仪员退。礼毕。[①]另一变化是社会上自由恋爱、拒婚和离婚的现象比较普遍。"（奉天）城东刘堡子郭家有一女，年方及笄，貌既艳丽，性复慧敏。父母以爱故选配良苛。其邻村胡老风者家道富有，五十丧偶，商之于女，该女坚执不允。女父母利其多金，遂许之。定于是月二十日迎娶。该女遂于昨十二日自缢而死。"[②]还有女性拿起法律的武器来维护自己的合法权益。"（奉天）地方审判厅二十四日有孙胡氏者与其夫孙登三到厅呈请离婚。当经宣判令孙某并无不是，着仍领回安度。该妇以未允所请，当即将所怀利刃抽出，将自己腹部剖开，立时晕倒，不省人事。嗣经该厅饬人送至医院疗治，未识能否保全性命耳。"[③]虽然孙胡氏未如愿，但反映出当时女性已经意识到拿起法律的武器来维护自己的合法权益。

总之，在清末民初，一批批接受新式学堂教育的学生群体步入社会，他们对于新式婚俗的执着追求给传统保守的社会风气注入一股清新的空气。当然，这时期东北地区传统婚俗的变化离不开政府的大力倡导，特别是与各级政府对于社会婚俗不遗余力的变革密不可分。然而，走在社会婚俗变革最前头的正是这些曾接受过新式教育的学界人士。他们不遗余力地呼吁和倡导，起到了一种开启风气之先的作用。

二、引领乡村习俗的趋新

就社会生活习俗而言，它应该包括人们在长期的历史积淀中逐渐形成的包括衣、食、住、行在内的风俗习惯。清末民初，学生群体与东北社会生活习俗方面的变革主要体现在服饰、发饰、节日仪式和破处迷信方面。现在就新式学生群体在这些习俗变革等方面作为进行学术的梳理。

其一，乡村地区衣着服饰日益趋新。在服饰方面，东北"村落中除少数大地主及缙绅之家外，若中下之小农及农业劳动者，其生活之困苦，较都市

① 赵兴德等修，王鹤龄纂:《义县志·民事志》，民国二十年（1931）铅印本。

② 《临嫁自缢》，《盛京时报》，1916年12月8日。

③ 《离婚不允自剖其腹》，《盛京时报》，1914年3月26日。

之劳工弗如远甚。村落民家，衣服均极朴质，色尚深蓝，质多大布”[①]，服饰尽显质朴大方。随着新型知识分子群体与众不同穿着服饰的引领，“吉林地居僻荒，人民风气向称朴厚。故学校、社会均无作蠡自扰怀其间不知。近日何人提倡出一种新装束，他界习之者未见，而现于男生队中屈指杂记。装为洋袜宽裤服，穿时将裤腿高提使距襪向八九寸许，袜口加绷三半扣，窈窕之态百生。余观念之下勿憶。及上海妓女新装脚部恒如是装，又吉林女界亦有作是装者，但书籍门第清秀从无此种装束，况男学为将来国民社会之表率又乎肩教育之责者岂可忽此”[②]。黑龙江地区的学界及官商家女子也多“短衣著裙，为文明之装束”[③]。“近有自齐齐哈尔归者，据言彼地自国体改革以来，剪发易服者日见增多，像该地位江省首都，衙署学校中人已多改变服色，故一般市民亦多仿效云。”[④]辽宁义县“学界中及官家妇女更复短衣著裙，为文明之装束”。[⑤]呼兰地区也是“服洋服、履革履者亦日多”。[⑥]还有一些女学生带起了漂亮的挂饰：“近年来吉省之妇女服装日新月异，更迭不穷，一般青年女子多恐落伍，犹以吉垣中之女学生为最速。不意近来本城之摩登女生均以化学制成之小狗（其色有白、有黄、有绿）悬于项下胸前为服装中不可缺少之品。”[⑦]可见，在学生的积极倡导和践行下，东北地区民众对于近代服饰文化在心里逐渐地得到了认可，社会上易服的人群逐渐增多。

其二，乡村地区的发式革新。东北乡村地区发式比较传统，男子多蓄发辫，“少女梳丫髻，已婚妇女梳圆髻，偶尔用绢花或红绳对发髻稍作修饰，少数妇女鬓插银簪。妇女耳坠银钳，腕戴银镯，耳环、指环，多为银质，富裕

---

① 张宗文：《东北地理大纲》，中华人地舆图书社1933年版，第129页。

② 《学界新装》，《盛京时报》，1917年8月29日。

③ 《双城县志），民国十五年印，见丁世良，赵放：《中国地方志民俗资料汇编》（东北卷），书目文献出版社1989年版，第423页。

④ 《剪发易服者日渐增多》，《盛京时报》，1917年9月7日。

⑤ 《义县志》（1931年本），见丁世良、赵放：《中国地方志民俗资料汇编》（东北卷），书目文献出版社1989年版，第209页。

⑥ 《呼兰县志》，见丁世良、赵放：《中国地方志民俗资料汇编》（东北卷），书目文献出版社1989年，第411页。

⑦ 《妇女新流行：人造小狗掛胸前》，《盛京时报》，1930年7月12日。

人家也有金质的"[①]。在民国政府提倡下，部分接受新式教育的教员和学生积极发动和参与到剪辫运动。辽中官立两等小学校教员徐子静"热心公益，锐意维新。前值国庆纪念日会，该员向诸生苦口劝导剪发，谓国民成立已阅经年，即宜发辫剪除以符民国体制，况我学界非如他们一般农民顽固可比，该诸生闻言之下，即将发辫纷纷剪除，现闻该校中未薙发者仅一二人矣"[②]。南二乡奉集堡公立两等小学校教员李老师创作剪辫歌，歌中唱道"除去多年积弊，居然头目清新，这般文明进化，殊为别占春；既属身置学界，必不泥古拘今，我总然剪去了，何人曾过问。说甚么街谈，说甚么俗论，打破愚顽之性，就为倡率人。"[③]各校学生纷纷行动起来，掀起了一场极为壮观的剪辫运动。吉林"牛马行路东五百七十号门牌双合成学生耿文良见各界剪辫者甚多，遂将自己发辫剪除"[④]。吉林女中半日间就有40余女生把盘辫剪去，就连吉林省代省长诚允的女儿诚庄荣也剪成了短发。[⑤]在新型知识分子群体的倡导和努力下，东北地区的剪发易服运动才能得以循序渐进地开展，剪发运动取得了可喜的成绩。民国后期，社会上发现"其有蓄发辫者，偶或见之，则群以为怪"[⑥]。据统计，1929年，铁岭地区"自女子剪发之风普及，奉天省之一般青年妇女已剪去者占十之七八"[⑦]。

其三，推动乡村女子放足事宜。清末《女子小学堂章程》规定："女子缠足最为残害肢体，有乖体育之道，各学堂务一律禁除，力矫弊习。"[⑧]由于各种社会条件的限制，晚清时期的放足运动仅局限于一些大城市和上层社会，广大乡村地区的多数妇女依然紧裹着双脚。民国政府相继颁布了一系列的废除

---

① 《呼兰县志》，民国十五年印，见丁世良、赵放:《中国地方志民俗资料汇编》(东北卷)，书目文献出版社1989年版，第411页。

② 《教员提倡剪发》,《盛京时报》，1917年10月30日。

③ 《教员提倡剪发》,《盛京时报》，1917年11月12日。

④ 《幼童剪发》,《盛京时报》，1917年12月28日。

⑤ 吉林市女中教研室:《吉林女子中学六十五周年纪实》,《吉林市文史资料》，第5辑，1986年10月版，第108页。

⑥ 《双城县志》，民国十五年印，见丁世良、赵放:《中国地方志民俗资料汇编》(东北卷)，书目文献出版社1989年，第423页。

⑦ 《禁男子留发》,《盛京时报》，1929年11月12日。

⑧ 璩鑫圭、唐良炎:《中国近代教育史资料汇编·学制演变》，上海教育出版社1991年3月版，第585页。

缠足的法令，特别是内务部颁布的《禁止妇女缠足章程》明确规定："女子十岁以下者不得裹足，十岁以上二十岁以下已裹足者一概解放；二十岁以上妇女亦宜逐渐放开，改换式样。"如有违背，处以家长1元以上5元以下的罚款。[①]东三省当局纷纷下令禁止缠足，县级政府亦有布告推行，积极倡导的废除缠足运动，其中接受新式教育的新型知识分子群体是最为活跃群体。民国时期，东北地区出现了一些宣传不缠足团体，这些团体的创办者大都是地方乡绅和一些接受新思想的新型知识分子。这些团体以开会、演讲和发放传单等方式进行广泛的宣传活动。如："淑慎女学堂校长姚女士幽兰日前进谒海关郑道之夫人暨直隶厅吴知事之夫人，请在营埠提倡女子天足会，俾众女子得以发达其体育，当经道厅两惠之夫人许可自认为名誉赞成员，并广为劝导女子入会。现在该女校长已将该会组织就绪，此后缠足之颓风可挽而女界众同胞得以享无量幸福矣。"[②]大连中华青年会演出新剧"天足乐"和"庸人自扰"，赢得了社会各界人士的认可和支持。[③]正是在这样一批新式学生群体和具有维新思想人士的倡导和呼吁下，东北地区女子缠足的现象逐渐减少。根据相关资料记载，双城地区缠足者"城市中十无二三"[④]，乡间地区缠足现象逐渐减少。

其四，引领节日习俗的变革。东北乡村地区民族构成比较复杂，不同的民族、职业、阶层、宗教信仰导致节日习俗的繁杂性和多样化。这些节日可以分为农事节日、纪念节日、庆贺节日、社交节日等类型。传统节日多以岁时农时为主，多以家庭为节日活动范围，充斥着守旧和迷信色彩。随着新式学堂教育的发展，近代科学文化知识在广大学生群体中广泛传播。这些接受新式文化知识的新型知识分子群体积极倡导近代文明的节日习俗，呼吁进行传统习俗的改良。"（锦县）本邑石屯卫镇高级学校校长杨子庶为开导社会风化，特令学生于阴历除夕组织提灯会，各持自折梅花式纸灯列成'元旦吉日'字样，旗彩松枝仪式俱备，在大街通衢游行，并有警甲随行保护，藉表庆贺，游行至十二句钟始行散归校云。"[⑤]"（盖平）邑东北汤池街高等小学校校长傅荣

① 《武昌禁止缠足之章程》，《盛京时报》，1912年6月14日。

② 《姚女士提倡天足会》，《盛京时报》，1917年11月29日。

③ 佟冬：《中国东北史》，第六卷，吉林文史出版社1998年8月版，第348页。

④ 《双城县志》，民国十五年印见，丁世良、赵放：《中国地方志民俗资料汇编》（东北卷），书目文献出版社1989年，第423页。

⑤ 《学校举办提灯会》，《盛京时报》，1928年1月7日。

杉对于教育独具热心，兹为庆贺新年，计举办师生提灯会，除在该校门首高扎松树牌楼悬挂国旗以壮观瞻外，旧历十一月十日晚师生等各提一灯游行街市，光明如昼。各商号门前亦均悬灯结彩，爆竹欢迎颇极一时之盛。"①这种庆祝活动既文明又科学，与以往那种迷信色彩浓厚的形式相比是一种历史的进步。新型知识分子还积极开展反对迷信活动的宣传活动。1917年4月，正值黑龙江省中学六七两级学生毕业之期。特组织新剧自行编演。其中"第七出戒除迷信（甲）幼童染病；（乙）延医算命；（丙）祈神问卜；（丁）巫医误人；（戊）愚婆告状；（己）公堂猛醒。"新剧上演之时，"军政各界参观者不下千余人，而一班青年颇有军国尚武之精神，亦未尝不足以启发文明，提倡社会云耳"②。瑷珲县立初级中学于每年的一些节日期间在学校礼堂演出一些新剧。在台口上悬挂着一块"移风易俗"的匾额。节目的内容也多是破除迷信、提高修养和滑稽喜剧等内容。通过这种活动一方面增强了学校的娱乐活动，另一方面也对社会风气起了一定的改良作用。③1929年蛟河镇学校学生就利用庙会之机进行科学知识的宣传。"旧历四月十八日向为娘娘庙香火大会，今又届期，庙前摊床满布。……惟今年今日公安局派人散步宣传卫生单多份，并本镇学校高年级生数十人分头讲演卫生之利益，并注重卫生之方法，言词慨切，闻者动容，实属有益人生之健康云。"④这些宣传和活动对于近代科学文化知识和废除封建迷信思想具有重要作用。

总之，清末民初东北地区的社会风俗出现了近代化的趋势。文明婚礼、剪发易服、节日习俗等新生事物层出不穷，这恰恰正是社会习俗改变的开始。社会习俗变革的原因，既有政府大力倡导的作用，也有随着中东铁路的修筑以及开埠通商所涌入的西方文明的影响，还有就是那些接受新式教育的学生群体的倡导和推行所带来的冲击。当然，在守旧风气比较顽固的东北地区，还有一部分人极力去维护旧有的习俗，但随着社会形势的变化，这种习俗在社会现代化过程中潜移默化地向文明习俗演变。

① 《小学校之提灯会》，《盛京时报》，1919年1月10日。

② 《中学毕业余兴观》，《盛京时报》，1917年4月17日。

③ 于文华：《瑷珲县立初级中学校简史（1922—1937）》，《黑河文史资料》，第3辑，第6页。

④ 《庙会盛况》，《盛京时报》，1929年6月1日。

结　论

近代以来，面对“亡国灭种”的民族危机和欧美教育模式的强力冲击，清廷为图自救被迫废除传统科举制度，或学近邻日本，或远学欧美，构建现代教育体系。在政府主导下全国范围的兴学运动推动下，东北乡村地区现代教育事业开始起步，并在通往教育近代化的道路上缓慢前行。

一、乡村教育现代化运动彰显中央政府控制力延伸至广大乡村地区

在传统的中国社会，国家政权和乡村社会是一种若即若离的状态。广大乡民的生产生活基本由乡村社会自身运行逻辑所主导，国家政权对乡村社会管理仅是在赋税征收之类象征性的意义。村落与国家的这种特殊关系反映在教育领域就是缺失一套从中央到地方的系统化教育体系，国家政权并不直接干预乡村地区的基础教育活动。遍布广大乡村地区的教育工作主要由本地的村塾、家塾等传统教育机构来承担，国家只是通过科举制度这种人才选拔机制汇集遍布广大乡村地区的优秀人才。清末兴学以来，原有的乡村教育格局发生了根本性转变，乡村教育逐步被纳入国家的统一管理体系。正如陈翊林所言：近数十年来的政治、经济、社会和文化既在新旧转变中，实现了“乃由专制政治的教育变到民主政治的教育，由家庭经济的教育变到国民经济的教育，由宗法社会的教育变到国家社会的教育，旧文化的教育变到新文化的教育”[①]。这种变化可以从两个方面来分析。其一，随着新式学校教育的出现，

① 陈翊林：《最近三十年中国教育史》，上海太平洋书店，1932年版，第8页。

乡村教育开始逐步摆脱了孤岛化的“地方型教育”，逐渐转变为政府直接干预和管理的“国家型教育”。其二，乡村学校的办学主体也由私人主导转变为国家主导。原来地方办学主要依靠乡村基层力量聘请塾师开馆授学。推行新式教育以来，虽然乡村地区还保留部分传统教育机构，但大部分学校的办学主体已经变成了国家政权及其乡村政权代表，办学中的各种教学设施及学务运作都必须遵循国家颁布的相关规章制度进行办理，否则就会因为违章而遭到相应的惩罚甚至是被勒令废止。在兴办乡村教育的过程中，国家政权的力量就是借助乡村教育现代化运动逐步渗透到广大乡村地区，在推动乡村地区教育现代化基础上，有效提升了国家政权对乡村地区管理的掌控力。

二、新型知识分子群体呈现出鲜明的地域性特征

与内地新型知识分子群体不同，近代东北地区新型知识分子群体地域性特点突出。内地新型知识分子群体身处较为开放的生活空间，深受中华优秀传统文化影响，思想观念方面比较开放，革命性亦较为坚决。近代东北乡村地区新型知识分子浸染于相对保守封闭的关东文化，内忧外患中起步的近代东北乡村兴学运动举步维艰，发展缓慢，呈现出严重的不均衡性。这些乡村教育发展的地域特色投射到乡村新型知识分子群体身上，呈现出实用性、民族性和保守性三大特点。特点之一是实用性。东北乡村地区独特的地理位置和区位优势塑造了资源丰富的关东大地，以农林牧渔为代表的实业经济发展前景突出，较为健全的实业教育体系方能培养出大批实业人才。近代以来，在各级政府的推动下，东北乡村地区构建了比较健全的实业人才培养体系。这些新型实业人才投入遍布乡村各地的实业机构、实业教育机关和实业企业中，推动了乡村地区经济的近代化。特点之二是民族性突出。东北地处东北亚核心区，战略地位异常关键，近代以来成为西方列强东北亚地区激烈争夺的核心焦点。内忧外患中起步的乡村教育蕴涵着强烈的民族气息。在东北乡村教育教学内容中，教育主导者适时融入大量的民族精神和爱国主义教育内容，促成了新型知识分子群体思想包含着强烈的民族情结，对于推动东北地区救亡图存的革命运动发挥着重要作用。特点之三是思想构成复杂。相对保守封闭的空间和顽固守旧传统思想的浸染，乡村新型知识分子群体呈现出新旧思想并存的思想特质，既有趋新的努力又有守旧的顽固，这些思想矛盾交

织下的新型知识分子群体在行动上革命性与守旧性并存，近代东北地区的立宪运动和革命运动异常的曲折而艰难，造成了东北乡村地区近代化进程的迟滞而缓慢。

三、新型知识分子群体多元流向加速了近代东北乡村振兴进程

在政府主导的创办新式学校教育运动推动下，东北广大乡村地区逐渐形成了县城（中学和师范）——乡镇（中学和高小）——村庄（初等小学或国民学校）这样一个培育新型知识分子的教育网络。这些知识结构较为合理的新型知识分子进入东北乡村社会，带给东北广大乡村社会前所未有的深远影响。这些带有时代烙印的新型知识分子群体的活动，在一定程度上适应了近代东北社会从传统向近代转型的迫切需要。这些新型知识分子群体进入广大乡村地区，逐渐成为乡村社会变革的主力军，在近代东北乡村社会的改良和革命运动中发挥着主力军的作用。从乡村社会治理方面来看，部分接受新式教育的乡绅和学生群体进入县一级乡政权，或进入警察局、自治会任职，或担任保长甲长、村正村副等职务，不仅改变传统乡村治理结构，提升了基层政权的治理能力，更重要传播了近代民主政治理念，加速了乡村地区政权建设的政治现代化进程。从乡村经济建设来看，新型知识分子群体进入经济管理和实业领域，对于东北乡村地区社会经济的发展具有重要的推动作用。一方面，经济管理机构和经济研究机构由于新式人才的加入，对于制定各种兴商重商奖商的政策和研发适合东北地区的经济发展的模式具有一定的积极作用；另一方面，大批新型知识分子群体担任一些实业机构的管理或研究职务，或筹办各种工厂和公司，对于推动乡村地区经济的发展具有举足轻重的影响。从文化教育方面来看，大批新型知识分子群体担任教育管理人员和各个学校的教职员的职务，并逐渐成为教育管理机构和新式教育事业的主体，对于改善学校的管理工作、提高学堂的教学质量和培养满足东北地区发展的人才的需要具有十分重要的影响。从社会文化方面来看，新型知识分子群体以报纸杂志作为武器，发表了大量饱含新思想和新观念的文章，如倡导改进社会环境卫生，呼吁实行剪发、易服、文明婚礼等社会风俗改良，推动了东北乡村地区文化事业和风俗习惯趋新。如果从长时段审视东北乡村振兴，我们不难发现新型知识分子群体与近代东北乡村振兴的紧密联系。在内忧外患中艰难

起步，面临守旧势力的重重阻力，新型知识分子群体在推动东北乡村近代化的进程中不懈努力着。

四、“城乡同构”教育体制下乡村新型知识分子群体的逃离

中国传统社会是一种极具乡土气息的社会结构，传统社会“所有文化，多半是从乡村而来的，又为乡村而设，法制、礼俗、工商业莫不如是”[①]。以私塾为代表的乡村传统教育机构就是适应这种乡土文化而设立的教育设施。新式学堂的教学内容，对于乡民来说是一些完全脱离乡村实际的新内容，学校在假期安排、升学、科目、时间等方面完全背离了乡民原有的文化生活习惯，在传统节假日或农忙时间常常出现学生缺课的现象就是很好的例证。加上一些新式学堂学生的糟糕表现，无疑更加剧了乡民对于新式教育的敌意，在一些地区就会发生保护私塾、捣毁学堂的事件。乡民与新式教育的隔阂带来的严重后果就是乡村地区新型人才的大量外流。新式教育培养出的新型知识分子群体在广大的乡村地区失去他们生存的土壤，除了一小部分人仍停留在广大乡村社会提供的有限的教育和管理岗位外，其他大部分优秀人才都纷纷涌进了城市，相继成为各大城市中诸多行业领域中的佼佼者。这种新型知识分子群体的流失，造成乡村社会人才的“空心化”，使得乡村社会的整体文化水平陡然下降，城乡一体化的模式陡然断裂，从而拉大了城乡之间的差距，形成了长期以来东北乡村社会难以逾越的城乡二元困局。当然，这种人才外流并非东北地区独有，人往高处走的求职心态亦无可厚非。然而，这种人才“抽空式”的乡村人才培养模式显然脱离了东北地区的实际，如何因时制宜、因地制宜地发展乡村教育，留住杰出人才，抑或是吸引城市精英回流成为乡村地区近代化的时代课题。

五、探寻近代东北乡村地区学校教育发展的出路问题

近代中国教育制度沿用的是建立在乡村城市化、工业化基础上的城乡同构的教育制度，在本质上与中国传统自给自足的小农经济难以兼容，其传授的课程内容和培养目标脱离了传统的小农经济的经营模式，带来了现代教育

① 梁漱溟:《梁漱溟全集》，第二卷，山东人民出版社1991年版，第150页。

制度与乡村社会现实格格不入的局面。这种以城市为中心，为城市培养高级技术人才的现代教育模式，我们可称之为“离农”教育。这种教育发端于民国，延续至今。在这种教育模式下，“乡村既是国家建构和工商业发展的人才选拔基地，又是移植城市模式的母体，这种现代化的思路背后隐藏的逻辑是，在国家与城市工商业发达之后，再用城市的资金，按城市的模式将乡村复制成新的城市”①。这种新式学校教育在近代东北乡村地区没有带来预期的效果，反而在一定程度上加剧了乡村社会的不安，从而引发了部分学者对政府所主导和设计的这种新式教育的质疑。毋庸质疑，东北地区乡村教育应该坚持城乡教育统筹兼顾的发展模式。在城乡教育发展模式的设计上，必须摒弃头脑中原有的城乡二元对立的思维框架，坚持一种城乡统筹兼顾，共同发展，逐步缩小城乡教育发展水平差距的价值理念。要坚持优先发展乡村教育的理念。对于广大乡村地区的教育事业，要注重发展基础教育，充分保证乡村地区的每一个适龄儿童都有接受新式教育的机会。在国家教育向乡村社会渗透的过程中，既要强调城乡教育一体化，又要突出城乡不同的特色，促进城乡教育和谐发展。坚持因地制宜发展乡村教育的方针，东北地区的乡村教育在进行普通的文化知识讲授的同时，在课程中还应该增加农业、林业、牧业、渔业、工业等方面知识的讲授，以便于学生毕业后进入这些领域进行相应的建设工作。这种措施有效地防止了乡村地区人才的大量外流，还解决了大部分学生就业难的问题，对于推动东北乡村地区经济文化的发展具有重要的促进作用。

① 李小敏:《村落知识资源与文化权力空间》，载丁钢:《中国教育：研究与评论》，第5期，教育科学出版社2003年版，第20页。

参考文献

一、档案资料

[1] 辽宁省公署档 [G]，全宗号：JC10，卷宗号：392，30220，30380，30382，22370，22385，22399，378，沈阳：辽宁省档案馆藏.

[2] 热河省公署档 [G]，全宗号：J149，卷宗号：7861，28740，7966，781，149，沈阳：辽宁省档案馆藏.

[3] 海城县公署档案 [G]，光绪三十二年（1906）—民国二十年（1931），全宗号：JC23，卷宗号：18120，18121，18122，18130，沈阳：辽宁省档案馆藏.

[4] 吉林省公署档 [G]，全宗号：J110，卷宗号：4，804，0376，7，0973，0573，18. 全宗号：33，卷宗号：464，102，长春：吉林省档案馆藏.

[5] 辽宁省档案馆 . 奉系军阀档案史料汇编 [G]，第4册，江苏：江苏古籍出版社、香港地平线出版社1990.

[6] 吉林省档案馆、吉林省社会科学院历史所编 . 清代吉林档案史料选编·辛亥革命 [G]，长春：吉林人民出版社1981.

[7] 吉林省档案馆、吉林省社会科学院历史所编 . 吉林档案史料选编·上谕奏折 [G]，长春：吉林人民出版社1981.

[8] 黑龙江档案馆编 . 档案史料选编·黑龙江报刊 [G]，哈尔滨：黑龙江省民族研究所，1985.

[9] 黑龙江档案馆编 . 档案史料选编·黑龙江少数民族 [G]，哈尔滨：黑龙江省民族研究所，1985.

[10] 中国第一历史档案馆，北京师范大学历史系编选．辛亥革命前十年间民变档案史料 [G]，北京：中华书局1985.

[11] 故宫博物院明清档案部编．清末筹备立宪档案史料 [G]，下册，北京：中华书局1979.

[12] 北平故宫博物院编．清光绪朝中日交涉史料（线装本）[G]，卷70，故宫博物院民国21（1932）.

[13] 中国第二历史档案馆编．中华民国史档案资料汇编 [G](第三辑，教育)，上海：江苏古籍出版社1991.

[14] 学部总务司案牍科．学部奏咨辑要（铅印本）[G]，北京：总务司案牍科出版，1909（宣统元年）.

[15] 学部总务司．第一次教育统计图表，光绪三十三年（沈云龙．近代中国史料丛刊第三编第十辑）[G]，台北：文海出版社有限公司.

[16] 学部总务司．第二次教育统计图表，光绪三十四年（沈云龙．近代中国史料丛刊第三编第十辑）[G]，台北：文海出版社有限公司.

[17] 学部总务司．第三次教育统计图表，宣统元年（沈云龙．近代中国史料丛刊第三编第十辑）[G]，台北：文海出版社有限公司.

[18] 教育部总务厅统计科．中华民国第五次教育统计图表 [G], 北京：教育部总务厅统计科.

[19] 民国教育部教育年鉴编纂委员会．第一次中国教育年鉴 [G]，上海：开明书店，1934.

[20] 沈云龙．近代中国史料丛刊三编第十辑：教育部行政纪要，丙编，专业教育，留学生事项 [G]，台北：文海出版社有限公司.

[21] 沈云龙．近代中国史料丛刊第三编：清末各省自 / 官费留学生姓名表 [G]，台北：文海出版社事业有限公司.

[22] 沈云龙．近代中国史料丛刊第三编：清末各省官费 / 自费留日学生毕业姓名表 [G]，台北：文海出版社事业有限公司.

[23] 沈云龙．近代中国史料丛刊第三编：各校学生履历清册 [G]，台北：文海出版社事业有限公司.

[24] 中华民国驻日留学生监督处．中华民国驻日留学生监督处一览 [G]，南京：中华民国驻日留学生监督处发行中华民国十八年（1929年）10月.

[25] 赵尔巽档案全宗 [G]. 北京：中国第一历史档案馆藏 .

[26] 奉天学务处编：奉天全省学堂简明表 [G]. 北京：北京师范大学图书馆藏 .

二、方志资料

[1] [清] 贺简修 . 岫岩州乡土志 [M]，清宣统元年年本 .

[2] [清] 李绍纲、徐芳 . 康平县乡土志 [M]，清光绪三十四年本，吉林大学图书馆藏 .

[3] [清] 台隆阿修，李瀚颖 . 岫岩志略（辽海丛书本）[M]，辽沈书社，1984.

[4] [清] 赵炳南 . 靖安县乡土志 [M]，清光绪三十四年本 .

[5] [清] 朱佩兰 . 靖安县志 [M]，宣统元年版，1967.

[6] [清] 张文治 . 广宁县志（辽海丛书本）[M]，沈阳：辽沈书社，1985.

[7] [清] 黄维翰 . 呼兰府志（黑水丛书本）[M]，哈尔滨：黑龙江人民出版社，1985.

[8] [清] 王奕曾 . 锦县志（辽海丛书本）[M]，沈阳：辽海书社，1984.

[9] [清] 冯昌奕 . 宁远州志（辽海丛书本）[M]，沈阳：辽海书社，1984.

[10] [清] 长顺等 . 吉林通志 [M]，长春：吉林文史出版社，1986.

[11] [清] 刘清书 . 长寿县乡土志（光绪三十三年）[M]，哈尔滨：黑龙江人民出版社，1989.

[12] [清] 罗宝书 . 开原县志 [M]，1965 年版抄本 .

[13] [清] 雷飞鹏 . 西安县志略（宣统三年）[M]，东北乡土志丛编，1985.

[14] [清] 管凤禾、陈艺等修，张文藻等 . 海城县志 [M]，宣统元年本 .

[15] [清] 赵丙南 . 辽源县乡土志 [M]，民国抄本，吉林大学图书馆藏 .

[16] [清] 赵宇航，程廷恒修，黎镜容等纂 . 抚顺县志略 [M]，清宣统石印本 .

[17] [清] 赵炳南 . 辽源县乡土志・教育 [M]，民国十九年抄本，吉

林大学图书馆馆藏.

[18] 严兆霅修，张玉书纂.望奎县志 [M]，民国八年（1919）本.

[19] 赵兴德.义县志 [M]，民国二十年铅印本.

[20] 王介公.安东县志 [M]，民国二十年铅印本.

[21] 廷瑞修.海城县志 [M]，沈阳：辽宁民族出版社，1999.

[22] 程廷恒.复县志略 [M]，民国9年石印本.

[23] 徐维淮.辽中县志 [M]，民国十九年铅印本.

[24] 李毅.开原县志 [M]，民国十八年铅印本.

[25] 裴焕星等.辽阳县志 [M]，沈阳：辽宁民族出版社，1999.

[26] 孙维善等.台安县志 [M]，沈阳：辽宁民族出版社，1999.

[27] 徐希廉.瑷珲县志 [M]，民国九年铅印本，吉林大学馆藏.

[28] 石秀峰.盖平县志 [M]，沈阳：辽宁民族出版社，1999.

[29] 周铁铮.朝阳县志 [M]，沈阳：辽宁民族出版社，1999.

[30] 张书翰.宾县志略 [M]，东北师大图书馆油印本，吉林大学图书馆藏.

[31] 王树楠等.奉天通志 [M]，沈阳：文史丛书编辑委员会，1983.

[32] 杨步墀.依兰县志 [M]，民国九年铅印本.

[33] 崔福坤.讷河县志 [M]，民国二十年铅印本.

[34] 刘焕文.锦西县志 [M]，作新社民国十八年印刷铅印本.

[35] 于英蕤.大赉县志 [M]，1964年抄本.

[36] 赵恭寅修，曾有翼纂.沈阳县志 [M]，民国六年铅印本，吉林大学图书馆藏.

[37] 崔龙藩.珲春县志（长白丛书本）[M]，长春：吉林文史出版社，1990.

[38] 胡境海.绥化县志（民国九年）[M]，吉林大学图书馆藏.

[39] 徐鼎霖.永吉县志（长白丛书本）[M]，长春：吉林文史出版社，1993.

[40] 刘爽.吉林新志（长白丛书本）[M]，长春：吉林文史出版社，1991.

[41] 张书翰等修，金毓黻等纂.长春县志 [M]，长春：长春出版社，2002.

[42] 杨步墀纂修 . 依兰县志 [M]，民国十年（1921）铅印本 .

[43] 林甸县志编纂委员会办公室 . 林甸县志 [M]，哈尔滨：黑龙江人民出版社，1988 年 .

[44] 明水县志编纂委员会 . 明水县志 [M]，哈尔滨：黑龙江人民出版社，1989.

[45] 阿城县志编纂委员会 . 阿城县志 [M]，哈尔滨：黑龙江人民出版社铅年，1988.

[46] 饶河县地方志编纂办公室 . 饶河县志 [M]，哈尔滨：黑龙江人民出版社，1992.

[47] [清] 徐世昌编、李澍田等点校 . 东三省政略 [M]，长春：吉林文史出版社，1989.

[48] 许敬文 . 东沟县志 [M]，沈阳：辽宁人民出版社，1996.

[49] 北镇满族自治县地方志编纂委员会 . 北镇县志 [M]，沈阳：辽宁人民出版社，1990.

[50] 昌图县地方志编审委员会办公室 . 昌图县志 [M]，昌图：昌图县地方志编审委员会出版，1988（内部发行）.

[51] 哈尔滨市道里区志编纂委员会 . 道里区志 [M]，哈尔滨：黑龙江将人民出版社，1993.

[52] 绥化县地方志编纂委员会 . 绥化县志 [M]，哈尔滨：黑龙江人民出版社，1986.

[53] 逯献青 . 大安县志 [M]，沈阳：辽宁人民出版社，1990.

[54] 吉林省地方志编纂委员会 . 吉林省志 · 教育志 [M]，吉林人民出版社，1992.

[55] 爱辉县修志办公室 . 爱辉县志 [M]，哈尔滨：北方文物杂志社，1986.

[56] 宾县地方志办公室 . 宾县志 [M]，哈尔滨：黑龙江人民出版社，1991.

[57] 和龙县地方志编纂委员会 . 和龙县志 [M]，长春：吉林文史出版社，1992.

[58] 通榆县志编纂委员会 . 通榆县志 [M]，长春：吉林人民出版社，1994.

[59] 顾万春、李荣先．长春市志·总志 [M]，长春：吉林人民出版社，2000.

[60] 营口市地方志编纂委员会办公室．营口市志 [M]，第五卷，呼和浩特：远方出版社，1999.

[61] 清原县志编纂委员会办公室．清原县志 [M]，1991 年．

[62] 方正县志编纂委员会．方正县志 [M]，北京：中国展望出版社，1990.

[63] 宁安县志编纂委员会．宁安县志 [M]，哈尔滨：黑龙江人民出版社，1989.

[64] 辽阳县志编纂委员会办公室．辽阳县志 [M]，北京：新华出版社，1994.

[65] 开原市地方志办公室编．开原县志 [M]，沈阳：辽宁人民出版社，1995.

[66] 安德才．兴城县志 [M]，沈阳：辽宁大学出版社，1990.

[67] 盘锦市人民政府地方志办公室．盘锦市志·科技文化志 [M]，北京：方志出版社，2000.

[68] 集安县地方志编纂委员会．集安县志 [M]，北京：中国标准出版社，1987.

[69] 锦西市地方志编纂委员会办公室．锦西市志 [M]，锦西市地方志编纂委员会办公室编纂发行，1988.

[70] 木兰县志编纂委员会．木兰县志 [M]，哈尔滨：黑龙江人民出版社，1989.

[71] 宝清县地方志编纂委员会．宝清县志 [M]，宝清县地方志编纂委员会发行，1993.

[72] 桦川县志编纂委员会办公室．桦川县志 [M]，哈尔滨：黑龙江人民出版社，1991.

[73] 丹东市地方志办公室．丹东市志（9）[M]，沈阳：辽宁科学技术出版社，1991.

[74] 穆棱县志编纂委员会．穆棱县志 [M]，北京：中国文史出版社，1990.

[75] 本溪县志编纂委员会．本溪县志 [M]，本溪：本溪县志编纂委

员会，1983.

[76] 法库县地方志编纂委员会 . 法库县志 [M]，沈阳：沈阳出版社，1990.

[77] 桓仁县地方志编纂委员会 . 桓仁县志 [M]，北京：方志出版社，1996.

[78]（民国）王文璞修、吕中清纂 . 北镇县志 [M]，民国十七年修二十二年石印本，台北：成文出版社有限公司，中华民国六十三年（1974）影印本 .

[79] 绥化地区地方志编纂委员会 . 绥化地区志 [M]，哈尔滨：黑龙江人民出版社，1995.

[80] 黑龙江省地方志编纂委员会 . 黑龙江省志·教育志 [M]，哈尔滨：黑龙江人民出版社，1996.

[81] 辽宁省地方志编纂委员会 . 辽宁省志·教育志 [M]，沈阳：辽宁大学出版社，2001.

[82] 阿城县志编纂委员会办公室 . 阿城县志 [M]，哈尔滨：黑龙江人民出版社，1988.

[83] 望奎县地方志编纂委员会 . 望奎县志 [M]，望奎：望奎县人民政府 ,1989.

[84]（民国）杨宇齐修、张嗣良纂 . 铁岭县续志 [M]，民国二十二年铅印本，台北：成文出版社有限公司，中华民国六十三年（1974 年）影印版 .

[85]（民国）高文垣修，张鼒铭纂 . 双城县志（全二册）[M]，台北：成文出版社有限公司据民国十五年铅印本影印，中华民国六十二年（1973 年）版 .

[86] 李澍田 . 珲春史志 [M]，长春：吉林文史出版社，1990.

[87] 万福麟监修、张伯英总纂、崔成庆等整理 . 黑龙江志稿·学校志（黑水丛书第二集）[M]，哈尔滨：黑龙江人民出版社，1992.

[88] 锦西市地方志编撰委员会办公室 . 锦西市志 [M]，建平：建平印刷总厂，1998.

[89] 吉林省辉南县县志编委会 . 辉南县志·教育志 [M]，长春：吉林人民出版社，2000.

[90] 黑龙江省龙江县地方志编纂委员会 . 龙江县志 [M]，北京：中国城市经济社会出版社，1991.

[91] 岫岩县志编辑部 . 岫岩县志 [M]，沈阳：辽宁大学出版社，1989.

[92] [民国] 陈国钧修，孔广泉纂 . 安图县志（全册）[M]，民国十八年铅印本，台北：成文出版社有限公司印行，中华民国六十三年（1974 年）出版 .

[93] 康平县地方志编纂委员会 . 康平县志 [M]，沈阳：东北大学出版社，1995.

[94] 王秉祯、董玉琦 . 长春市志・教育志 [M]，长春：吉林人民出版社，1995.

[95] 柳成栋 . 清代黑龙江孤本方志四种 [M]，哈尔滨：黑龙江人民出版社，1989.

[96] 李澍田 . 吉林乡土志（长白丛书本）[M]，长春：吉林文史出版社，1986.

[97] 丁英蕤 . 大赉县志 [M]，民国二年本，吉林大学馆藏，1964.

三、新中国成立前著述

[1] [清] 锡良 . 锡良遗稿 [M], 中华书局 1959 .

[2] [清] 程德全 . 程将军（雪楼）守江奏稿（沈云龙 . 近代中国史料丛刊第十七辑）[M]，台北：文海出版社，1946 .

[3] [清] 闽侯林传甲 . 黑龙江乡土志，私立奎垣学校发行，上海：商务印书馆发行，中华民国二年（1913 年）.

[4] [清] 乾隆官修 . 清朝文献通考 [M]，杭州：浙江古籍出版社，2000.

[5] [清] 徐曦 . 东三省政略 [M]，长春：吉林文史出版社，1986.

[6] [清] 杨宾 . 柳边纪略（辽海丛书本）[M]，沈阳：辽沈书社，1983.

[7] [清] 西清著 . 黑龙江外记 [M]，哈尔滨：黑龙江人民出版社，1984.

[8] [清] 萨英额 . 吉林外纪（长白丛书本）[M]，长春：吉林文史出

版社，1986.

[9] [清] 方拱乾 . 绝域纪略（长白丛书本）[M]，长春：吉林文史出版社，1986.

[10] [清] 徐宗亮 . 黑龙江述略 [M]，哈尔滨：黑龙江人民出版社，1985.

[11] [清] 宋小濂 . 北徼纪游 [M]，哈尔滨：黑龙江人民出版社，1984.

[12] [清] 张凤台撰 . 长白汇征录（宣统二年）[M]，民国铅印本 .

[13] [清] 吴桭臣 . 宁古塔纪略（龙江三纪）[M]，哈尔滨：黑龙江人民出版社，1985.

[14] [清] 方式济 . 龙沙纪略（龙江三记）[M]，哈尔滨：黑龙江人民出版社，1985.

[15] [清] 徐珂 . 清稗类钞 [M]，北京：中华书局1984.

[16] [清] 曹廷杰 . 东北边防辑要（黑水丛书本）[M]，哈尔滨：黑龙江人民出版社，2001.

[17] [清] 赵尔巽 . 清史稿 [M]，北京：中华书局1977.

[18] [清] 何秋涛 . 朔方备乘 [M]，台北：文海出版社影印本，1966.

[19] [清] 宋小濂 . 宋小濂集 [M]，长春：吉林文史出版社，1989.

[20] [清] 陈梦雷编纂、[清] 蒋廷锡校订 . 古今图书集成·经济汇编·选举典 [M]，卷十七，学校部，北京：中华书局、巴蜀书社，1985.

[21] 王慕宁 . 东三省实况 [M]，上海：中华书局1929.

[22] 郭熙楞 . 吉林汇征（长白丛书本）[M]，长春：吉林文史出版社，1993.

[23] 徐曦 . 东三省纪略 [M]，上海：商务印书馆，1915.

[24] 许逸超 . 东北地理 [M]，东北人民政府教育部印，南京：正中书局出版，1950.

[25] 东北文化社 . 东北年鉴 [M]，沈阳：东北印刷局1931.

[26] 闻钧天 . 中国保甲制度 [M]，重庆：现代书局1933.

[27] 金毓黻 . 东北要览 [M]，沈阳：国立东北大学编印，1943.

[28] 张宗文 . 东北地理大纲 [M]，杭州：中华人地舆图学社，1933.

[29] 周予同 . 中国现代教育史 [M]，上海：良友图书公司，1934.

[30] 许兴凯 . 日本帝国主义与东三省 [M]，上海：昆仑书店，1930.

[31] 作新社 . 白山黑水录 [M]，上海：作新社，1903.

[32] 丁文江等 . 中国矿业纪要（第三次）[M]，北平：实业部地质调查所国立北平研究院地质学研究所联合刊行，1929.

[33] 黎锦辉、陆费逵、戴克敦等 . 新小学教科书国语读本 [M]，初级，第二册，北京：中华书局1924.

[34] 庄俞、沈颐等 . 共和国教科书新国文 [M]，第四册，上海：商务印书馆，1912.

[35] 东北物资调节委员会印行 . 东北经济小丛书·人文地理 [M]，京华印书局1948.

[36] 东北物资调节委员会研究组 . 东北经济小丛书（1）资源与产业（上）[M]，中国文化服务社沈阳印刷厂中华民国三十七年（1948年）2月 .

[37] 陈翊林 . 最近三十年中国教育史 [M]，上海：太平洋书店，1932.

[38] 吴晗、费孝通 . 皇权与绅权 [M]，上海：上海观察社，1949.

[39] 钟悌之 . 东北移民问题 [M]，上海：上海日本研究社，1931.

[40] 邰爽秋等 . 乡村教育之理论与实际 [M]，台北：教育编译馆，1935.

四、今人著述

[1] 李华兴 . 民国教育史 [M]，上海：上海教育出版社，1997.

[2] 齐洪深 . 日本侵华教育史 [M]，北京：人民教育出版社，2004.

[3] 郭铁桩、关捷 . 日本殖民统治大连四十年史 [M]，北京：社会科学文献出版社，2008.

[4] 钱曼倩、金林祥 . 中国近代学制比较研究 [M]，广州：广东教育出版社，1996.

[5] 何小明 . 百年忧患——知识分子命运与中国现代化进程 [M]，北京：东方出版社中心，1997.

[6] 王笛 . 跨出封闭的世界——长江上游区域社会研究 [M]，1644—1911，中华书局，2001.

[7] 汪向荣 . 日本教习 [M]，中国青年出版社，2000.

[8] 白光耀 . 中国近代学校教育 [M]，北京：北京科学技术出版社，1995.

[9] 李喜平 . 辽宁教育史 [M]，辽海出版社，1998.

[10] 李淑娟 . 日伪统治下的东北农村（1931—1945）[M]，北京：当代中国出版社，2005.

[11] 王小明等 . 戊戌维新与清末新政 [M]，北京：北京大学出版社，1998.

[12] 衣保中 . 东北农学研究：中国东北农业史（长白丛书）[M]，长春：吉林文史出版社，1995.

[13] 石方 . 黑龙江区域社会史研究 1644—1911[M]，哈尔滨：黑龙江人民出版社，2002.

[14] 石方 . 黑龙江区域社会史研究（续）1644—1911[M]，哈尔滨：黑龙江人民出版社，2004.

[15] 徐兴荣 .1840—1990 辽宁文学概述 [M]，沈阳：春风文艺出版社，1993.

[16] 王晓秋 . 近代中日文化交流史 [M]，北京：中华书局，2000.

[17] 蒋颂贤 . 近代吉林人民革命斗争史 [M]，长春：吉林文史出版社，1992.

[18] 严昌鸿 . 中国近代社会风俗史 [M]，长沙：湖南出版社，1991.

[19] 孙邦 . 吉林满族 [M]，吉林人民出版社，1991.

[20] 王先明 . 近代绅士——一个封建阶层的历史命运 [M]，天津：天津人民出版社，1999.

[21] 刘世海 . 内蒙古民族教育发展战略 [M]，呼和浩特：内蒙古人民出版社，1992.

[22] 佟冬 . 中国东北史 [M]，长春：吉林文史出版社，1998.

[23] 陶炎 . 东北林业发展史 [M]，沈阳：辽沈书社，1990.

[24] 孟志东 . 达斡尔族简史 [M]，呼和浩特：内蒙古人民出版社，1986.

[25] 魏毓兰 . 龙城旧闻 [M]，哈尔滨：黑龙江人民出版社，1986.

[26] 林传甲 . 大中华吉林省地理志（长白丛书本 [M]），长春：吉林文史出版社，1993.

[27] 林传甲 . 龙江旧闻（黑水丛书本）[M]，哈尔滨：黑龙江人民出版社，1993.

[28] 常城 . 东北近现代史纲 [M]，长春：东北师范大学出版社，1987.

[29] 王魁喜 . 近代东北人民革命运动史 [M]，长春：吉林人民出版社，1960.

[30] 张士尊 . 清代东北移民与社会变迁（1644—1911）[M]，长春：吉林人民出版社，2003.

[31] 孔经纬 . 清代东北地区经济史 [M]，哈尔滨：黑龙江人民出版社，1990.

[32] 马汝珩、马大正 . 清代边疆开发研究 [M]，北京：中国社会科学出版，1990.

[33] 费孝通 . 乡土中国 [M]，上海：三联书店，1985.

[34] 张鸣 . 乡村社会权力和文化结构的变迁（1903一1953）[M]，桂林：广西人民出版社，2001.

[35] 尹郁山 . 吉林满俗研究 [M]，长春：吉林文史出版社，1991.

[36] 乔志强 . 中国近代社会史 [M]，北京：人民出版社，1992.

[37] 刘志琴 . 近代中国社会文化变迁录 [M]，杭州：浙江人民出版，1998.

[38] 曲晓范 . 近代东北城市的历史变迁 [M]，长春：东北师范大学出版社，2001.

[39] 池子华 . 中国近代流民（中国社会史丛书）[M]，杭州：浙江人民出版社，1996.

[40] 许宁、李成 . 别样的白山黑水：东北地域文化的边缘解读 [M]，哈尔滨：黑龙江人民出版社，2005.

[41] 胡玉海主编、郭建平 . 奉系教育 [M]，沈阳：辽海出版社，2001.

[42] 李世谕 . 清代科举制度考辩 [M]，北京：中央广播电视大学出版社，1999.

[43] 刘国平 . 历史 · 地域 · 现代化——以吉林文化为中心 [M]，长春：吉林文史出版社，2006.

[44] 陈静生 . 祖国的东北角 [M]，北京：中国青年出版社，1963.

[45] 刘振生 . “满洲国”日本留学史研究 [M]，长春：吉林大学出版社，2004.

[46] 顾明义、张德良、杨洪范、赵春阳 . 日本侵占旅大四十年史 [M]，沈阳：辽宁人民出版社，1991.

[47] 李孝悌 . 清末的下层社会启蒙运动：1901—1911[M]，石家庄：河北教育出版社，2001.

[48] 王魁喜 . 近代东北史 [M]，哈尔滨：黑龙江人民出版社，1984.

[49] 张其卓 . 满族在岫岩 [M]，沈阳：辽宁人民出版社，1984.

[50] 满都尔图 . 达斡尔族 [M]，北京：民族出版社，1991.

[51] 毕苑 . 中国近代教科书研究 [M]，北京：北京师范大学，2004.

[52]《达斡尔族简史》编写组 . 达斡尔族简史 [M]，呼和浩特：内蒙古人民出版社，1986.

[53] 李治亭 . 东北通史 [M]，郑州：中州古籍出版社，2003.

[54] 陈玉申 . 晚清报业史 [M]，济南：山东画报出版社，2003.

[55] 黑龙江日报社新闻志编辑室 . 东北新闻史 [M]，哈尔滨：黑龙江人民出版社，2001.

[56] 费孝通 . 江村经济 [M]，上海：商务印书馆，2001.

[57] 隗瀛涛主编、何一民等撰 . 四川近代史稿 [M]，四川人民出版社，1990.

[58] 姜世忠 . 呼兰史话 [M]，哈尔滨：黑龙江人民出版社，1990.

[59] 郑杭生 . 社会学概论新修（修订本）[M]，北京：中国人民大学出版社，1998.

[60] 曹锦清 . 黄河边上的中国 [M]，上海：上海百花文艺出版社，1999.

[61] 杨子忱 . 老长春 [M]，延吉：延边人民出版社，2000.

[62] 王奇生 . 中国留学生的历史轨迹 1872—1949[M]，武汉：湖北教育出版社，1992.

[63] 王野平 . 东北沦陷十四年教育史 [M]，长春：吉林教育出版社，1989.

[64] 沈殿成 . 中国留学日本百年史 [M]，沈阳：辽宁教育出版社，

1997.

[65] 舒新城．近代中国留学史 [M]，上海：上海文化出版社，1989.

[66] 李瑛．鄂伦春族教育史稿 [M]，长春：吉林教育出版社，1987.

[67] 齐红深．东北地方教育史 [M]，沈阳：辽宁教育出版社，1992.

[68] 王鸿宾等．东北教育通史 [M]，沈阳：辽宁教育出版社，1992.

[69] 齐洪深．东北民族教育史 [M]，辽宁大学出版社，1993.

[70] 周一川．近代中国女性日本留学史 [M]，北京：社会科学文献出版社，2007.

[71] 王贵忠等．东北职业教育史 [M]，沈阳：辽宁大学出版社，1999.

[72] 隋丽娟．黑龙江教育史 [M]，哈尔滨：黑龙江人民出版社，2003.

[73] 齐洪深．满族的教育文化 [M]，沈阳：辽宁大学出版社，2003.

[74] 姜树卿、单丽雪．黑龙江省教育史 [M]，哈尔滨：黑龙江人民出版社，2002.

[75]《穆陵朝鲜民族教育史》编纂委员会．穆陵朝鲜民族教育史 [M]，哈尔滨：黑龙江朝鲜民族出版社，2004.

[76] 朴奎灿．中国朝鲜族教育史 [M]，延吉：东北朝鲜民族教育出版社，1991.

[77] 黄宗智．中国乡村研究》（第五辑）[M]，福建教育出版社，2007.

[78] 桑兵．晚清学堂学生与社会变迁 [M]，上海：学林出版社，1995.

[79] 李长莉．中国人的生活方式：从传统到近代 [M]，成都：四川出版集团四川人民出版社，2008.

[80] 李斌．顿挫与嬗变：晚清社会变革研究 [M]，成都：四川大学出版社，2006.

[81] 苗春德．中国近代乡村教育史 [M]，北京：人民教育出版社，2004.

[82] 张朋园．中国民主政治的困境，1909—1949：晚清以来历届议会选举述论 [M]，长春：吉林出版集团有限责任公司，2008.

[83] 张朋园 . 立宪派与辛亥革命 [M]，长春：吉林出版集团有限责任公司，2007.

[84] 焦润明等 . 近代东北社会诸问题研究 [M]，北京：中国社会科学出版社，2004.

[85] 蒋纯焦 . 一个阶层的消失：晚清以降塾师研究 [M]，上海：世纪出版集团上海书店出版社，2007.

[86] 王凤杰 . 王永江与奉天省早期现代化研究 [M]. 长春：吉林大学出版社，2010.

[87] 王广义 . 近代中国东北乡村社会研究 [M]. 北京：光明日报出版社，2010.

[88] 赵英兰 . 清代东北人口社会研究 [M]. 北京：社会科学文献出版社，2011.

[89] 杨晓军 . 区域视野中的乡村、学校与社会——清末民初东北乡村教育研究（1905—1931）[M]. 北京：光明日报出版社，2011.

[90] 李强 . 伪满时期东北地区人口研究 [M]. 北京：光明日报出版社，2012.

[91] 高月 . 清末东北新政研究 [M]. 哈尔滨：黑龙江教育出版社，2012.

[92] 吴洪成、田谧 . 晚晴教师史研究 [M]. 保定：河北大学出版社，2012.

[93] 邱广军 . 基督教与近代中国东北社会（1866—1931）[M]. 北京：中国社会科学出版社，2014.

[94] 刘振生 . 近代东北人留学日本史 [M]. 北京：民族出版社，2015.

[95] 应星 . 新教育场域的兴起（1895—1926）[M]. 北京：生活 · 读书 · 新知三联书店，2017.

[96] 蒋纯焦 . 中国私塾史 [M]. 太原：山西教育出版社，2017.

[97] 左松涛 . 近代中国的私塾与学堂之争 [M]. 北京：生活 · 读书 · 新知三联书店，2017.

[98] 萧公权 . 中国乡村——19 世纪的帝国控制 [M]. 九州出版社，2018.

[99] 石鸥 . 民国中小学教科书研究 [M]. 湖南教育出版社，2019.

[100] 曲铁华 . 民国乡村教育研究 [M]. 湖南教育出版社，2019.

五、资料汇编、文集、大事记、论文集、文史资料

[1] 舒新城 . 中国近代教育史资料 [G]，北京：人民教育出版社，1981.

[2] 陈学恂 . 中国近代教育史教学参考资料 [G]，北京：人民教育出版社，1987.

[3] 朱有瓛等 . 中国近代教育史资料汇编 · 教育行政机构及教育团体 [G]，上海：上海教育出版社，1993.

[4] 吉林省教育志编纂委员会教育大事记编写组编 . 吉林省教育大事记，第一卷（1957—1949）[G]，长春：吉林教育出版社，1989.

[5] 璩鑫圭、唐良炎 . 中国近代教育史资料汇编 · 实业教育 · 师范教育 [G]，上海：上海教育出版社，1994.

[6] 陈学恂、田正平 . 中国近代教育史资料汇编 · 留学教育 [G]，上海：上海教育出版社，1991.

[7] 璩鑫圭、唐良炎 . 中国近代教育史资料汇编 · 学制演变 [G]，上海：上海教育出版社，1991.

[8] 谢岚，李作桓 . 黑龙江省教育史资料选编 [G]，上编，哈尔滨：黑龙江教育出版社，1988.

[9] 长春社会科学院编辑、杨洪友 .〈盛京时报〉长春资料选编 · 清朝光绪卷（1909—1911）[G]，长春：长春出版社，2005.

[10] 朱有瓛 . 中国近代学制史料 [G]，第 2 辑，上海：华东师范大学出版社，1987.

[11] 付百臣、刘信君 . 吉林建省百年纪事（1907—2007）（东北史地研究丛书）[M]，长春：吉林人民出版社，2007.

[12] 长春社会科学院编辑、孙彦平编 .〈盛京时报〉长春资料选编 · 清朝宣统卷（1909—1911）[G]，长春：长春出版社，2005.

[13]《东北人物大辞典》编委会 . 东北人物大辞典 [M]，沈阳：辽宁人民出版社，1992.

[14] 李文海 . 民国时期社会调查丛编（文教事业卷）[G]，福州：福建教育出版社，2003.

[15] 长春市图书馆参考部 . 东北地方文献索引 [G]，长春：长春市图书馆，1980.

[16] 郃爽积等编订，彭仁山增订 . 教育论文索引 [G]，国立中山大学教育研究所丛刊书，中华民国三十八年（1950）.

[17] 中国史学会 . 中国近代史资料丛刊・辛亥革命》(七) [G]，上海：上海人民出版社，1981.

[18] 中国人民政治协商会议全国委员会文史资料研究委员会 . 辛亥革命回忆录 [G]，第5集，北京：中华书局 1983.

[19] 中国人民政治协商会议全国委员会文史资料研究委员会 . 辛亥革命回忆录 [G]，第3集，北京：中华书局 1962.

[20] 中共长春市委党史研究室 . 中国共产党在长春活动大事记（上）[M]，长春：中共长春市委党史研究室出版，1991.

[21] 费孝通 . 费孝通文集 [C]，第一卷，北京：群众出版社，2000.

[22] 梁漱溟 . 梁漱溟全集 [C]，第二卷，济南：山东人民出版社，1991.

[23] 马秋帆 . 梁漱溟教育论著选 [C]，北京：人民教育出版社，1994.

[24] 从佩远、叔鸣岐 . 曹廷杰集 [C]，北京：中华书局 1985.

[25] 李鸿文、张本政 . 东北大事记 1840—1949[M]，长春：吉林文史出出版社，1987.

[26] 陈见薇 . 东北民俗资料荟萃 [G]，长春：吉林文史出版社，1995.

[27] 东北三省中国经济史学会、抚顺市社会科学研究所 . 东北地区资本主义发展史 [C]，哈尔滨：黑龙江人民出版社，1987.

[28] 丁守河 . 辛亥革命时期期刊介绍 [G]（二），北京：人民出版社，1987.

[29] 阿英 . 晚清文学丛钞：说唱文学卷 [G]，上册，北京：中华书局 1960.

[30] 孙中山 . 孙中山全集 [C]，第2卷，北京：中华书局 1982.

[31] 毕万闻 . 张学良文集 [C]，北京：新华出版社，1992.

[32] 孙茂宽 . 关东搜异录 [G]，长春：吉林文史出版社，1991.

[33] 陶行知 . 陶行知全集 [C]（一），长沙：湖南教育出版社，1986.

[34] 方正、俞光茂、纪红民 . 张学良和东北军（1901—1936）[C]，北京：中国文史出版社，1986.

[35] 黑龙江省社会科学院历史研究所 . 黑龙江近代历史大事记 [M]，哈尔滨：黑龙江人民出版社，1987.

[36] 丁钢 . 中国教育：研究与评论 [C]，第5期，北京：教育科学出版社，2003.

[37] 中国人民政协会议辽宁省大连市委员会文史资料委员会 . 大连文史资料 [C]，第七辑，大连：中国人民政协会议辽宁省大连市委，1990.12.

[38] 中国人民政协阜新市委员会文史资料委员会 . 阜新文史资料 [C]，第七辑，阜新：政协阜新市委员会文史资料委员会，1992.10.

[39] 政协凤城满族自治县委员会学习文史委员会 . 凤城文史资料 [C]，第三辑，凤城：1990.

[40] 辽阳市政协文史资料研究委员会 . 辽阳文史资料 [C]，第一辑，辽阳：1985.7.

[41] 政协义县委员会文史资料委员会 . 义县文史资料 [C]，第二辑，义县：1985.

[42] 中国人民政治协商会议辽宁省海城市委员会文史资料工作委员会 . 海城文史资料 [C]，第二辑，海城：1988.10.

[43] 扶余市政协文史资料委员会 . 扶余文史资料 [C]，第十一辑，扶余：1991.11.

[44] 中国人民政治协商会议辽宁省黑山县委员会文史资料工作委员会 . 黑山文史资料 [C]，第十辑，黑山：黑山县委机关，1997.

[45] 敦化市政协文史资料委员会 . 敦化文史资料 [C]，第八辑，敦化：1992.10.

[46] 中国人民政治协商会议黑龙江省明水县委员会文史资料研究委员会 . 明水文史资料 [C]，第一辑，明水：1985.6.

[47] 政协黑龙江省木兰县委员会文史资料委员会 . 木兰文史资料 [C]，第五辑，木兰：1990.4.

[48] 中国人民政治协商会议黑龙江省桦川县委员会文史资料研究委

员会 . 桦川文史资料 [C]，第三辑，桦川：1986.9.

[49] 政协抚顺市委员会文史委员会 . 抚顺文史资料 [C]，第七辑，政协抚顺市委员会文史委员会，抚顺：1986.

[50] 中国人民政治协商会议辽宁省锦州市委员会文史资料委员会 . 锦州文史资料 [C]，第九辑，锦州：1990.6.

[51] 敦化市政协文史资料委员会 . 敦化文史资料 [C]，第五辑，敦化：1988.12.

[52] 中国人民政治协商会议辽宁省委员会文史资料委员会 . 辽宁文史资料选辑 [C]，第三十三辑，沈阳：辽宁人民出版社，1991.8.

[53] 中国人民政治协商会议黑龙江省肇东县委员会文史资料研究委员会 . 肇东文史资料 [C]，第一辑，肇东：1984.9.

[54] 延吉市政协文史资料委员会 . 延吉文史资料 [C]，第一辑，延吉：1992.12.

[55] 中国人民政治协商会议锦西县委员会文史资料研究委员会 . 锦西文史资料 [C]，第二辑，锦西：1984.12.

[56] 政协吉林省柳河县委员会文史资料研究委员会 . 柳河文史资料 [C]，第三辑，柳河：1988.

[57] 中国人民政治协商会议康平县委员会文史资料委员会 . 康平文史资料 [C]，第四辑，康平：1990.11.

[58] 辽宁省政协文史资料研究委员会 . 辽宁文史资料 [C]，第十二辑，沈阳：辽宁人民出版社，1985.8.

[59] 中国人民政治协商会议黑龙江省委员会文史资料研究委员会 . 黑龙江文史资料 [C]，第十四辑，哈尔滨：黑龙江人民出版社，1984.12.

[60] 政协沈阳市委员会文史资料研究委员会 . 沈阳文史资料 [C]，第六辑，沈阳：1984.6.

[61] 中国人民政治协商会议吉林省东丰县文史资料委员会 . 东丰文史资料 [C]，第八辑，东丰：1989.4.

[62] 政协辽中县委员会文史资料征编委员会 . 辽中文史资料 [C]，第五辑，辽中：1986.10.

[63] 中国人民政治协商会议明水县委员会学习文史委员会 . 明水文

史资料 [C]，第三辑，明水：1989.12.

[64] 政协延边朝鲜族自治州委员会文史资料委员会 . 延边文史资料 [C]，第六辑，延边：1988.12.

[65] 政协台安县委员会文史资料委员会 . 台安文史资料 [C]，第二辑，台安：1989.7.

[66] 吉林市政协文史资料研究委员会 . 吉林市文史资料 [C]，第四辑，吉林：1985.10.

[67] 中国人民政治协商会议吉林省蛟河县文史资料委员会 . 蛟河文史资料 [C]，第四辑，蛟河：中国政协蛟河市文史办公室，1988.12.

[68] 四平市政协文史资料研究委员 . 四平文史资料 [C]，第一辑，四平：1988.10.

[69] 中国人民政治协商会议辽宁省大连市委员会文史资料委员会 . 大连文史资料 [C]，第六辑，大连：1989.12.

[70] 中国人民政治协商会议辽宁省大连市委员会文史资料委员会 . 大连文史资料 [C]，第七辑，大连：1990.12.

六、外文文献

[1]〔俄〕马克 . 黑龙江旅行记 [M]，上海：商务出版社，1977.

[2]〔苏〕麦利霍夫 . 满洲人在东北（十七世纪）[M]，上海：商务印书馆，1976.

[3]〔苏〕莫柴也夫，沈玉昌译 . 中国的东北 [M]，北京：科学出版社，1959.

[4] 中东铁路局商业部编，汤尔和译 . 黑龙江 [M]，上海：商务印书馆，1931.

[5]〔英〕G. 拉文斯坦著，陈霞飞译 . 俄国人在黑龙江 [M]，上海：商务印书年版，1974.

[6]〔比利时〕南怀仁，薛虹译 . 鞑靼旅行记（长白丛书本）[M]，长春：吉林文史出版社，1986.

[7]〔丹麦〕曹诗弟，泥安儒译 . 文化县：从山东邹平乡村教育看21世纪中国 [M]，济南：山东大学出版社，2005.

[8] 中华续行委办公调查特委会编，文庸等译 . 中华归主——中国基

督教事业统计 [M]，北京：中国社会科学出版社，1987.

[9]〔日〕国务院统计处:《第一次满洲国年报》[G]，社团法人满洲文化协会发行，株式会社满洲日报社出版，大同二年十二月十五日.

[10]〔日〕本村武盛:《满洲年鉴》[G]，大连：满洲日日新闻社，昭和十二年.

[11]〔日〕国务院文教部编纂:《满洲帝国文教部第二次年鉴》[G]，国务院文教部，康德元年出版.

[12]〔日〕南满洲铁道株式会社社长室调查科:《满蒙全书》[G]，第三卷，大连市满蒙文化协会发行，大连：满洲日日新闻社出版，大正十二年三月.

[13]〔日〕南满洲铁道株式会社社长室调查.满蒙全书 [M]，大连满蒙文化协会，1922.

[14]〔日〕福富八郎.满洲年鉴 [M]，满洲日日新闻社，昭和十九年（1944年）.

[15]〔日〕辽东兵站监部.满洲要览 [M]，奉天自卫社，1907.

[16]〔日〕满洲国地方事情编纂会:《海龙县地方事情》[M], 满洲国地方事情编纂会出版，出版时间不详.

[17]〔日〕皆川丰治:《满洲国の教育》[M]，满洲帝国教育会出版，1939.

[18]〔日〕岛田道弥:《满洲教育史》[M]，大连文教社，1935.

[19]〔日〕山田丰君:《满洲教育史略》[M]，南满洲教育会编印，1935.

[20]〔日〕荒川隆三:《满铁教育回顾三千年》[M]，满铁地方部学务课，1937.

[21]〔日〕关东州厅:《关东州的教育》[M]，关东州厅，1939.

[22]〔日〕稻叶岩吉著，杨成能，史训迁合译.东北开发史 [M]，辛未编译社，1935.

[23]〔日〕实藤惠秀，谭汝谦、林启彦译.中国人留学日本史 [M]，北京：三联书店，1983.

[24]〔日〕远藤隆次，李文彬、李常益译.东北的地质与矿产 [M]，新华书店东北总分店，1950.

[25]〔美〕E.A 罗斯著，公茂虹、张皓译．变化中的中国人 [M]，时事出版社，1998.

[26]〔美〕查尔斯·佛维尔．西伯利亚之行 [M]，上海人民出版社 .1981.

[27]〔美〕杨格．日本人在满洲 [M]，佛伦印书馆，1935.

[28]〔美〕罗兹曼．中国的现代化 [M]，南京：江苏人民出版社，2003.

[29]〔美〕杜赞齐著，王福明译．文化、权利与国家：1900—1942年的华北农村 [M]，南京：江苏人民出版社，2003.

[30]〔美〕李约翰著，孙瑞芹、陈泽宪译．清帝逊位与列强（1908-1912）[M]：第一次世界大战前的一段外交插曲，北京：中华书局1982.

[31]〔美〕费正清．剑桥晚清史 [M]，北京：中国社会科学出版社，1985.

[32]〔美〕费正清．剑桥中华民国史 [M]，下册，北京：中国社会科学出版社，1993.

[33]〔美〕罗杰斯和伯德格．乡村社会变迁 [M]，杭州：浙江人民出版社，1988.

[34] Micheal H. Hunt：Frontier Defense and the Open Door——Manchuria in Chinese American Relations 1895—1911[M]，Yale University Press，1973，p22.

[35] Boyd Robert Higginson：Waymakers in Manchuria：the Story of the Irish Presbyterian Pioneer Missinnaries to Manchuria[M]，The Foreign Mission Office ，Belfast，1940，1st edition.

[36] D.MacGillivrayA：Century of Protestant Mission in china（1807—1907）[M]，the American Presbyterian Mission Press，1907.

[37] Elizabeth Ruth Vander Ven：Educational reform and village society in early twentieth—century northeast china，Haicheng county，1905—1931[J]，University of the California,，Los Angeles，2003.

[38] John Isreac：Student Nationalism in China 1927—1937[M]. Published for the Hoover Institution on war, Revolution, and peace by Stanford University Press, Sanford, California 1966.

[39] Louise Young：Japan’s Total Empire—Manchuria and The Culture of Wartime Imperialism[M], University of California Press 1998.

七、博硕、期刊论文资料

[1] 赵英兰 . 清代东北人口与群体研究 [D]. 吉林：吉林大学，2006.

[2] 杨晓军 . 清末新政时期东北地区新式教育述论 [D]. 吉林：吉林大学，2006.

[3] 王广义 . 近代东北乡村社会研究 1840—1931[D]. 吉林：吉林大学，2007.

[4] 郭艳波 . 清末东北新政研究 [D]. 吉林：吉林大学，2007.

[5] 徐炳三 . 近代中国东北基督教研究——以政教关系为研究视角（1867—1945）[D]. 武汉：华中师范大学，2006.

[6] 许兆萍 . 近代东北地区学校体育发展研究：1906—1931——以《盛京时报》为中心 [D]. 长春：东北师范大学，2009.

[7] 刘姝 . 东北铁路学校对东北区域文化变迁的影响研究（1891—1945）[D]. 哈尔滨：黑龙江大学，2009.

[8] 代兵 . 清末民初东北的小学教育（1905—1918）[D]. 长春：东北师范大学，2011.

[9] 彭晓江 . 日本在东北的初等教育（1905—1945）研究 [D]. 沈阳：辽宁大学，2011.

[10] 吴凤岭 . 近代东北地区女子学校教育研究（清末—九·一八事变）[D]. 沈阳：辽宁大学，2012.

[11] 姚慧 . 近代东北地区基督教教育事业的研究 [D]. 沈阳：辽宁大学，2012.

[12] 张恩强 . 清末民初奉天法政学堂研究（1906—1916）[D]. 沈阳：辽宁大学，2012.

[13] 王黎明 . 清末东北地区赴日本留学活动研究 [D]. 沈阳：辽宁大学硕，2013.

[14] 徐振岐 . 民国时期黑龙江高等教育述论 [D]. 吉林：吉林大学，2013.

[15] 刘聪 . 清末民初奉天省海外留学研究 [D]. 沈阳：辽宁大学，

2014.

[16] 柳婷婷 . 清代东北地区的少数民族教育研究 [D]. 长沙：湖南师范大学，2015.

[17] 张乐融 .《盛京时报》有关晚晴东北教育新政报道研究 [D]. 沈阳：辽宁大学，2016.

[18] 泰安 . 清末民初黑龙江教学变革研究 [D]. 哈尔滨：哈尔滨师范大学，2017.

[19] 董志薇 . 近代黑龙江女子教育发展研究 [D]. 哈尔滨：哈尔滨师范大学，2017.

[20] 杨言 . 清末民初奉天地区社会教育研究 [D]. 长春：东北师范大学，2017.

[21] 彭爽 . 清末奉天教育转型研究 [D]. 长春：东北师范大学，2017.

[22] 谢东良 . 清末民初东北地区私塾改良研究（1901—1931）[D]. 吉林：吉林师范大学，2018.

[23] 范立君 . 近代东北移民与社会变迁（1860—1931）[D]. 杭州：浙江大学，2005.

[24] 张济洲 . 文化视野中的村落、学校与国家——一个县教育变迁的历史人类学考察（1904—2006）[D]. 上海：华东师范大学，2007.

[25] 张晓明 . 论清末东北的教育变革 [D]. 沈阳：辽宁大学，2007.

[26] 李红云 . 近代中国东北与日本教育交流研究（1905—1931）[D]. 长春：东北师范大学，2005.

[27] 陈枫 . 近代福建私塾的现代化 [D]. 福州：福建师范大学，2005.

[28] 张东霞 . 清末学堂师资研究 [D]. 天津：天津师范大学，2007.

[29] 魏正书 . 清末辽宁教育三（续前注）位杰出人物 [J]. 辽宁教育史，1993（4）.

[30] 裴林 . 林传甲 [J]. 黑龙江史志通讯，1983（5）.

[31] 李铁汉等 . 林传甲与近代黑龙江教育 [J]. 北方文物，1989（4）.

[32] 王文炳，王洪生、范佩卿 . 教育家林传甲传略 [J]. 齐齐哈尔大学学报（哲学社会科学版），1989（1）.

[33] 李江晓，王月华 . 略论林传甲的教育思想及实践 [J]. 齐齐哈尔大学学报（哲学社会科学版），1996（3）.

[34] 刘欣芳、王秀兰．黑龙江近代教育奠基人林传甲一家对黑龙江教育的贡献 [J]. 教育探索，1997（5）.

[35] 李江晓．为开创黑龙江近代教育作出卓越贡献的教育世家 [J]. 黑龙江史志，1995（6）.

[36] 白献竞、毛英萍．清末民初辽宁实业教育人物考 [J]. 沈阳大学学报，2006，18（5）.

[37] 王秀文，等．“五·四”运动后马骏在东北的活动 [J]. 黑龙江文物丛刊，1984（4）.

[38] 廖维宇，等．马骏烈士与吉林毓文史学的“周末讲演”[J]. 吉林史志，1985（3）.

[39] 顾明义．辛亥革命在辽宁的领导人——张榕 [J]. 理论与实践，1981（5）.

[40] 徐凤晨．杰出的民主革命家——熊成基 [J]. 吉林师大学报，1980（2）.

[41] 盛雪芬，等．张学良将军教育主张初探 [J]. 沈阳师院学报，1988（2）.

[42] 王家范．从难切入，在“变”字上做文章 [J]. 历史研究，1993(2).

[43] 贾振纲．东丰县私塾的残存和消失 [J]. 东北地方史研究，1985(3).

[44] 颜之江．长春文化开发及养正书院 [J]. 长春史志，1990（1）.

[45] 马阿宁．清末东北最有影响的书院——银冈书院 [J]. 博物馆研究，2006（4）.

[46] 刘志惠．从辽南横山书院看我国南北书院的兴起与演进 [J]. 辽海文物季刊，1995（2）.

[47] 陈丕忠．民国前期复县、庄河县教育 [J]. 大连教育学院学报，1998（4）.

[48] 华秀实，等．解放前白城教育概况 [J]. 吉林百年，下册，1990.

[49] 李萍．日据大连时期的奴化教育实质 [J]. 辽宁大学学报（社会科学版）[J].2002，25（4）.

[50] 武殿福．永吉县第一所私立中学 [J]. 江城史志，1990（1）.

[51] 张淑香．新民公学堂的发展对清末民初新学与辽宁社会发展的影响 [J]. 沈阳大学学报，2006，18（5）.

[52] 高永君 .《癸卯学制》与奉天实业学堂 [J]. 沈阳大学学报，2006，18（5）.

[53] 李威，冯德华 . 从奉天实业学堂的建立与发展看近现代中国教育思想的变迁 [J]. 沈阳大学学报，2006，18（5）.

[54] 王小侠，杨小梅 . 社会转型与教育理念更新续前注：——奉天实业学堂嬗变的历史考察 [J]. 沈阳大学学报，2006，18,（5）.

[55] 毛英萍，白献竞 . 东北实业教育的摇篮——纪念奉天实业学堂创建一百周年校史拾遗 [J]. 沈阳大学学报，2006，18（5）.

[56] 耿立言，张旭 . 奉天实业学堂百年校址变迁之考证 [J]. 沈阳大学学报，2006，18（5）.

[57] 高晶 . 关于奉天实业学堂初建时期几个问题的考证 [J]. 沈阳大学学报，2006，18（5）.

[58] 刘功成 ."五卅惨案"与大连的学生运动 [J]. 辽宁师范大学学报（社学科学版），1983（1）.

[59] 朱在宪 . 吉林省民族关系史上光辉一页——记五四运动中的延边朝鲜青年 [J]. 青年学研究，1989（4）.

[60] 谢再善 . 伊盟的教育与文化 [J]. 西北论衡，1941，9（10）.

[61] 贾凤翔 . 伊克昭盟教育 [J]. 边疆通讯，1944，2（12）.

[62] 陈国钧 . 伊盟蒙旗教育 [J]. 边疆通讯，1944，2（8）.

[63] 李瑛 . 鄂伦春族教育三题 [J]. 北方文物，1987（4）.

[64] 玛纳 . 近代东北地区新式回族教育初探 [J]. 黑龙江民族学刊，1991（1）.

[65] 隋丽娟 . 清末民初的边疆危机与鄂伦春族教育 [J]. 北方文物，1997（1）.

[66] 麻秀荣、那晓波 . 清末民初鄂温克族新式教育初探 [J]. 民族研究，2000（6）.

[67] 谷文双，等 . 黑龙江新式回族教育述略 [J]. 回族研究，2002（1）.

[68] 王军 . 黑龙江新式回族教育考论 [J]. 黑龙江民族学刊，2003（3）.

[69] 刘金明，曾小玲 . 论达斡尔族学校教育的特征及作用 [J]. 黑龙江民族学刊，1998（1）.

[70] 谢兰荣 . 达斡尔族教育史述略 [J]. 内蒙古师大学报（哲学社会科

学版），1998（4）.

[71] 腾绍箴 . 达斡尔族文化教育发展的历史回顾 [J]. 社会科学战线，1994（1）.

[72] 田吉春 . 延吉市图书馆简史（初稿）[J]. 吉林省图书馆学会会刊，1980（4）.

[73] 田吉春 . 延吉图书馆简史 [J]. 吉林省图书馆学会会刊,1980（4）.

[74] 王洪生 . 齐齐哈尔市图书馆简史 [J]. 黑龙江图书馆,1981（1,2）.

[75] 柳成栋 . 巴彦县图书馆简史 [J]. 黑龙江图书馆，1982（4）.

[76] 张永伟 ."九一八"事变前后的辽宁省公共图书馆事业 [J]. 图书馆学刊，1983（2）.

[77] 赵明 . 论后金牛录屯田、计丁授田和分丁编庄与满族社会的农耕化 [J]. 中国经济史研究，2000（2）.

[78] 曲晓范 . 清末《长春日报》刊行考——兼论同盟会长春支部的早期活动 [J]. 长白学刊，2006（1）.

[79] 吴必虎 . 中国文化区的形成与划分 [J]. 学术月刊，1996（3）.

[80] 程丽红 . 晚清时期东北报业评述 [J]. 东北亚论坛，2005，14（5）.

[81] 孙东方 . 论民国时期东北地区达斡尔族的双语教育 [J]. 武汉科技学院学报，2006，19（7）.

[82] 刘金明、曾小玲 . 论达斡尔族学校教育的特征及作用 [J]. 黑龙江民族丛刊（季刊），1998（1）.

[83] 张小莉 . 清末"新政"时期政府对教育捐款的奖励政策 [J]. 历史档案，2003（2）.

[84] 罗志田 . 科举制度废除在乡村中的社会后果 [J]. 中国社会科学，2006（1）.

[85] 马阿宁 . 清末东北最有影响的书院——银冈书院 [J]. 博物馆研究，2006（4）.

[86] 王广义 . 从"中体西用"到民族本土化回归：东北教育的近代化历程 [J]. 社会科学战线，2010（4）.

[87] 苏永明、程绚丽 . 近代东北商人的办学活动及其深远影响 [J]. 江西社会科学，2017（10）.

[88] 王晓晨、郝勤 . 张学良体育观及其对东北体育近代化的影响 [J].

体育文化导刊，2018（9）.

[89] 孙海燕 . 东北讲武堂与东北军事教育现代化 [J]. 兰台世界，2014（S1）.

[90] 谭玉秀、侯梦莹 . 论张氏父子与近代东北高等教育的发展——以东北大学为考察中心 [J]. 吉林师范大学学报（人文社科版）,2018（1）.

八、报纸杂志

[1] 盛京时报 [N],1906—1931.

[2] 申报 [N]，1905—1931.

[3] 大公报 [N]，1905—1931.

[4] 东方杂志 [N]，1901—1931.

[5] 妇女杂志 [N]，1915—1931.

[6] 教育世界 [N]，1901—1908.

[7] 教育杂志 [N]，1909—1931.

[8] 教育公报 [N]，1914—1931.

[9] 学部官报 [N].

[10] 政治官报 [N]，1907—1911.

[11] 辽宁教育月刊 [N].

[12] 辽宁教育公报 [N].

[13] 吉林教育公报 [N].

[14] 东北集刊 [N]，1941.

[15] 东北丛刊 [N].

[16] 东北丛镌 [N].

[17] 东北要览 [N].

[18] 东北文献 [N].

[19] 时事月报 [N].

[20] 自强半月刊（长春自强学校）[N].

[21] 吉林省立第三中学 [N]，七八合期、九十合期 .

[22] 东北中学 [N].

[23] 同泽学校教育实施统计 [N].

[24] 辽宁省立第二师范学校 [N].

[25] 国文成绩合编（奉天）[N].
[26] 奉天警甲报告书 [N].
[27] 学生与奉系军阀 [N].
[28] 东大附中道尔顿制试验报告 [N].
[29] 东北月报 [N].
[30] 东北文化月报 [N].
[31] 辽东月报 [N].
[32] 冯庸大学月刊 [N].
[33] 东北新建设 [N].
[34] 满洲报 [N].
[35] 醒时报 [N].
[36] 泰东日报 [N].
[37] 滨江时报 [N].
[38] 哈尔滨公报 [N].
[39] 关东报 [N].
[40] 中东经济月刊 [N].
[41] 吉林民政月刊 [N].
[42] 奉天官报 [N].
[43] 吉林官报 [N].
[44] 黑龙江省政府官报 [N].
[45] 满洲日报 [N].